JN085494

Basic Study Books

自治体政策学

Local Public Policy

武藤博己 監修
Muto Hiromi
南島和久・堀内 匠 編著
Najima Kazuhisa & Horiuchi Takumi

法律文化社

目　次

第Ⅱ部　調整のメカニズム

第Ⅲ部　地域社会のサービス

第Ⅳ部　地域社会の活性化

序　章

自治体政策学の視座

自治体政策学とはどのような学問なのであろうか。それは世間に認知されているのであろうか。また，そもそも「自治体」とは何をさすのであろうか。憲法には「地方自治の本旨」という語が用いられており，地方自治は重要と考えられているが，それはどのような意味なのであろうか。さらに，「政策」とは何なのであろうか。政策のプロセスを考えながら，政策とは何かについて考えてみたい。

1　自治体政策学とは

「自治体政策学」とは，自治体の政策に関する学問という意味であるが，あまり聞き慣れない言葉かもしれない。本書の姉妹書として公刊された『地方自治入門』（馬場・南島編 2023）は，地方自治という科目の教科書には適切な名称であるが，本書も地方自治論や公共政策学という学問分野に入る教科書であると考えている。『地方自治入門』は制度を中心に書かれているが，『自治体政策学』は政策論を中心に組み立てられている。

自治体政策学は，学問分野としてはまだ認知されてはいないように思われる。例えば，**国立国会図書館のデータベース***で調べると，自治体政策学というタイトルのついた著書はないわけではないが，本書と同様な内容のものはない。

本書が重要なモデルとしていたのは西尾勝『行政の活動』（西尾 2000）であった。自治体の個別政策の歴史を紐解きながら概説するアプローチは斬新であり，重要でもあった。ただし，同書は刊行から20年以上の時間が経過している。そして自治体を取り巻く環境も大きく変化している。これが本書の企画の出発点であった。

本書の特徴は，第１に自治体の個別政策を幅広く扱っていることである。第２に多くの章で個別政策の歴史がしっかりと扱われていることである。また第３に，執筆者の多くは自治体職員として担当したことのある政策分野を，博士の学位を取得した研究者として執筆していることである。実務経験

＊国立国会図書館のデータベース
国立国会図書館（National Diet Library, Japan）は国会に付属する図書館である。議員のための図書館であるが，国民も利用可能であり，外国人利用者もいる。オンラインで様々な情報提供がなされており，国立国会図書館オンライン（NDL ONLINE）は，キーワードを入力するだけで，図書館の所蔵資料およびデジタルコンテンツを検索したり，コピーを依頼したりすることができる。なお，国が提供する便利なサービスとして，論文検索ならば「サイニィ論文検索」（CiNii），法律検索なら「e-GOV 法令検索」，また国会での発言の検索なら「国会会議録検索システム」などがある。

のある研究者による自治体政策の解説書であり，この点は本書の重要な特徴である。

さて，この序章では，２つのことを述べておきたい。すなわち，①自治体とは何かを含めた自治の重要性と団体自治の意味，自治体の役割，②政策とは何かを含めた政策主体としての市民と住民自治の意味である。

2 自治の重要性と団体自治

1 自治体とは何か

ここでは，自治体とは何かという点について解説する。自治体は，法律用語では，地方公共団体という。例えば，**憲法***第92条には「地方公共団体の組織及び運営に関する事項は，地方自治の本旨に基いて，法律でこれを定める。」と規定されている。他の法律でも同様に，自治体ではなく，地方公共団体という語が使われている。

地方自治法では，普通地方公共団体と特別地方公共団体に分けられている。前者は都道府県と市町村とされ，後者は東京都の23特別区，地方公共団体の組合（一部事務組合と広域連合），**財産区***がある（第１条の３）。本書では，自治体といった場合には普通地方公共団体と特別区を指している。特別区は特別地方公共団体であるが，1998年（2000年施行）の地方自治法の改正によって「基礎的な地方公共団体」（第281条の２第２項）とされたため，自治体に含めている。

また，自治体は，「広域自治体」と「基礎自治体」という言い方をする場合もある。それぞれ都道府県と市町村を指すが，地方自治法には「市町村は，基礎的な地方公共団体」（第２条第３項）と書かれており，また前述した特別区についても同様な記述があるため，基礎的自治体といわれる場合もあるかもしれない。

その他の特別地方公共団体については，概略のみ述べるが，一部事務組合は複数の自治体によって設置される組合で，本書でもこの組合については扱っている。2023年度末現在1651団体あり，多くの自治体で活用されている。また，広域連合も複数の自治体によって設置され，2023年４月１日現在で117団体であるが，その多くは各県ごとに設けられている「○○県後期高齢者医療広域連合」である。最後の財産区は，市町村合併の際に旧町村の土地（入会地など）や財産をその地域の住民が利用し続けられるように設けられた合併促

＊憲法
日本国憲法は日本の法体系における最高規範とされている。その次が国会の両院の議決を経て制定される法律であり，次が内閣が発する命令としての政令である。政令は閣議決定によって成立する。すなわち国会の議決は不要であるが，法律の委任が必要であり，法律の委任のない独立命令は禁止されている（例外的に憲法第73条６号に基づき栄典などの法律事項ではない事項については政令を定めることができると解されている）。内閣が発する政令に対し，各府省が発する命令を府省令という。

＊財産区
財産区とは「市町村及び特別区の一部で財産を有し若しくは公の施設を設けているもの又は市町村及び特別区の廃置分合若しくは境界変更の場合におけるこの法律若しくはこれに基く政令の定める財産処分に関する協議に基き市町村及び特別区の一部が財産を有し若しくは公の施設を設けるものとなるもの」（地方自治法第294条）をいう。

＊財政構造改革の推進に関する特別措置法
「地方政府」という語は，第４条「財政構造改革の当面の目標」について規定されたなかで用いられている。ここでは，財政赤字を対国内総生産比３％以下にするという目標の説明として，さらに第５条で国内総生産（GDP：Gross Domestic Product）を説明して，「国連の定めた基準に準拠

進のための団体であるが，2023年末現在で3922区もある。だが，その数は地域によって大きな差がある。

自治体は，また地方政府ともいわれる。以前は，自治体は政府ではない，といわれたことがある。政府とは国（中央政府）のことを指し，さらに国民を統治する主体と考えていたからであろう。国家についてはコラムで扱うが，「自治体は政府ではない」というのは国家概念に引きずられた考え方といえよう。しかしながら，地方政府という語は自治体を意味する語として法律で用いられており，自治体は政府ではないということはできなくなった。この地方政府という語を用いた法律は，「**財政構造改革の推進に関する特別措置法***」（1997年）である。地方政府も中央政府も法律で用いられているのはこれ１つだけである（府省令では２つで用いられている）。

して内閣府が作成する国民経済計算の体系」における財政赤字額を計算するなかで，「中央政府」と「地方政府」という語が用いられている。

研究者はローカル・ガバメントの訳語として地方政府をあてることが多く，本書第３章も同様で，一般的な使い方である。

2　自治の重要性と団体自治

自治体の話に戻ろう。自治体が自治体であるためには，自治の権利が必要である。そこには２つの側面がある。１つは団体自治，もう１つは住民自治という概念である。憲法の「地方自治の本旨」を説明するなかで，しばしば使われている。

団体自治とは，自治体が他の団体（とりわけ国や都道府県）に対して，自治を主張する権利を意味している。戦前には，**府県***は内務省の地方出先機関として位置づけられ，府県の自治は極めて限定的であったし，市町村は法的な権限がほとんどなく，しかも条例の制定，事務の執行など広範にわたって内務大臣や府県知事の監督下に置かれていた。戦後，市町村と都道府県も完全自治体になったといわれているが，**機関委任事務***が残っていた限り，完全とは言いがたい。第１章や第３章で述べられている自治の論理や自主・自立があってこそ，真の自治体といえる。

＊府県
戦前は，都道府県ではなく，府県とされていた。北海道は1886年に北海道庁が設置され東京都は1943年に設置されたが，府県と並ぶ位置づけがなされなかった。1947年の地方自治法によって都道府県と呼ばれるようになった。

＊機関委任事務
➡第３章「中央地方関係」❶［3］

憲法の「地方自治の本旨」の内容として，この団体自治が使われる理由は，外部に対する自治の重要性を意味する概念として重要だが，憲法の「地方自治の本旨」の説明としては不十分な側面がある。すなわち，第１章で解説されているように，他の団体との関係において，まず基礎自治体が重要で

＊**補完性の原理**
➡第１章「自治体再構築」
❶ 3

＊**地方分権一括法**
➡第３章「中央地方関係」

＊**条例**
自治体が制定するのは条例や規則である。これらをあわせて「例規」という。条例を制定するためには議会の議決が必要である。条例制定権の限界について，憲法では「法律の範囲内で条例を制定することができる」（第94条）と明記され，地方自治法にも「法令に違反しない限りにおいて第二条第二項の事務に関し，条例を制定することができる」（第14条）と記されている。自治体では基本条例と呼ばれる条例が制定されている場合もある。このうち「自治基本条例」は「自治体の憲法」とも呼ばれる。

＊**規則**
自治体の長（首長）と本文には書いたが，法令が認める行政委員会（例えば教育委員会）も規則を発出することができる。規則は議会の承認なしに義務を課すことと同様に過料を科すことができる。また，長は職員や下部機関を従わせる規程や要綱を発出することができるが，これは行政内部のみに通用する内部規定であって，住民・市民を従わせることはできない。

＊**過料**
金銭罰の一種であるが，刑罰（刑法に規定される罰）である罰金および科料とは区別される。科料とは，罰金よりも少額のもの（１万

あり，そこでできないことは広域自治体で，そして広域自治体でできないことは国がやるという関係（「**補完性の原理**＊」）が分権改革で提案され，地方自治法に加えられたことから考えると，団体自治という概念だけでは国と自治体の関係を説明することはできない。

最後に，なぜ本書では，自治体という語を使うのか。多くの研究者が地方政府のことを自治体と呼んできたからという説明が適切であろうが，地方公共団体という法律用語を使わないのはなぜだろうか。国・自治体の文書では必ずといってよいほど地方公共団体という語が用いられている。そのため，研究者としては政府の文書ではない，役人として執筆したものではない，ということをあえて意図して，また自治の推進者であることを自認して，自治体という語を用いるのではないかと考える。

3 自治体の役割

次に，自治体の役割について考えてみよう。多くの場合，地方自治法の第１条の２第１項を引用して，説明されることが多い。そこでは，自治体は「住民の福祉の増進を図ることを基本として，地域における行政を自主的かつ総合的に実施する役割を広く担うものとする」と規定され，「住民の福祉の増進」が目的とされ，その方法として「行政を自主的かつ総合的に実施する」とされている。この条文は，1999年の**地方分権一括法**＊で設けられたものである。同じく，地方自治法第１条の２第２項で，国の事務として，国が本来果たすべき役割を担うため，①国家としての存立にかかわる事務，②全国的に統一して定めることが望ましい事務，③全国的な規模・視点で行う事務，が挙げられている。国と自治体の役割分担については，自治体の「自主性及び自立性」が発揮されるようにしなければならない，と明記されている。

これらの役割を果たすために，憲法では自治体は「その財産を管理し，事務を処理し，及び行政を執行する権能を有し，法律の範囲内で条例を制定することができる」（第94条）と**条例**＊を制定する権利が明記されている。地方自治法では，条例に加えて，自治体の「長は，法令に違反しない限りにおいて，その権限に属する事務に関し，**規則**＊を制定することができる」（第15条）と規定され，さらに「５万円以下の**過料**＊を科する旨の規定を設けることができる」（同条２項）とされて

いる。

また，都道府県と市町村の関係として，都道府県は，①広域にわたるもの，②市町村に関する連絡調整に関するもの，③規模・性質において一般の市町村が処理することが適当でないもの，を処理するとされ（第２条第５項），市町村は都道府県が処理するもの以外の事務を処理するとされている（同３項）。さらに，国と自治体の関係として「地方公共団体の自主性及び自立性が十分に発揮されるようにしなければならない」（第１条の２第２項）とも規定されている。実際にそうなっているのかどうかは，実態から判断されなければならない。

円未満）を指す。他方，過料は行政に関する罰であり，例えば条例に違反したり，裁判所に虚偽の書類を提出した場合などに過料が科される。過料は科料と発音がおなじであるため，「あやまちりょう」といわれることがある。

3　政策主体としての市民と住民自治

1　政策と政策プロセス

ここではまず，政策とは何かについて考えたい。政策とは，いくつかの辞書をまとめると，①政府・政党・団体・個人などの基本的な方針，②目標を達成するための手段・方法，という説明となろう。しかしながら，政策がなぜつくられるのかを考えると，問題・課題があるからである。とすれば，政策は問題を解決する方法であり，簡潔にいえば，「問題解決の手法」（松下 1991）となる。

こうした政策の流れを**政策のプロセス***（または「政策過程」）といい，プロセスに即して考えると，次のような思考または手順で進められることになる。まずは①問題の発見（社会に存在する問題を注意深く探し出すこと）である。次いで，あらゆる問題を自治体が解決しようとするわけではないので，自治体が解決すべき②公共的な問題を選択する必要がある。次に，どうやればその公共的問題を解決できるのか，すなわち③問題解決手法を追究する段階となる。ここでは様々な調査・研究・考察・議論が必要となる。４つ目に，その解決法を自治体として決定できるかどうかについて，④調整が必要となる。例えば，予算がつくか，人員が配置できるか，活動の根拠はあるか，などの調整が自治体の他部局との間で必要となる。

この調整がなされたら，自治体の**首長部局***では合意が得られたことになるが，議会や市民はどうであろうか。市民代表である議会に最終的な決定権限が与えられているため，⑤自治体政策の決定として，議会の議決が必要である。その後は

＊政策のプロセス
わかりやすく整理すると次のようになる。
① 問題の発見
② 公共的問題の選択
③ 問題解決手法の追究
④ 調整
⑤ 決定
⑥ 実施
⑦ 評価
⑧ フィードバック

＊首長部局
首長とその補助機関といわれる副知事・副市町村長，会計管理者，職員などを指す。都道府県では知事部局といわれる。審議会などの補助機関は含まれるが，行政委員会である教育委員会や人事委員会は含まれない。首長部局と行政委員会を合わせて，執行機関という場合がある。また，首長部局は，議会に対する意味でも使われ，機関対立主義ともいわれている。

じめて⑥実施の段階となる。実施の段階で様々な課題にめぐり会うことも多いであろう。そうした課題も含めて，実施された政策を⑦評価する必要がある。最初に設定した問題はそもそも正しかったのか，問題は解決されたのか（効果），そこにおいて効率的に実施されたのか，などの問題をこの段階で検討する必要がある。そして，その検討した結果を判断して，まだ解決されていない部分があれば，それを問題として設定し，この政策プロセスを進めていかなければならない。⑧フィードバックという段階である。そして政策プロセスは次のサイクルに入っていくのである。

本書でも，「**PDCA***サイクル」という用語を用いている章がある。また，課題設定，政策立案，政策決定，政策実施，政策評価と５段階で説明される場合もある。

また，政策の具体的な名称は，○○政策という場合は明確であるが，実際は○○条例，○○計画，○○要綱などの形をとることが多々あるので，注意したい。

さらに，政策と制度の違いであるが，法律や条例などである分野の決まりごとがある場合，その決まるまでのことや決まったあとのことまで（すなわち政策プロセスの全体）を考えることが政策であるが，制度とはその決まりごとのことである。制度とは，人々の行動をその決まりごとの枠内におさめようとすることから，市民による制御が必要になり，第２章では，〈政策・制度〉と一体的に書かれている。

＊PDCA
Ｐは Plan，Ｄは Do，Ｃは Check，Ａは Action である。ここで解説したプロセスを簡略化したものがＰＤＣＡである。前頁の政策のプロセスに当てはめれば，①〜⑤がＰ，⑥がＤ，⑦がＣ，⑧がＡと重なる。逆にいえば，ＰＤＣＡを細分化したものが政策プロセスである。

2　住民自治

政策のプロセスの説明のなかで，議会の決定に関して，市民の代表である議会と説明した。自治体の**首長***と議員は，選挙を通じて市民の信託を受け，市民の代表となる。

ここで市民と住民の言葉づかいについて少し解説する。憲法や地方自治法では「住民」という語が使われており，地方自治法第10条には「市町村の区域内に住所を有する者は，当該市町村及びこれを包括する都道府県の住民とする」とされている。他方，「**市民***」という語は法令ではほとんど使われていない。市民という語は市町村のうち，市のみで使われている。本書では，市民という場合，市町村・都道府県の地域に住む住民という意味だけでなく，同時に，政治学的な意味での市民，すなわち政治的権利（行政サービスを受ける権利や投票する権利など）を有していることを意味して，市民という

＊首長
自治体の長は「首長」といわれる場合があるが，内閣の「首長」（総理大臣，しゅちょう）と同じ発音なので，「くびちょう」という場合がある。地方自治法に「首長」という語はないが，頻繁に使われている。
➡第１章「自治体再構築」❷〔２〕

＊市民
「市民」という語は市では一般的だが，特別区では区民，町では町民，村では村民が使われ，また都道府県でも，都では都民，道では道民，府では府民，県では県民が使われており，市以外の自治体で「市民」を使うことはない。

▶▶ Column 1　国家・国・中央政府 ◀◀

自治体を政府とは呼ばないという考え方について，国家概念に引きずられた考え方だという説明をしたが，それでは国家とは何を意味するのだろうか。教科書・辞書的にいえば，①領土，②国民，③それらを実効支配する統治組織を合わせた政治的共同体という説明が多いが，日本で最も詳細と思われる全10巻の『日本国語大辞典』（第二版）では，①「一定の地域に住む人々を支配，統治する組織」，②「特に，近代，一定の領土を有し，そこに居住する人々で構成され，一つの統治組織をもつ団体。国民・領土・統治権の三要素を必要とする」，と説明されている。実は③～⑥があるが，現代的な使い方ではないので省略する。その他にも，政治学系の辞典などもあるが，ここでは割愛する。

歴史的にみれば，古代奴隷国家，中世封建国家，近代国家へと発展したとか，立法国家から行政国家に移ってきたといった説明もある。

重要な点は，国家と国（＝中央政府）とは別ものであるということを指摘しておきたい。しばしば中央政府を国家とする場合がある。例えば，国家公務員法の国家は中央政府の意味であり，最近のデジタル田園都市国家構想も中央政府の構想という意味である。

日本国憲法では，中央政府と地方政府を別々に記述している。すなわち，第4章国会，第5章内閣，第6章司法，第7章財政は中央政府について規定しており，第8章地方自治が自治体について規定している。したがって，中央政府と地方政府を統合する組織があればそれが国家概念となるが，そうした組織は憲法には規定されていない。ただ，国際的には，日本は独立した国家であり，そう考えたほうがよい場合も多いものの，国内的には国家に相当する組織はなく，政治学等における概念に過ぎない。すなわち，理論上の存在である。

語を用いている。

さて，市民の代表は首長や議員であるが，そもそもは市民の選挙によって選ばれるのであるから，権力の源泉は市民にあることになる。憲法前文には，「国政は，国民の厳粛な信託によるものであつて，その権威は国民に由来し」とあるが，これを自治体に読み替えれば，自治体政治の権威は，市民に由来することになる。前文は，国政だけについて述べているが，憲法は自治体についても規定しているので，この前文に書かれていることは自治体も含むものと解釈する必要がある。

すなわち，ここで述べておきたいことは，第2章でも述べられているように，自治体政策の主体は市民，ということである。

とすると，政策のプロセスについて，⑤決定で市民について触れたが，市民はプロセスのすべてにかかわるべきなのである。市民参加というと，計画における参加から始まったが，実は①問題の発見から⑧フィードバックにいたるまで，すべての段階で市民はかかわるべきなのである。しかし，現実にはそうなっていない自治体が多いのは残念である。

3　政策・施策・事務事業

政策の類似概念として施策がある。政策・施策・事務事業と並べて使われることがあるが，これらの違いは，事務事業は予算計上する際の最低単位とされることが多く，自治体が行う事業の基礎的な単位とされている。施策は事務事業を分野ごとにまとめたものとされている。さらに政策は施策を政策分野ごとにまとめたものとされており，自治体の総合計画などをみると，この政策・施策・事務事業が図式的に示されることが多い。三角形を横線で３つに分け，一番下から事務事業・施策・政策と書かれた図式である。目標・基本目標・理念と名づけられることもある。また，そのまとめ方も自治体によって異なり，事務事業・施策・政策の数も自治体によって異なる。この意味での政策は，事務事業の区分方法に過ぎないので，本章で述べてきた政策とは異なる使い方であるといえる。

（武藤博己）

I

自治とデモクラシー

第1章

自治体再構築

第１章では「自治体再構築」について議論する。「自治体再構築」とは政治学者・松下圭一による造語だが，①2000年分権改革，および今日の②財政緊迫を踏まえた自治体のあり方を構想しようとする概念である（松下 2004：3）。この概念は，自治体政策が市民生活に根ざすことを求めつつ，同じく松下圭一がかつて提起した「シビル・ミニマム」論の延長線上に位置づけられる。本章では，「自治体再構築」の基礎となる「自治型の論理」「自治体の構造」を踏まえながら，今日的な「シビル・ミニマムの意義」を再確認する。その上で「自治体再構築」への理解を深めよう。

1 自治型の論理

1 統治の論理

「自治」とはいったい何なのであろうか。自治には「おのずから治まる」と「みずから治める」という二面があるということがよくいわれる。「自治」の解釈はどちらで考えればよいのか。この問いはこれまでに何度も繰り返されてきたものである。

推古天皇時代の十七条憲法（604年）には，「国家自治」（国おのずから治まる）という言葉が登場する。この「自治」概念はお上に対し下々の者が礼節を尽くすことを求めるものである。このような考え方は長らく日本型統治の範型となってきた。

明治憲法（大日本帝国憲法）の時代には日本社会は西欧的な意味での近代化を経験することとなった。この時代の国のあり方は**国体***とも呼ばれた。国体に関する議論では，天皇を中心とする国家のあり方やその延長線上において，国と地方の関係を「上下・主従の関係」と捉える視角が登場していた。こうした考え方はとくに戦時下において，**デモクラシー***との間で緊張関係にあった。

戦後に制定された日本国憲法では，こうした国のあり方が転換された。日本国憲法では，主権在民，基本的人権の尊重，平和主義の考え方とともに，**地方自治の章（第８章）***が

＊国体
広義には「国がら」のことをいう。戦前・戦中は主に天皇主権の意味で解釈されてきた。

＊デモクラシー
例えば大正期の東京帝国大学教授であった吉野作造は，外来語のデモクラシーに「民主主義」ではなく，「民本主義」の訳語をあてていた（吉野 2016）。英語の 'democracy' は接尾辞に「支配」を意味する 'cracy' をつけたものであるが，日本語ではこれを「主義」と訳している。➡第２章「地域民主主義」④

＊地方自治の章（第８章）
第８章　地方自治
第92条　地方公共団体の組織及び運営に関する事項は，地方自治の本旨に基いて，法律でこれを定める。
第93条　地方公共団体に

創設された。この憲法原理の転換は戦後民主主義の基点として記憶されている。そのなかにおいて国と地方のあり方についても民主的に再構築していくことが求められたはずであった。しかし，連合国軍最高司令官総司令部（GHQ）の占領統治下における**間接統治方式***の採用もあって，明治以来の国と地方の関係は温存されることとなった。

2　自治の論理

1990年代の後半になると**地方分権改革***が政治日程に上った。このとき，国と地方の「上下・主従の関係」にも変更が迫られた。2000年分権改革において「上下・主従の関係」の象徴とされたのは「**機関委任事務***制度」であった。その定義についてはさしあたり2000年分権改革を推進した地方分権推進委員会の『中間報告』（1996年３月29日）を見ておこう。そこでは機関委任事務制度は次のように説明されていた。

> 「地方公共団体の執行機関，特に知事及び市町村長を国の機関とし，これに国の事務を委任して執行させる仕組みであり，明治時代の旧市制・町村制下の地方制度において自治体であった市町村の長を国の指揮監督下に置く方式として制度化されたもの」

地方分権推進委員会は，機関委任事務制度について，「わが国の中央集権型行政システムの中核的部分を形づくる制度」と指摘し，その廃止を訴えていた。またその目的は，「国と地方公共団体との役割分担を明確にすること」とされていた。国と地方の役割を分離し再整理すること，このことをもって国と地方の「上下・主従の関係」に終止符を打つことが，この委員会においては求められていたのである。

2000年分権改革では，高度経済成長を経て世界有数の経済大国となり，都市型社会の段階に至った日本社会において，なお「上下・主従の関係」を基軸とする政治文化を維持するのか否かが厳しく問われていた。人々にとっての豊かなまちづくりが市民自治による創意工夫によって紡がれていくものであるとするならば，自治を阻害するおそれのあるものは必要最小限とされなければならない。『中間報告』は，「あらゆる階層の住民の共同参画による民主主義の実現」のために，国と地方の「上下・主従の関係」の極小化を求めていたのである。

国と地方の「上下・主従の関係」を改めるというのはそも

は，法律の定めるところにより，その議事機関として議会を設置する。
② 地方公共団体の長，その議会の議員及び法律の定めるその他の吏員は，その地方公共団体の住民が，直接これを選挙する。

第94条　地方公共団体は，その財産を管理し，事務を処理し，及び行政を執行する権能を有し，法律の範囲内で条例を制定することができる。

第95条　一の地方公共団体のみに適用される特別法は，法律の定めるところにより，その地方公共団体の住民の投票においてその過半数の同意を得なければ，国会は，これを制定することができない。

＊間接統治方式
占領統治の方式には，統治機構を解体して直接軍政などを敷く直接統治方式と既存の統治機構を利用しつつ指令等を通じた間接統治方式がある。日本の占領統治で用いられたのは後者である。そのなかで国と地方の関係も温存された。

＊地方分権改革
1999年に制定された地方分権一括法によって実現された改革をここでは「2000年分権改革」としている。別名は「第１次地方分権改革」である。➡第３章「中央地方関係」2

＊機関委任事務
➡第３章「中央地方関係」1 3

そもどういうことなのだろうか。2000年分権改革では，自治体や市民の「自己決定・自己責任」が繰り返し強調されていた。その意味するところは究極において，「身のまわりの課題に関する地域住民の自己決定権の拡充，すなわち性別・年齢・職業の違いを越えた，あらゆる階層の住民の共同参画による民主主義の実現を意味する」ものとされていた。

封建的な上下関係においては，「お上」に対する「下々」の忖度を基調とする政治文化となる。これはすべての人が平等な立場にあることを前提とする民主政治の対極にあるものであるといえる。

3　補完性の原理

地方分権推進委員会は，『最終報告』（2001年６月14日）において市民と自治体関係者に対して以下の５つの論点を提起していた。

第１に，自治体の意識改革の徹底である。ここではとくに，従来自治体が依存してきた国の**通達***等が「**技術的助言***」に一変したこと，今後は国の通達等を，**行政サービス***の質を向上させうるような方法や体制に改めるべきことなどが強調されていた。

第２に，地域住民による自己決定・自己責任の原理の貫徹である。ここでは，自己決定・自己責任の原理の貫徹が旧来の中央地方関係の構造をおおもとから改革するものであること，それが自治体の側にも少なからぬ痛みを伴うものであろうこと，またその痛みは地域住民においても受忍しなければならない種類のものであること，したがって中央地方関係の改革には自治体にも一定の覚悟が必要であることなどが述べられていた。

第３に，財政危機状況についてである。ここでは，国に救済を求めても「もはやこれに応える余裕がない」こと，このため自治体が住民に向き合い，自治体運営の透明性を高め，地域住民に対する説明責任を果たし，行政サービスの取捨選択の方途を地域住民に問いかけ，その判断に基づいて歳出の徹底削減を図るべきことなどが提起されていた。

第４に，男女共同参画社会の実現に向けた努力についてである。ここではとくに，伝統的な社会慣行を改めつつ男女がともに地域社会を支え発展させていく営みに力を合わせるべきこと，そのためには地方議会議員に占める女性比率に課題

＊通達
最高裁は，「通達は，原則として，法規の性質をもつものではなく，上級行政機関が関係下級行政機関および職員に対してその職務権限の行使を指揮し，職務に関して命令するために発するもの」としている（「法律解釈指定通達取消訴訟」最判小三昭43・12・24民集22巻13号3147頁）。

＊技術的助言
法文上は「技術的な助言」（地方自治法第245条の４，第252条の17の５）である。上の条文には「技術的助言」「勧告」「必要な情報の提供」が併記されている。

＊行政サービス
行政が直接提供するサービスのことである。公共サービスは行政サービスを含むがイコールではない。（武藤 2003：86-90）。

図1-1　市民社会における様々なサービス

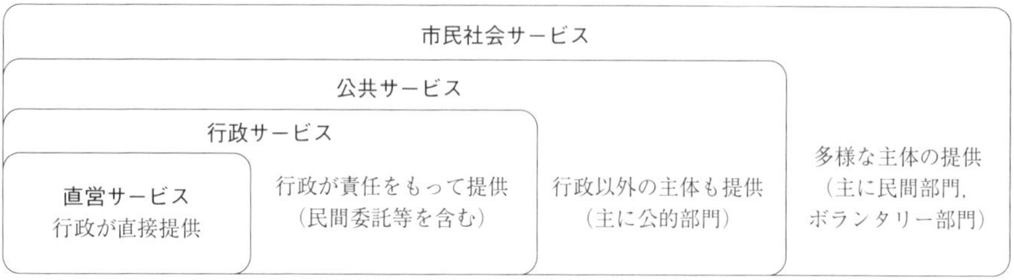

(出所)　武藤(2003:89)に南島加筆。

があること，男女共同参画の実現なしに分権型社会の創造は完成しないであろうことなどが述べられていた。

第5に，自分たちの地域を「みずから治める」ことについてである。ここでは，市民の意向を政策決定過程に的確に反映させようとする主体的姿勢への期待，納税者としての行政サービスの是非を「受益と負担の均衡」という観点から取捨選択する姿勢への期待などが述べられていた。さらにここでは「住民みずからの公共心の覚醒」が強調されており，**公共サービス***の提供について行政サービス(とくに自治体が提供するサービス)に依存する姿勢を改めるべきこと，コミュニティで担い得るものはコミュニティが，NPOで担い得るものはNPOが担うべきであること，この意味において自治体関係者と市民とが協働し，本来の公共社会を創造すべきことなどが主張されていた(**図1-1**)。

＊公共サービス
かつては行政サービスと公共サービスは大きく重なっていたが，現代においては行政サービスは縮小し，公共サービスが拡大している(武藤 2003:86-90)。

これら地方分権推進委員会の論点のうち，第5番目の論点の後段に述べられていたのが，いわゆる「**補完性の原理***」である。ここには自治を重視するという意味において，重要な示唆が含まれていた。

＊補完性の原理
➡第3章「中央地方関係」④ 1

『最終報告』では「補完性の原理」について，以下のように解説されていた。すなわち，「まず基礎自治体を最優先し，ついで広域自治体を優先し，国は広域自治体でも担うにふさわしくない事務事業のみを担うものとする」というのである。この「基礎自治体→広域自治体→国」という論理を基調とする考え方は，1985年に採択されたヨーロッパ地方自治憲章や国際地方自治体連合(IULA)で決議された世界地方自治宣言に盛り込まれていたものであるとともに，従来の「国→広域自治体→基礎自治体」という論理に対抗しうるものであった。

2 自治体の構造

1 市　民

自治体には様々な**主体***が関与する。これまで述べてきたように，国からの影響については無視することができない。他方，自治体政策に責任を負うのは自治体にかかわる様々な主体である。自治の文脈で注目しなければならないのは，後者の自治体にかかわる様々な主体のあり方である。

自治体には多くの主体がかかわる。このうちとくに重要であるのは選挙で投票を行う「市民」，選挙で選ばれる「首長」，同じく選挙で選ばれる「議会」である。これらの主体をはじめ多くの関係者が複雑に絡み合い自治体政策は紡がれているが，ここではこの三者のアウトラインをみておこう。

「市民」は自治体政策の主役である。ここでは，「市民とは誰か」と「市民のための政策とは何か」という2つの問いが重要である。

第1の「市民とは誰か」については，行政サービスの「受益者」，地方税等の「納税者」，選挙権を有する「有権者」の三面性を踏まえたい。この**市民の三面性***（「受益者」「納税者」「有権者」）は，時には相互に対立し，統合されないことがある。例えば「受益者」の立場からは「行政サービスの拡充が望ましい」ということになろうし，「納税者」の立場からは「行政サービスの縮小こそが重要である」となろう。

自治体政策がこうした矛盾に直面したとき，「有権者」の視点が重要となる。市民一人ひとりが「もしも自分が為政者であったとしたらどのような政策を採るのか」に基づいて投票を行うことにより代表制民主主義は機能する。民主政治はこのような発想を基礎とするものである。

もちろん，代表制民主主義はつねに理念どおりに機能するわけではない。往々にして有権者は自治体や自治体政策についての十分な知識を持ちあわせていなかったり，政策ではなく他の要因によって投票行動を行ったりするものである。このような歪みを補正し，「市民のための政策」をいかに具現させうるのかが為政者には厳しく問われる。

第2に「市民のための政策とは何か」についてである。まずは自治体政策の条件を踏まえよう。

自治体政策には，市民生活に何らかの問題が生じ（問題領域），かつ資源の集中効果を発揮して解決可能であり（解決手

＊主体
英語では 'actor' と表記する。基礎自治体を取り巻く主体には，国，都道府県，これらの関係団体（政党・労働組合などを含む）および企業，町内会自治会等，NPO，ボランティア，宗教団体などがある。

＊市民の三面性
南島（2023：233-236）〔馬場・南島編（2023）所収〕参照。

法），それがミニマムの政策・制度の保障につながる（市民合意）という条件が必要である（松下 1991：10）。

もっとも，現実の政策では，「市民生活に何らかの問題」が生じていなくても取組が展開することも少なくない。自治体政策はしばしば地域特性よりも上級機関の方針やこれに基づく計画に基づいていたり，「国の補助金や交付金があるのでこれを獲得するべき」という理由で取り組まれていたりするものである[*1]。この点については改めて，地方分権推進委員会が提起した「自治体の意識改革の徹底」や「地域住民による自己決定・自己責任の原理の貫徹」を踏まえたい。

*1　➡第4章「自治体と計画」

＊首長
➡序章「自治体政策学の視座」③ 2 も参照。

＊執行機関
自治体政策の執行機関は首長だけに限られない。このほかに，首長部局とは別系統の行政委員会と呼ばれる執行機関が存在する。このような自治体の構造は「執行機関多元主義」とも呼ばれている。➡序章「自治体政策学の視座」② 3

＊行政委員会
都道府県には，公安委員会，労働委員会，収用委員会，海区漁業調整委員会，内水面漁場管理委員会が，市区町村には農業委員会と固定資産評価審査委員会が，すべての自治体に教育委員会，選挙管理委員会，人事委員会（公平委員会）が置かれることになっている（地方自治法第180条の5）。

2　首　長

つぎに首長についてである。「**首長**[*]」は任期4年の自治体の統括者であり代表者であるとともに，自治体政策に大きな役割と責任を負う存在である。ここでのポイントは以下の3点である。

第1に，首長は自治体政策の「**執行機関**[*]」である。「執行」とは「決められたことを決められたとおりに行う」という意味である。執行機関には首長部局だけではなく，**行政委員会**[*]もある。なお，首長の役割は上述の政策執行が基本であるがそこにはとどまらない。首長の役割は政策の立案，決定，実施，評価といった政策過程全般に及ぶものである。

第2に，地方自治法上の首長の権限はおおむね**表1－1**のとおりとされている。ここには執行権限のみならず，政策の企画立案をはじめ，自治体政策に関する様々な権限が含まれる。

第3に，上記のほか首長は必要に応じて内部組織を設けることができるとされている（地方自治法第158条）。自治体の内部組織とは自治体職員で構成されるいわゆる「お役所」のことであり，「補助機関」とも称されている。また，首長はその管理下にある補助機関の職員の任免権（人事権）を有する（地方自治法第172条第2項）。首長は自治体の内部組織を活用しつつ政策全般にわたるリーダーシップを発揮するのである。

＊議会
佐藤（2023：81-96）〔馬場・南島編（2023）所収〕参照。

3　議　会

最後に議会についてである。「**議会**[*]」は自治体議員によって構成される議事機関であり，首長とともに自治体政策の決

表1-1　首長の権限

①議会への議案提出権
②予算調製・執行権
③地方税の賦課徴収権，分担金・使用料等の徴収権等
④決算提出の権限
⑤会計監督の権限
⑥財産の取得・管理・処分権
⑦公の施設の設置・管理・廃止の権限
⑧証書・公文書類の保管の権限
⑨その他の事務執行に関する権限

（出所）　地方自治法第149条を踏まえて筆者作成。

定に責任を負う存在である。ここでのポイントは以下の３点である。

第１に，議会は任期４年の議員から構成され，その定数は条例で定められる（地方自治法第91条）。なお，町村の場合には議会を置かず町村総会を設けることもできるとされている（地方自治法第94条）。また，首長は住民でなくとも立候補できるが，議員は住民でなければ立候補できないものとされている。

第２に，地方自治法上の議会の議決権限の範囲はおおむね**表1-2**のとおりとされている。これを見ても分かるように議会はもっぱら政策決定についての権限を有している。このほか，議会は首長に対する牽制機能として不信任の議決を行う権能が与えられている（地方自治法第178条）。首長はこれに対し，10日以内に議会を解散することができるとされている。

第３に，とくに**地方議会議員のなり手不足***が深刻であることが社会問題となっている。この問題は人口減少が深刻な農村部ではさらに大きな問題である。議員への立候補者数が十分でなければ議員定数の削減などの対応がとられることもある。それでも不足する場合には無投票での当選が懸念されることとなる。

＊地方議会議員のなり手不足
この問題は，議会への関心低下，議会の代表・審議といった基本機能の低下，利益集約機能の低下，議会の行政監視機能の低下などにもつながりかねない。こうした問題への対応として，女性候補者の擁立の模索，少年議会などの取組，休日・夜間議会の開催や議員報酬の見直し，立候補の事実上の制約となっている請負のあり方の見直しなどの諸改革が議論されている。

3　シビル・ミニマムの意義

1　自治体政策過程

自治体の**政策過程***では，「市民」「首長」「議会」の三者の抑制均衡関係が鍵となる。その土台は市民生活である。市民生活に何らかの問題が生じれば，自治体はその解決を迫られ

＊政策過程
詳しくは序章および石橋ほか（2018）および南島（2021）を参照。

表1－2　議会の決定権限

①条例制定および改廃
②予算
③決算の認定
④地方税の賦課徴収，分担金・使用料等の徴収
⑤契約締結
⑥財産の交換等，譲渡・貸付
⑦不動産の信託
⑧財産の取得・処分
⑨寄附・贈与の受領
⑩自治体の権利の放棄
⑪公の施設の独占的利用の承認
⑫審査請求，不服申立ておよび裁判に関係する事項
⑬損害賠償の額に関する事項
⑭自治体活動の総合調整に関する事項
⑮その他法令等により議会の権限に属する事項

（出所）　地方自治法第96条を踏まえて筆者作成。

ることとなる。その入口が選挙や議会審議のプロセスであり，いったん政策が決定されればその実施をめぐる議論へと展開する。民意を的確に把握し反映することができるか，あるいはできているのか。首長と議会はこの点をめぐって住民からの支持を競い合う。これが**二元代表制***である。

ただし，首長と議会の権限はそもそも異なる。行政権には実行可能な政策の具現化が期待される。他方，立法権には自由で幅広い闊達な討議・審議が求められる。議会が会派・与野党に分かれて議論を戦わせるのはこのためである。その上で，行政権と立法権は制度原理的に対立するように設計される。特定の権力が暴走しないように抑制均衡を働かせることがその本旨である。これは**機関対立主義***と称される。首長のリコール・不信任の議決や議会の解散などはその発露であるが，むしろ会期中の言論を通じた討論こそが重視されなければならないだろう。

ところが，現代の自治体においては首長の存在感や権限が突出することなどを背景として，議会の機能不全論や不要論が提起されている。2000年代の平成の市町村合併や一連の地方分権改革に伴う首長への権限移譲，あるいは首長の下での住民参加の拡充によってこの傾向には拍車がかかっている。

首長と議会の間の不均衡なパワーバランスを前に，新しい形で抑制均衡を議論しようとしているのが「政策過程」（政策のプロセス）である。この「政策過程」の意義は，政策の

＊二元代表制
佐藤（2023：82-85）〔馬場・南島編（2023）所収〕参照。なお，二元代表制に対応する英語はない。「議院内閣制」と対になる「大統領制」（presidental system）が近いが，二元代表制というときには首長と議会の対等性が重視される。

＊機関対立主義
自治体における首長と議会の抑制均衡関係のことをいう。権力分立の原理を自治体において具現化させるものと解される。南島（2021）を参照。

▶▶ *Column* 2　東京都政調査会の「杉並区調査」◀◀

日本での地域政治の権力構造分析として著名な調査研究に「杉並区調査」(『大都市における地域政治の構造：杉並区における政治・行政・住民』東京都政調査会，1960年）がある。本章冒頭でも触れた松下圭一が中心となった1960年の重要な共同研究である。

同調査に参加していたのは，松下圭一のほか，鳴海正泰，阿利莫二，高木鉦作などであった。それまでの政治・行政学の対象は，国レベルの政治あるいはエリートに向けられるものが多かった。「杉並区調査」は地域政治に目を向ける先駆的な業績であった。

杉並区調査においては，「地域民主主義」「自治体改革」という言葉がクローズアップされていた。報告書では，「地域における民主主義の未成熟は，農村や地方中小都市ばかりではない。東京においてもこの弱さをはっきりとつかまなくてはならない。東京においても『ムラ』がある。国会周辺での30万といわれるデモの高揚も，居住地を素通りしているのにほかならなかった。今後，地域民主主義を確立し，自治体の構造改革に取り組むことは，戦後民主主義の実体化をめざす民主勢力の必須の課題であろう。これまでなぜこのような方向での活動が組まれなかったのかについての反省は，日本の民主勢力の体質自体の深い反省とむすびつかねばならない。」とされていた。

「自治体改革」はこの時期以降の松下の持論ともなった。さらに，松下の所論は，1970年代の「シビル・ミニマム」論を経て，美濃部都政下での東京都中期計画や武蔵野市の市民参加論にも結実していった。

2000年代になると，松下は「自治体改革」にかえて「自治体再構築」という用語を好んで使うようになった。この背景にあったのは，本文でも触れたように，①分権改革の進展と，②財政緊迫という新たな自治のステージであった。

「自治体改革」にしろ，「自治体再構築」にしろ，その底流に流れているのは「地域民主主義」を問おうとする姿勢である。自治体レベルの民主主義を突きつける言葉としてこれらの概念は理解しておきたい。

「立案」「決定」「実施」「評価」のそれぞれの段階において，異なる主体間の抑制均衡関係の再構築を求める点にある。

政策過程は究極的に具体的な地域の課題がどの程度解決されたのかという政策効果の面を見ようとするものである。地域の課題が解決された場合には「**政策効果***が発現した」と表現される。自治体は適切な政策効果を生み出すことができるのか。この点こそが自治体の政策過程では問われなければならない。

＊政策効果
英語では 'outcome' と表現される。特定の行政活動（プログラム）による介入が生じることで，何らかの社会経済的な影響が生じることをいう。特定の行政活動の直接的な結果はアウトプットと呼ばれ，ここでいう政策効果とは区別される。

2　シビル・ミニマム

自治体の政策効果と緊張関係にあるのが財政規律である。

日本のGDPに対する債務の規模は先進国のなかでも最悪の水準にあるとされるが，財政的な余力は国のみならず自治体にも残されていない。さらには，経済の原動力となる人口規模も減少傾向にある。この矛盾は地方においていっそう顕著である。

こうした時代のなかで自治体政策に求められるのは，真に必要とされる地域課題に資源を集中させることである。それは市民とともに自治体が挑戦すべき課題でもある。「みずから治める」視角をもてなければ地域課題の解決はおぼつかない。

このような考え方は半世紀前から提唱されてきた。松下圭一が提起した「**シビル・ミニマム***」という概念がこれである。シビル・ミニマムとは，もともと**ナショナル・ミニマム***の自治体版として提起されたものであったが，その意義は自治体の財政規模を踏まえた政策公準の設定と市民生活に必要とされる政策課題の提起にあった。1970年代の多くの自治体総合計画ではこのシビル・ミニマムが注目されてきた。

本書では改めてシビル・ミニマムの意義を強調したい。シビル・ミニマムは，市民参加を踏まえた政治決断を経てはじめて実体化する。すなわち，その時々の自治体政策の実践的経験が結果としてそれぞれの自治体のシビル・ミニマムを形づくっていくのである。

今日改めてこのシビル・ミニマムの重要性が増している。それは厳しい財政規律を前に，「みずから治める」なかで具体的な私たちの暮らしのあり方のなかで見出されていくべきものである。そのための自治の模索と挑戦のプロセスを，ここでは「自治体再構築」と呼んでおこう。

（南島和久）

＊シビル・ミニマム
詳しくは，松下（1971）を参照。

＊ナショナル・ミニマム
イギリスの福祉国家の基礎となった『ベバリッジ報告』とともに知られる。シビル・ミニマムはこれをもじった和製英語である（松下 1971：272）。ナショナル・ミニマムは憲法第25条に影響を与えた概念であることでも有名である。

第2章

地域民主主義

都市型社会における**地域民主主義***の主体は，市民と，地域の政府である自治体である。地域民主主義は，市民どうしの関係と，市民と自治体の関係のなかに根づき，その社会の活動や〈政策・制度〉を生み出していく基盤といってよい。そのため，地域民主主義を論じるときには，市民どうしの関係に焦点を当てる場合と，市民と自治体の関係に焦点を当てる場合がある。『自治体政策学』を構成する本章では，後者，自治体と，また自治体の〈政策・制度〉と市民の関係について論じていきたい。地域民主主義とくに市民と自治体との関係が，自治体政策を理解する前提になるものだからである。

1 都市型社会

1 都市型社会という現在

まず，自治体政策を理解するための前提を確認していこう。

私たちは，〈政策・制度〉が基盤にあって初めて，その活動や生活が成り立つ社会に生きている。これを「**都市型社会***」と呼ぼう。都市「型（タイプ）」というのは，都市地域であるか農村地域であるかということではなく，その生活が〈政策・制度〉を基盤とした「型（タイプ）」になっているということである。

例えば，電気やガスや水道は，かつては「都市装置」と呼ばれた。一定規模以上の人口が集まると，井戸水や里山の薪ではすぐに枯渇してしまう。だから住むひとに十分な水やエネルギーを確保するための仕組みが必要になる。そうした仕組みは，かつては一部の地域やひとのためだったが，今はすべての「私たち」のくらしが電気やガスや水道があることを前提にした生活様式になっている。かつて都市装置と呼ばれたそれらは，今「ライフライン（生命線）」と呼ばれている。電気，ガス，水道だけではない。様々な仕組み＝〈政策・制度〉があって，私たちの生活は成り立つし，そのありようがくらし方生き方に影響する。

このような社会のあり方を類型として名前づけるとすれ

＊地域民主主義
日本における「地域民主主義」への着目は，松下圭一や鳴海正泰らが1959年から1960年ごろ，地域の政治構造を調査し，地域社会と自治体を取り巻く状況が明治以来のムラ型構造とオカミ支配から抜け出ていないこと，地域レベルの民主化の重要性を指摘したことから始まる（松下 1959）。地域社会における市民どうしの関係，市民と自治体との関係が民主的であるかどうか，その問いはなお有効である。

＊都市型社会
都市型社会以前の社会類型は，松下圭一によれば，「農村型社会」とされる。人類は少数の部族社会であった狩猟・採集社会を前史に，農耕の開始によって定着農業を経済，社会，文化の基

図２－１　公共政策と政府，市民

（出所）土山・村田・深尾編（2012）。

盤とする農村型社会にゆっくりと移行していく。身分と慣習によって人々の生きかたが規定される社会が長く続くが，近代化が始まり工業化・民主化が進み，身分と慣習ではなく〈政策・制度〉に人々のくらしが支えられる都市型社会に移行していくとされる（松下 1991：２-３章）。

ば，やはり「都市型」となるのではないか。日本は，都会か田舎かを問わず全域が，〈政策・制度〉という仕組みを基盤としてひとがくらし，個人や集団で活動する「都市型社会」であることが理解できるだろう。私たちは，「都市型社会」に生き，その基盤にあって様々に絡み合う仕組みつまり〈政策・制度〉のネットワークを共有している存在なのである。

２　政策と政治と社会構造

「都市型社会」では，〈政策・制度〉は人々のくらしの基盤となる。だれもが自分自身のくらしの当事者であり，望むと望まざるとにかかわらず，〈政策・制度〉の課題に直面することがある。自分だけでなくだれかと共有しうる課題，それはすなわち「公共課題」となる。それらの課題に対応するためには目的・目標を決めてそれが実現するように手段を講じるだろう。課題解決をめざす「目的―手段」の組み合わせが「政策」であるので，公共課題に対応する政策が「公共政策」となる。

「公共政策」のうちの一部，その社会の人々にとって必要不可欠（ミニマム）な〈政策・制度〉が，税をはじめ人々から集めた資源で整備される「政府政策」である（**図２－１**）。

都市型社会では，政府の役割は，その社会に必要不可欠な〈政策・制度〉を整備することであり，そのために政府には権限が信託されている。このように考えると，国も自治体も対象となる領域や権限（役割分担）が異なるだけで，どちらも政府であり，自治体は市民に最も近い政府ということになる。国が整備するナショナル・ミニマムだけでなく，地域に固有の課題に対応する〈政策・制度〉も都市型社会に生きる市民のくらしに必要不可欠な基盤である。これを**シビル・ミニマム***という。

自治体は，人々のくらしという，都市型社会における課題の現場に最も近い政府である。課題には，それに最も近い政府が取り組むことが望ましく，優先されるべきだろう。このことが，**補完性の原理***と地方分権の正統性の根拠でもある。

ところで政策にはこの事業を行えば絶対に課題は解決するという「あらかじめ用意された正解」がない。課題の現状に目的・目標を設定し，手段を講じるということは，「めざす未来」を実現するという未来構想となるが，その未来が実現するかは確実ではない。そのため，多方面から議論し，「用意された正解」がないなかで「自分たちなりの答え」を決定し，実施し，結果を予測しながらうまくいかない場合には調整する（**予測と調整***）。このとき，決定はもちろん，実施も，「うまくいっているかどうか」の判断も，調整の必要性や内容も，「決断」の積み重ねである。

〈政策・制度〉の整備は，様々な決断の積み重ねで進んでいく。標準的な**政策過程***では課題が可視化され特定されたあと，政策案が形成され，決定され，実施され，評価されていくとされるが，それぞれの段階で「決断」の契機が多様に内包されていることが想像できるだろう。公式な「決定」には，決断にたどり着くための「議論」といよいよそれを決めるタイミングである「契機」が用意され，その正統化は最終的には数が用いられる（多数決）。「決定」に至るまでの多数派工作がまさに政治である。政府政策の過程は政治をエネルギーとして進むのである。

政策過程には政治が必要だが，政治は時に「政策に対する是非」から離れて，政治の，例えば数を支える党派の利害で政策を判断するような局面をつくる。「政局」と呼ばれるのはそのときである。「政局」状況が批判されるのは，政府の存在意義が〈政策・制度〉の整備であるのにもかかわらず，政策から離れて政治の事情で決断し，進むからである。政策の是非ではなく政治的な理由による決断を抑止する力の強弱

＊シビル・ミニマム
➡第1章「自治体再構築」3 2

＊補完性の原理
➡第1章「自治体再構築」1 3，第3章「中央地方関係」4 1

＊予測と調整
政策は未来に向けて進む現在，目指す未来にたどり着くために構築する手段である。先見性ある予測と，その予測に対応した政策の調整が必要である。また，松下圭一は，複雑に絡み合う社会構造にあって，政策一般の限界として，政策は課題解決というよりも状況の流れを加速・減速するにとどまるとし，そのため，流れの方向を予測し，その加速・減速の条件を調整するのが政策の意義であり，政策は万能ではないとしている（松下 1991：154-156）。

＊政策過程
➡序章「自治体政策学の視座」3 1

図２－２　公共政策と３つのセクターに分類される政策主体

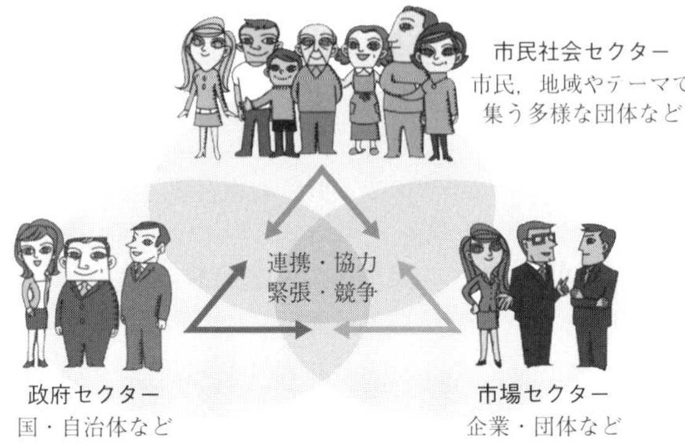

（出所）　土山・村田・深尾編（2012）。

は，その「市民」がみずから信託した政府を制御する力の強弱だといってよいだろう。

３　都市型社会の政策主体

都市型社会の公共政策は，３つのセクターの主体によって担われる。国や自治体などの政府セクター，企業などの市場セクター，そして様々な市民活動を内包する市民社会セクターである（**図２－２**）。

古典的な政策主体といえる政府をみてみよう。近代化で成立した「国民国家」といわれる国レベルの政府だけでなく，都市型社会となったこんにちでは，自治体も地域の政府として，むしろ最も市民に近い政府として重要な政策主体となっている。政府政策が実施されるには時間がかかる。様々な議論を経て形成され，さらに議決などの決定によってその〈政策・制度〉が必要不可欠であると正統化される必要があるためである。しかし，決まれば，その政策は地域全体で実現し，多くの資源が投入される。

市場セクターの主体，具体的にいえば企業や団体も，その社会を構成する政策主体である。まず，みずからの存在と行動に対する責任がある。企業の社会的責任やコーポレートガバナンスが重視され，SDGs に象徴される公共課題への取組が株主にも評価されるようになってきていることは，その責任が理解されてきていることのあらわれといえる。さらに，社会的企業のように，市場という領域で公共課題に取り組む

＊国境なき医師団
1971年にフランスで設立された「国境なき医師団」

図2-3　〈政策・制度〉を制御する主体

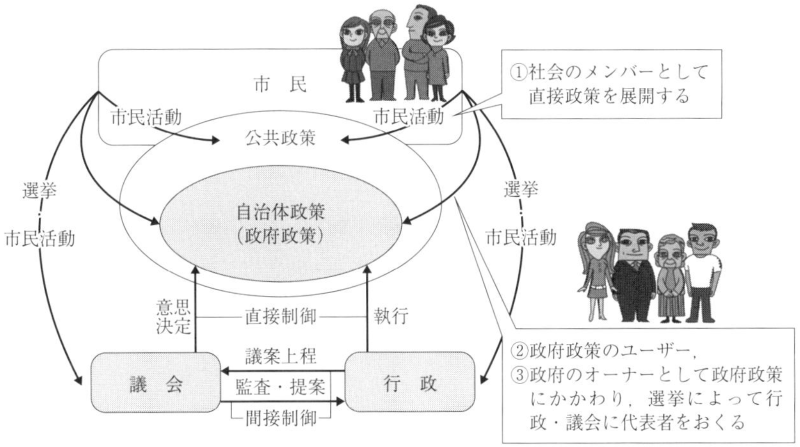

市　民
市民活動
市民活動
①社会のメンバーとして直接政策を展開する
公共政策
自治体政策（政府政策）
選挙・市民活動
選挙・市民活動
意思決定
直接制御
執行
議案上程
監査・提案
間接制御
議　会
行　政
②政府政策のユーザー，③政府のオーナーとして政府政策にかかわり，選挙によって行政・議会に代表者をおくる

（出所）　土山（2017）年に加筆。

公共政策的事業を展開する主体も存在感を増してきている。

市民社会セクターの主体については，次節で検討しよう。

2　市民活動

1　政策主体としての市民

都市型社会における政策主体としての市民は，①社会のメンバー，②〈政策・制度〉のユーザー，③政府のオーナーという3つの顔をもつ（**図2-3**）。

①社会のメンバーとしての市民は，地域規模から地球規模まで，〈政策・制度〉を共有するメンバーとして，様々な政策課題を「自分たちの課題」とし，みずからの自由な意思で取り組む，「自治」の主体である。例えば世界規模の活動でいえば，「**国境なき医師団**[*]」，地域規模の活動でいえば「**子ども食堂**[*]」など数限りない多様な〈政策・制度〉をみずから展開する存在であることが理解できるだろう。

また，市民がくらしの基盤とする〈政策・制度〉は，他の政策主体の活動も展開される「社会の共有基盤」である。他の政策主体が展開する〈政策・制度〉に課題がある場合は，例えば企業の経営方針[*1]や活動に対して不買運動が起こったり，逆に応援購入がひろがったりするかもしれない。政府政策からみたときには対象者となる市民は，その〈政策・制度〉の当事者でもある。②〈政策・制度〉のユーザーとし

は，紛争や貧困で医療が不足している国や地域で医療・人道援助活動を行う団体。「独立・中立・公平」を原則とし，人種や政治，宗教にかかわらず，命の危機に直面している人々に，無償で医療を提供する。どんな権力からの影響も受けずに活動するため活動資金のほとんどを民間寄付でまかなうという（国境なき医師団HP　https://www.msf.or.jp/）。

＊子ども食堂
2010年代から，孤立や貧困など子どもを取り巻く環境が困難さを増してきたことを背景に，地域で子どもたちや子どもと大人が食事をともにする場所と機会をつくる活動がひろがってきた。明確な定義はないが「子ども食堂」と呼ばれている。

＊1　➡序章「自治体政策学の視座」3 1

て，主体的に，個別具体の〈政策・制度〉に問題を提起することも当然ある。さらに市民は③政府のオーナーでもある。市民は，選挙における投票という機会だけでなく，②と③の二重の立場で，パブリックコメントや直接請求など**市民参加制度***を通じ，政府政策に対する市民制御をなすことがある。

さらに，それぞれの市民の多元性について確認しておこう。政府セクターの，市場セクターの，そしてもちろん市民社会セクターの政策主体も，団体を構成する一人ひとりは同時にそれぞれ異なる環境と自由意志をもった市民である。ある企業の職員は，地元のまちづくり活動に関わり，地球温暖化に取り組む国際 NGO に寄付をして，SNS 上の友人が被災したときには支援に行くかもしれない。あるいは，勤めている地元企業が公害の原因となったとき，その事実に内部の職員として胸を痛めるだけでなく，地域の住民として被害を受けているかもしれない。都市型社会における市民は，セクターを超えるという意味でも，地域から世界までという領域の意味でも，一人ひとりが多様な立場で，言い換えれば，多元的に，かつ，国や自治体さらには国際機構と重層化するそれぞれの政府に働きかける主体，みずから課題に取り組む主体として活動しうることがわかる（**多元・重層化***）。

2　市民活動のはじまり，ひろがり，ふかまり

こうした政策主体としての市民の活動は，かつては人々のなかでも一部の有力者に限られていた。デモクラシーの源流といわれる古代ギリシャのポリスや古代ローマでも，その社会を支えていた多くの人々は市民権をもたなかったし，17～18世紀の市民革命の主体は近代化の黎明期に実力をつけた上層ジェントリ（イギリス），ブルジョワジー（フランス）といった有力者であった。しかし，都市型社会では，すべての人々が参政権だけでなく，生活権も〈政策・制度〉による保障を得て，市民として政策の主体となる。

日本における市民活動の群生は，1995年の阪神淡路大震災と1998年に設置された**特定非営利活動法人（NPO 法人）制度***に紐づけられがちだが，実際には，1960年代から始まる高度成長期にさかのぼる。工業化と民主化，生活様式の変動を伴う都市型社会への本格的な移行が，公害をはじめとする環境問題，ごみ処理など公衆衛生にかかる問題，福祉やインフラ整備など，社会保障・社会資本・社会保健などの政策課題領

＊市民参加制度
市民参加制度は，情報公開制度とともに，政府の活動とその成果である〈政策・制度〉に対して市民の意思を表出するための重要な制度であり，様々な試行と制度化が積み重ねられている。法定の直接請求制度のほか，パブリックコメントや常設型住民投票を制度化したり，市民参加推進条例を制定したりしている自治体も少なくない。

＊多元・重層化
都市型社会の政策は，市民をはじめ，団体・企業，もちろん議会，行政，裁判所など政府機構，また政党はもとより政策を商品化するシンクタンクなど多元の主体が発生源となること，そうした政策を採用し制度化する政府は国際機構，国，自治体に三層化していて，政策主体はこの様々な場面で活動する。この「多元・重層化」を松下圭一は指摘し，「分節政治」状況とした（松下 1991：95－96）。

＊特定非営利活動法人（NPO 法人）制度
法人格は活動が組織化し団体となるために重要な制度であり，市民の自発的な活動のために使いやすい法人格制度の必要性が長らく指摘されていた。1998年に設置されたこの制度によって特定非営利活動法人（NPO 法人）は2000年代を通じて急速に拡大し2010年には４万団体を超えた。2022年度末には５万353団体が登記され，税の優遇措置が受けられる認定特定非営利活動法人は1266団体と

域をひろげ，その未整備は多様な市民運動・住民運動を激発させることになった。

人々のくらしが〈政策・制度〉のネットワークを基盤とし，それが社会にひろくふかく根ざしていくことで，その無限の課題に取り組む市民の活動も，ひろがり，ふかまっていく。その蓄積を背景に，大きな災害などの危機にあたって，市民は当事者あるいは支援者として政策主体となる。2つの大震災は私たちにそれをよく示している。

特定非営利活動法人制度とそれに続く2006年の公益法人制度改革はこうした市民活動を組織化する制度の要請に応じたものである。

3　市民による〈政策・制度〉の制御

政府政策は，人々にとって必要不可欠（ミニマム）な〈政策・制度〉の整備として具体化されるものであり，政府は市民の代行機構としてその整備に取り組むための権限と資源を信託されている。これが都市型社会における政府の位置である。言い換えれば，政府政策は，市民の信託に応じて用意される政府の成果物である。そのため，市民の評価によっては，信託は解除され，異なる政府が形成される。

このように整理すれば，市民は，政府セクターつまり国や自治体の〈政策・制度〉を制御する主体であるはずで，その制御は選挙という代表者の選択にとどまらず，個別の政策の過程にあたっても，様々な市民参加制度による制御が発揮されることが，制度としては，前提となっている。

改めて，前掲図2-3を〈政策・制度〉をめぐる自治体と市民の関係としてみてみよう。意思決定機関である議会，自治体は執行機関である行政により構成される政府であり，議会と行政の作用により〈政策・制度〉は制御（コントロール）されている。市民は，①社会のメンバーとして公共政策をみずから展開する主体であり，かつ，②政策のユーザー③政府のオーナーとして政府政策にも，議会と行政にも影響を与える主体である。

市民の存在や活動が自治体の〈政策・制度〉に実際にどんな力をもってどのように影響を与えるかは，市民参加の制度と，それを実際に動かす実践の積み重ねによって変わってくるといってよい。制度があっても使われず，実際に制御する力が発揮されなければ，制度は形骸化してしまい，政府の日

なっている。

常の活動から市民の存在は遠くなり，みえなくなってしまう。

ところで，自治体政策過程への市民参加といえば，まず行政活動へのかかわりが想定されるだろう。他方，議会への市民参加は，近年の議会改革の潮流のなかでようやくその模索がみえ始めてきたといってよい。自治体政府のもう１つの機構である議会はどのような状況にあるのか，次節でみてみよう。

3　議会改革

1　「遅れて来た」？　議会改革

議会は，本来は，ヒロバとして，自治体〈政策・制度〉をめぐる課題が可視化され，議論を通じて自治体としての意志を決定する，市民の代議機構のはずだが，その機能が十分発揮されているとは言い難い現状にある。

自治体議会改革は2000年頃からみられ，2006年の北海道栗山町議会基本条例が１つの画期として挙げられることが多い。だが，市民と政府の今日のあり方があらわれてきた画期は，都市型社会への移行が進んだ高度成長期の1960年代である。それからみると，2000年代から本格化する自治体議会改革の潮流はずいぶん遅れて来たようにみえる。なぜ，40年ほどの「時差」があるのだろうか。

2　行政と議員と議会：絶対無謬をこえて

本章で，政策には「あらかじめ用意された正解」はないと示した。一方，日本の近代化の歴史を紐解くと，明治以来，強力な中央主権体制で展開された近代化は，「行政は間違わない」「行政は悪をなさない」という行政の「絶対・無謬」性を前提として展開されてきた（**無謬性神話***）。私たちの社会や政治をめぐる感覚のなかに，今でもその残滓があり，影響しているのではないだろうか。

例えば，全国市議会議長会の調査によれば，2020年に全国の市議会で市長が提出した議案の99.3%は原案どおり可決されている*2。だが，政策には「あらかじめ用意された正解」がないのに，これほど原案どおり可決されていることは，何を意味するのだろうか。実際には議場の外でいろいろな議論があり，みえないところで調整されることもあり，その結果であるという声もある。けれど，そのこと自体が，「行政は間

＊（国の／行政の）**無謬性神話**
国あるいは行政を「間違わない／正しい／悪をなさない」存在とみなす，またそれを前提として考察することは，明治期に権力を一元化した強力な「国家」によって近代化を進めてきた日本になお残る「悪癖」といってもいい。国家の存在，営為を「絶対・無謬」とする「国家神話」も同根である。国でも，例えば最近では2022年の「行政改革推進会議　アジャイル型政策形成・評価の在り方に関するワーキング・グループ報告書」などでもその認識の問題性が指摘されている。この用語を私たちは早く過去形で語ることができるようにならねばならない。

＊2　全国市議会議長会「市議会の活動に関する実態調査結果」による。なお，この年の議案（議会が議論し議決する対象）の91%が市長が提出したものである。議会としての自律的な議案の検討，議論の充実は，自治体議会の重要な課題である。

違わない」という予定調和のためではないか，それでは議会は行政の「追認機構」ではないかという批判がある。

都市型社会における議会の本来の機能の発揮は，行政の無謬性という神話あるいは幻想に阻まれてきたし，なおかつ，その幻想を行政も市民も克服しきれずにいるのではないか。結果として，日本では，都市型社会の自治体議会としての改革と機能の発揮が現在に至るまで遅れ，市民にとって議会の存在を遠いものにしているともいえよう[*3]。

＊3　2023年３月の早稲田大学マニフェスト研究所らによるインターネット調査では，議会や議員の印象について，「自治体議会（組織）は何をしているかわからない」とする回答者が49.1％，「自治体議員（個人）は何をしているかわからない」53.1％となっている（早稲田大学マニフェスト研究所 議会改革調査部会 LM 地議連 2023）。

3　議会は自治体に不必要か：議会はヒロバになれるか

自治体議会に対する目線は，今日，一般的に厳しいといってよい。一部の議員の不適切な支出や言動が報道され，「わがまち」の議員の不祥事ではなくても，それが，議会や議員一般におこることのように感じられるのは，そうではない議員や議会の姿が目に入らないからではないか。こうした目線もあり，多くの議会では定数や報酬の削減が少しずつ進む。

自治体の役割が「人々が必要不可欠とする〈政策・制度〉の整備」であり，自治体〈政策・制度〉は自治体政府の成果物である。ならば，市民からみて，行政と議会という機構の価値は，まず自治体〈政策・制度〉が「よい」状態であるために貢献しているかどうかである。こう考えると，現在の議会からその貢献がみえないことは大きな問題である。ただし，現在，期待される機能を果たしていないということは，だからその機構が必要ないということではない。

わがまちの課題を取り上げ，わがまちの人々つまり「私たち」に必要不可欠な〈政策・制度〉のあり方について議論することは必要かつ重要である。政策課題は無限だが，そのための資源は有限だ。何が必要不可欠（ミニマム）なのか，政策の効果はどうか，どう高めるか，自治体〈政策・制度〉を議論するヒロバが議会であり，議会は自治体〈政策・制度〉の適正制御の責任主体である。ここでは，そうした議会のあり方を，「政策議会」と呼ぼう。自治体議会改革のめざすところは，「政策議会」として，〈政策・制度〉の「よき制御」を可能とする，理念と仕組みの整備であり，同時に，その過程への市民参加と情報公開の拡充の取組である[*4]。

＊4　議会改革では，議会がみずからのあり方やめざすところを規定した「議会基本条例」の制定，議員と後援者の関係ではない議会と市民との対話の機会である「議会報告会」，執行機関との議論のやり方をめぐる「一問一答制の導入」，「議員間の自由討議」，ICT や DX などデジタル技術を活用した広報や広聴，モニター制度などが挙げられる。

4 自治体デモクラシー

1 自治体の発見，自治体の政府化

「自治体」は法令等では「地方公共団体」という。だが，私たちにとっては，「自治体」の呼び方のほうがすでに馴染みがあるだろう。それは「自治体」という言葉が自治の機構としての意味を感じさせるからだろう。他方，戦後，市町村の公式名称が「地方公共団体」とされたのは，自治体が政策主体，ましてや政府としての機能をもつと想定していなかったからだと推察できる。英訳版憲法でも「地方公共団体」は，'local government' でも 'local authority' でもなく，そのまま 'local public entity' という直訳が当てられていたことからもそれがよみとれる。自治体職員の研修機関でも，1980年代にはいっても「政策」と冠した研修メニューはなかなかみられず[*5]，2000年に至るまで保持された機関委任事務制度も，自治体を国の行政の下部機関として設定した仕組みであった。

だが，高度成長期の社会変動は日本を本格的に都市型社会に移行させ，地域の様々な政策課題に対応する地域の政府としての役割を自治体に求めることとなった。政策主体としての「自治体の発見」は，**革新自治体**[*]という潮流によって進み，革新自治体がもたらした自治・分権という理念，市民参加と情報公開という手法は，自治体の普遍的規範として受容されていった。このような「自治体の政府化」は，様々な実践と議論の結果として，2000年分権改革に結実する。1947年に制定された憲法では「地方の公共の団体」でしかなかった自治体は，2000年分権改革では地域の政府として国と「対等」と位置づけられたのである。

*5　1980年代でも，政策形成能力，政策課題研修は管理者層向けの位置づけだったといわれる（西尾・松下 1987）。自治体職員や議員の公的な研修機関としては，総務省がおく自治大学校のほか，自治体が合同で設置した全国市町村国際文化研究所（JIAM，滋賀県大津市），市町村アカデミー（JAMP，千葉県千葉市）や，各都道府県が研修メニューを提供する研修機関などがある。

＊革新自治体
1963年地方統一選挙では，横浜市の飛鳥田一雄市長をはじめ，革新政党を推薦母体とする都市問題への取組を掲げた首長が当選し，「革新自治体」といわれた。1970年代を通じてその潮流は大きくなり，自治・分権という理念と，市民参加・情報公開の様々な手法の開発が進んだ。首長立候補者の無所属化も進むなかで，「革新政党を推薦母体とする」首長は減ったが，自治・分権，参加・情報公開という方向性はむしろ自治体の普遍的なものとして認められている。

2 「民主主義の学校」という意味

地方自治のことを「民主主義の最良の学校」と評したのはイギリスの法学者・政治家ジェームズ・ブライスだが，それが意味することは，地方自治が民主主義を学ぶ素材，あるいは，「学校」の外，例えば国レベルの政府でその学びを発揮するための練習場という意味ではない。かつての社会構造からみれば巨大な個人の集合体で，個人と個人をつなぐものは先天的にはないバラバラの社会にあって，国や世界からみれば，自治体は手の届きやすい距離にある近隣政府であり，そ

▶▶ Column 3　松下圭一と自治，自治体政策学 ◀◀

本書を通読すると，「松下圭一」という名前やその造語である「シビル・ミニマム」ということばが各所に出てくることに気づくだろう。松下圭一（1921-2015年）は日本の自治，自治体，政策を論じるとき，理論にとっても実践にとってもその基盤を構築した存在といってよい。

今日の社会構造を，「都市型社会」（都市部ではなく，人々のくらしが人造の装置である〈政策・制度〉のネットワークによって支えられる社会）ととらえ，近代化を推進した中央集権下の国行政を「絶対・無謬」とする「国家神話」幻想を否定し，市民自治を起点に，自治・分権を基盤理念とし，参加・情報公開を基礎手法とする政府としての自治体の姿をとらえた「松下市民政治理論」が，2000年分権改革の前提となった。

自治体では，政府としての自治体のあり方を「自治（体）基本条例」，政府における代表機構・議決機関としての議会のあり方を「議会基本条例」としてみずから策定する動きが2000年代から進み，自治（体）基本条例は全国で約400，議会基本条例に至っては900を超える自治体が策定したといわれるが，市民の信託を受けた政府としてのあり方を自治体レベルの「基本法」として規定することもまた，松下氏の提起に由来することが指摘されている（廣瀬 2010；神原 2019）。

自治体理論だけでなく，『市民自治の憲法理論』（1975），『松下圭一法学論集 国会内閣制の基礎理論』（2009）をはじめとした法理論，政策主体としての市民の定位も重要な功績である。

もちろん，理論と制度が整えば，民主政治が安泰なわけではない。松下氏は日本の未来を「成熟と洗練か，焦燥と没落か」（松下 2012）いずれにも進みうるととらえているが，制度はその本旨（ここでは市民自治による民主政治の実践）に基づいた作動と，その成果の蓄積がなければ，簡単に形骸化する。自治を実践する存在として，制度を活かして成果を生み出しているか。私たちにはそれが常に問われている。

の機構や機構の成果物である自治体政策に対しても市民の制御が及びやすいからだといえよう。

むしろ，都市型社会では，自治体は学校というよりも政策課題に最もちかい現場で，民主主義，つまり政治と〈政策・制度〉に対する市民自治の実践の最前線にあるといえる。

3　〈争点〉の提起と課題の現場

市民による〈政策・制度〉の制御を考えるとき，それはつねに少数者による問題提起を起点とする。すでに形成されている〈政策・制度〉ネットワークでは解決できない，あるいは現存する〈政策・制度〉そのものが困りごととして作用する少数の当事者こそ，課題の第一発見者となる。その当事者つまり「困っているひと」と，同じ社会のメンバーとしてその困難に共感する支援者つまり「ほっとけないひと」の拡大が，その政策課題を社会のなかで可視化させることとなる。可視化された課題は公共課題として認識され，ときには自治体政策として展開されることになる。

ある政策課題に当事者あるいは支援者として取り組むときには，課題を他者と共有し当事者と支援者を拡大していくことが，その取組に一貫して必要になる。社会における「自分にとっての課題」を他者と共有し「自分たちの課題」とし，みずから取り組む。あるいはみずからの代行機構としての自治体という地域の政府にその〈政策・制度〉の展開を，その地域に必要不可欠なものとして委ねる。言い換えれば，その機構である議会と行政に「自分たち」の求めるものを実現するよう働きかける。その過程全体が市民の自治のいとなみであり，人々がその権力をもっているということであり，それは，社会のありようを未来に向けて制御する〈政策・制度〉への作用として現れる。

デモクラシーの語源は demos + kratia である。それは民主主義と訳されたが実はそうではなく，「demos：大衆（人々）」が「kratia：権力をもっている」状態である。「自分たち」が共有する課題を特定し，それを制御する〈政策・制度〉を社会に実装する，それが都市型社会における自治であり，その起点であり現場であるものが地域だといってよい。

（土山希美枝）

第3章

中央地方関係

本章で扱う中央地方関係とは，国という公共団体と，市区町村や都道府県などの地方公共団体の関係のことである。国も地方公共団体もそれぞれの意思をもつ団体でありながら，両者は協力して国民・住民の負託に応えねばならない。両者の間にはどのような一般ルールがあり，どういった相互関係が築かれているのか，またどうあるべきなのか。2000年以降進められてきた地方分権改革の流れをみながら，政府間関係という視点からこの課題を考えてみたい。

1 集権と分権

1 政府間関係としてとらえる地方自治

(1) 日本の地方政府

日本には47の都道府県と，1700あまりの市区町村が存在する。これらの自治体は「地方政府」(local government) とも呼ばれる。ただ，日本では「地方行政」は一般的でも，「地方政府」というのは耳慣れないかもしれない。「地方行政」というと決められたことを執行することのようだが，「地方政府」というと意思を決定する主体というニュアンスが含まれるように感じられることだろう。このように特定の国民社会内には全国と地域という異なったレベルのそれぞれに政府が並立すると観念し，中央政府と地方政府および地方政府どうしの関係を論じることを政府間関係論 (intergovernmental relations) という。福祉国家化により中央政府が社会・経済政策を積極的に実施するようになって，中央政府・地方政府の機能と責任が複雑化したことを背景に，政府間関係論は主に学術的な文脈で使用されるようになった。

日本には中央政府のほか，都道府県と市区町村という二層の地方政府が存在するが，本章で扱う中央―地方関係 (central-local relations) は，垂直的政府間関係と呼ばれてきた。ここで，政府間関係は行政の系統のみによって成立するものでないことにはとくに留意が必要である。政府とは，立法や行政の機能を備えた，市民の信託に基づく統治機構であるのだから，地方政府は単なる行政サービス提供主体にとどまらず，国とは異なる政治・行政機構をもつ統治機構であると観念することになる。

⑵　政府間関係のなかの国と自治体

では「政府」であると観念するのは中央地方関係にとってどのような意味があるのだろうか。旧来の解釈において，国と自治体は上下・主従の関係にあるものとされ，自治体の権能は国が法律により自由に決定し，また国による自治体への一般的指揮監督権が当然視されていた。これが，政府間関係論においては，国や自治体といった各々の政府の権能は本来憲法レベルで議論がなされるべきであると規範的に解される。それにより国による関与は立法的統制が原則となるので，国の垂直的行政統制には限界があるものと位置づけられることになる。その一方で，日本において自治体は「地方政府」として扱われてはおらず，自治体の側にも「地方政府」であることを自覚した政治への入力が薄いのではないかという指摘がよくなされるのである（新藤 1989：196）。

⑶　日本は中央集権的か，地方分権的か

＊中央集権と地方分権
中央集権的とは多くの権限と財源が中央政府に集中している状態であり，地方分権的とは，その逆に，権限と財源の多くを地方政府が握る状態をいう。

政府間関係論に関連しては，日本は**中央集権**＊的か**地方分権**＊的かという議論がある。日本は世界的にみても多くの事務事業を地方政府が担う国であり，その意味では分権型といえるかもしれない。他方，それら多くの事務事業は国が企画・計画したものであって，自治体はその歳入のうち地方税などの自主財源は３，４割に過ぎないのだから，実質的に中央政府の言いなりに過ぎないではないかという批判もあてはまる。ならば地方分権改革によって日本は地方分権型の国家になったのかとなると，今なお論争を呼ぶ問題である。

このように，単に事務配分のみをもって中央集権や地方分権と述べることはできない。どのようにしてその執行を担保しているのかにまで関心を広げ，中央政府と地方政府の活動の動態を把握することで，その仕組みを理解することになる。

2　地方政府による事務事業の執行担保の仕組み

⑴　国と地方の協力関係

自治体は地域社会の営みを支え，公共サービスを提供する責務を負っている。例えば生活保護は県市の事務とされているが，それと同時に，中央政府もまた国民の生存権を保障す

るというナショナル・ミニマムを確保する使命を負う。したがって，中央政府には，国民が全国いずれの自治体に住んでいようとも自治体の財政状況等によって実質的な差が生じることのないよう，自治体に対し生活保護の事務を着実に執行してもらう手立てが必要になる。

こうした垂直的行政関係については，教育，福祉，保健，土木など様々な「個別行政」と，自治体の組織や運営に関する公務員制度，財政，選挙など「基盤行政」とで異なる行政回路が存在している。

一般行政では，福祉であれば厚生労働省，教育であれば文部科学省といった個々の官庁が分野ごとの法律を所管し，また補助金を確保している。そしてこれらの行政を稼働させるために，各省庁は細分化された領域ごとに都道府県を経由して市町村のそれぞれの担当部課へ至るタテの結びつきによるコミュニケーション回路を設けている。一方で基盤行政については，総務省が地方自治法，地方財政法，公職選挙法などの法律や地方交付税など財政保障や財政調整の制度を所管していて，それぞれの自治体との緊密な関係性を構築している。

(2)　国による3つの関与手法

このとき，中央政府による地方政府への事務執行の担保方策には，大きく分けて立法的手段，財政的手段，行政的手段の3種の関与手法があると考えることができる。また，後にみる地方分権改革はこの3種の関与手法それぞれに関する改革として機能している。

まず立法的手段は，国会が制定する法律のほか，政府や各省庁が定める政省令等の法的強制力をもつ手段をもって，地方政府に対して事務の実施を義務づけたり，**必置規制***などを含む処理基準や手続を枠づけるものが挙げられる。

次に，財政的手段は，行政的関与に付随するものと位置づけられることもあるが，地方政府の歳入と歳出に対する財政的関与はそれとは別個の仕組みとして機能する場合もある。**地方交付税***や補助金は自治体の事務実施を通じた各省の政策目的の遂行に寄与している。

最後に，行政的統制については次の節で詳しくみることにするので詳述は避けるが，国の一般的指揮監督権や，機関委任事務による統制がよく知られている。

ここでは関与の手法について便宜上3つの手段に分類した

＊必置規制
国が，法令や通達，補助要綱等によって特定の資格または職名の職員，自治体の行政機関または施設，審議会等の付属機関などの設置を義務づける制度。

＊地方交付税
国が自治体に代わって徴収する地方税であり，自治体間の財源の不均衡を調整する制度。自治体の財政状況を反映して配分され，自治体の運営に必要な標準的な経費を保障する役割を担う。

が，三者はお互い密接に関係しあうものである。

3　機関委任事務体制

⑴　機関委任事務制度

近代国家としての事務の実施体制は，日本では明治維新以降の近代国家成立とともに確立されていったが，20世紀の100年間を通じて日本の中央地方関係の基盤として機能したのが，機関委任事務と呼ばれる事務執行の手法であった。

機関委任事務*制度は国の政策をタテの行政系列を用いて全国に及ぼすものであり，その目的は全国統一性，公平性の確保にあった。それゆえ，それぞれの地域における事情の相違や，地域的な特殊性は考慮されず，画一的な政策が展開されることになる。このような事務が大きな比重を占めると，地域の民意を反映すべき地方政府が，市民自治の機構であるよりも，国の出先機関的な性格を強めることになるだろう。機関委任事務は，一般に地方自治に対する中央集権的支配の道具として批判されてきた。

＊機関委任事務
国の事務等が地方自治体の長等に委任して管理・執行される事務のことをいう。その特徴を簡単にみておくと，①事務が国の事務と観念されており，自治体議会の関与が制限されること，②事務の管理・執行が自治体の長等に義務づけられていること，③この事務に関しては自治体の長等は主務大臣の下級行政庁と位置づけられ，その指揮監督を受け，従わない場合，裁判所への訴えを経て長等を罷免することが可能であること，などが挙げられる。

⑵　住民のための自治体，国のための自治体

さらに，機関委任事務は，その範囲が不確定であるという点が大きな問題をはらんだ。機関委任事務については，よく都道府県が通常こなす業務の８割，市区町村で５割程度がそれに該当するという推定が語られるので，その多さを推し量ることはできる。ただ機関委任事務は2000年分権改革で廃止された際にすら，法律単位で432本（法改正は435本）が機関委任事務を規定した法律であると判別されたものの，自治体の行う事務のうち，どれとどれが機関委任事務ではないのかという範囲が確定されることはなかった。このようななか自治体の担当者は，およそすべての事務は機関委任事務であるという推定の下で仕事をせざるを得なかったのである。

この種の事務を扱うとき，自治体の担当者は国の所轄省の指示を第１に考慮することになる。議会対策や住民の意向への配慮は後回しになることが普通である。最も象徴的に表れるのが，国の所管省の指示と住民の利害とに齟齬をきたしたとき，どちらの意向を中心に考えるかということである。おそらく担当者がまっ先に着手するのは，国の通達や行政実例，質疑応答集などで同様の事例を探して，過去にどう対処したかを知ろうとすることだろう。同様の事例がないときには，市町村にあってはさしあたり県の担当課に問い合わせ

る。県に答えが出せないときには国の所管庁に問い合わせるということになる。このように対住民責任よりも中央に対する責任を意識する姿勢が「地域の政府」としての自治体にとって歓迎されるものでないことは当然である。

(3) 上下関係の体質化と地方自治

こうして機関委任事務の遂行を通じて形成される上下関係が，自治体固有の事務の遂行にまで浸透し，ほとんど「体質」的なものにまでなっているということこそが機関委任事務の本質的な問題点であった。これを「機関委任事務体制」と呼ぶが，これは実際に仕事に携わる自治体の職員のなかにも国を上位とみる意識が培われる原因にもなっていった。他方でこうした関係が批判されてきたにもかかわらず2000年までの長きにわたり存続してきたのは，中央官僚の組織原理とともに，自治体にもまた機関委任事務体制への安住と依存があったからでもある。

機関委任事務制度は，次にみるとおり，2000年，ついに地方分権改革によって廃止されることとなった。ただ制度として廃止されても，長らく続く機関委任事務体制下で体質ともなっていた「お伺い行政」や「補助金行政」など中央依存や仕事への向き合い方が自動的に根治されたのかのように論じることはできない。また，各省による垂直的行政統制の需要がなくなるわけではないため，どのように新たな仕組みが形づくられようとしているのか，国・自治体関係はどうあるべきなのかを注視する必要がある。

2 地方分権改革のあゆみ

1 地方分権改革で見直される中央地方関係

現在の国と地方の関係をどう規定するのかについては，地方分権改革と呼ばれる一連の改革のなかで変化してきた。

なかでも最大のものといえる2000年分権改革は，今その実現から四半世紀を迎えようとしている。この改革の嚆矢は，1993年衆参両院の「地方分権の推進に関する決議」である。以後，1995年５月に制定された地方分権推進法に基づいて，当時の総理府に設置された地方分権推進委員会による調査審議を踏まえて2000年４月に地方分権一括法が施行されるに至った。2000年分権改革は，その後現在に至るまで続く地方分権改革の出発点と見なされることから，第１次地方分権改革と呼ばれている。

2　第1次地方分権改革

第1次地方分権改革の最大の成果は，すでに述べた機関委任事務制度が廃止されたことである。地方分権推進委員会は，機関委任事務制度の存在が国と地方を上下・主従の関係においてきたと批判し，国と地方を対等・協力の関係に再構築すべきとしたのである。従来の機関委任事務は，事務自体を廃止したもの，国の直接執行事務としたものをのぞき，すべて自治事務と法定受託事務へと振り分けることとした。これらの事務が自治体の事務となり，自治体が国の下級行政機関としての役割から解放されたことの意義は大きい。

第2の成果は，国による自治体に対する関与のルール化である。機関委任事務が廃止されたことに伴い，自治体の事務について国が無限定に関与する形での行政的統制については否定された。従前，各省庁は機関委任事務の円滑な執行のため，大量の省令，通達，通知等を発して自治体に対する助言や勧告，指導を行ってきたが，こうした国の関与については，**法定主義の原則***，**一般法主義の原則***，**公正・透明の原則***に従ってルール化された。とりわけ通達，通知の類いについて，従来法的拘束力があるものとみなされてきたものはこれを否定し，技術的助言に過ぎず，自治体が従う義務を負わないものとした。関与については立法的統制を原則とし，行政的統制を例外化したといえる。

第1次地方分権改革はこれら2点の他にもたくさんの改革が実現された。例えば関与のルール化を担保するため，**国と地方の係争処理制度***が創設されたことや，あるいは必置規制の緩和など各種の規制緩和，**地方事務官制度***の廃止が盛り込まれたことなども地方分権改革の成果である。

ただし第1次地方分権改革は課題を残した。地方分権推進委員会はその最終答申において，積み残された課題として①地方財政秩序の再構築，②地方公共団体の事務に対する法令による義務づけ・枠づけ等の緩和，③地方分権や市町村の合併の推進を踏まえた新たな地方自治の仕組みに関する検討，④事務事業の移譲，⑤制度規制の緩和と住民自治の拡充方策，⑥「地方自治の本旨」の具体化，の6項目を整理し，みずからこの改革を「未完の分権改革」と呼んだ。とりわけ⑥「地方自治の本旨」の具体化については抽象度が高く，明確なゴールが設定されたわけではない。こうした「永遠に未完」ともいわれる課題設定をしたことをもって，以降，地方

＊法定主義の原則
国から自治体に対する関与については，その根拠として法律またはこれに基づく政令を要するとする原則。

＊一般法主義の原則
国から自治体に対する関与については，地方自治法において関与の一般ルールを定めること。また関与は，その目的を達成するために必要最小限のものとし，かつ，自治体の自主性および自律性に配慮しなければならないとする原則。

＊公正・透明の原則
国から自治体に対する関与についてはその公正・透明性を確保するため，書面の交付，許可・認可等の審査基準や標準処理期間の設定・公表等の行政手続を義務づける原則。

＊国と地方の係争処理制度
国による自治体に対する関与をめぐる争いについては，公平・中立的な立場で調整するため，総務省に第三者機関である国地方係争処理委員会が設置されることとなった。国の関与に不服がある場合，自治体は同委員会へ審査を申し出ることができる。審査結果に不満がある場合は，国の行政機関を被告として高等裁判所に訴えることができる。

＊地方事務官制度
国家公務員でありながら都道府県の事務に従事し，都道府県知事の指揮監督をうける職員。2000年で制度が廃止された時点では社会保険事務所や公共職業安定所に置かれていた。

図3－1　地方分権改革のこれまでの経緯

年月	事項
1993年6月	地方分権の推進に関する決議（衆参両院）
1995年5月	地方分権推進法成立
1995年7月	地方分権推進委員会発足（～2001・7） ※96・12第1次～98・11第5次勧告
1999年7月	地方分権一括法成立
2001年7月	地方分権改革推進会議発足
2002年6月～2005年6月	骨太の方針（閣議決定）（毎年）→三位一体改革（国庫補助負担金改革、税源移譲、交付税改革）
2006年12月	地方分権改革推進法成立
2007年4月	地方分権改革推進委員会発足（～2010・3） ※08・5第1次～09・11第4次勧告
2011年4月	国と地方の協議の場法成立
2011年4月	第1次一括法成立（義務付け・枠付けの見直し）
2011年8月	第2次一括法成立（都道府県から市町村への権限移譲、義務付け・枠付けの見直し等）
2013年3月	地方分権改革推進本部発足（本部長：内閣総理大臣）
2013年4月	地方分権改革有識者会議発足
2013年6月	第3次一括法成立（都道府県から市町村への権限移譲、義務付け・枠付けの見直し等）
2014年5月	第4次一括法成立（国から地方、都道府県から指定都市への権限移譲等）
2014年6月	『地方分権改革の総括と展望』取りまとめ
2015年6月	第5次一括法成立（国から地方、都道府県から指定都市への権限移譲、義務付け・枠付けの見直し等）
2016年5月	第6次一括法成立（国から地方、都道府県から指定都市への権限移譲、義務付け・枠付けの見直し等）
2017年4月	第7次一括法成立（都道府県から指定都市への権限移譲、義務付け・枠付けの見直し等）
2018年6月	第8次一括法成立（国から地方、都道府県から指定都市への権限移譲、義務付け・枠付けの見直し等）
2019年5月	第9次一括法成立（都道府県から中核市への権限移譲、義務付け・枠付けの見直し等）
2020年6月	第10次一括法成立（都道府県から指定都市への権限移譲、義務付け・枠付けの見直し等）

第1次分権改革（1993～2001）

第2次分権改革（2006～）

提案募集制度の導入（2014～）

（出所）　地方分権改革・提案募集方式ハンドブック（令和3年版）「第1章　地方分権改革について知りたい」より，一部改変。

分権改革はこれら積み残された課題へアプローチすべくステージを変えて進められることとなったのである。

3　現在まで続く地方分権改革

地方分権という改革は，地方分権推進委員会を主導した西尾勝の整理では2つのタイプに分けられる（西尾 1999：20）。第1は，自治体に対する国の関与や統制を減らし，自治体が自由に活動することができるようにする自由度拡充型であり，第2は，国が実施する事務を都道府県，市区町村などより住民に身近な団体へと事務移譲する所掌事務拡張型である。

第1次地方分権改革は，機関委任事務の廃止に象徴されるように，自由度拡充型の分権改革であったということができ，その代わり事務権限の移譲については成果が乏しいものであった。それは，事務権限を移譲しようとする場合，小規模町村など事務の受け手である自治体側の能力についての議論（受け皿論）が不可欠となり，結果として，国の自治体不信という壁にみずから乗り上げることになることを避けるためだった。改革の実現可能性に関する判断を重視した形である。

2000年に行われた第１次地方分権改革以降，政府は現在に至るまで地方分権改革を掲げ続けてきた。**図３－１**は政府のいう地方分権改革の経緯である。時期区分や，何を「分権改革」とするのかについては論者によって異なる部分もあるため，本章ではさしあたりこの図にあるものを対象として論じる。

2000年以降でみた場合，**平成の市町村合併***での「受け皿論」への対応や，財政的統制の改革に関連して財政再建と地方分権の両方を目的に据えた三位一体の改革を挟んで，政府は第２次地方分権改革を推進している。この間の改革群では，**国と地方の協議の場***の設置や，立法的統制手法に関連して自治事務に関する**義務づけ・枠づけの見直し***が進められ，また都道府県から指定都市への権限移譲も行われてきたところである。このうち義務づけ・枠づけの緩和は自由度拡大路線，都道府県から指定都市への権限移譲は所掌事務拡充型といえるだろう。また，2014年以降は個々の自治体から地方分権改革に関する提案を広く募集する「提案募集制度」を導入しており，その提案に基づいて毎年改革事項をまとめた法律が累次の一括法として制定されている。これらは総務省をはじめ他府省の制度改革とも整合を取りつつ進められてきた。

＊平成の市町村合併
1999年から政府主導で行われた市町村合併。政府が推進する市町村合併政策としては明治，昭和に次ぐ大規模なもので，2005年から2006年にかけてピークを迎えた。1999年に3232あった市町村は2006年に1821，合併特例法が期限を迎えた2010年には1727まで減少した。

＊国と地方の協議の場
地方自治に影響を及ぼす国の政策の企画および立案並びに実施について国と地方が協議を行う場。関係各大臣と都道府県知事，都道府県議会の議長，市長，市議会の議長，町村長，町村議会の議長の全国組織（地方６団体という）の代表者が構成員となる。

＊義務づけ・枠づけの見直し
第２次地方分権改革では，自治事務に関して国が法令で事務の実施やその方法を縛っているものについて，その見直しと，条例によって制定できる範囲を拡大する取組を行っている。重点分野を定め，分野ごとに義務づけ・枠づけの存置が許容される類型に該当しない事項の見直しが行われた。

3　国と地方の役割分担

自治体が担う事務について，日本のように国と自治体がどちらも責任をもつ形の行政体制を前提にした場合，国と自治体は共通の目的に向かって協力して行政を行うこととなる。従前，1960年代の臨時行政調査会等，国の審議会は，「簡素で効率的な行政」を推進する観点から事務分担を見直すにあたり，国と自治体がそれぞれ機能と責任を分担し，協力して行政を行うとする，いわゆる「機能分担論」を提唱した。

しかし当時，機関委任事務制度を前提とした機能分担論は，根本的に，そもそも国と自治体が事務権限をどのように分担するのかが曖昧であるという欠陥があった。したがって機能分担論に基づく事務分担は，企画事務と実施事務とを分離した上で，国は企画事務を手放さず，実施事務のみを自治体に委譲する等，国の強いコントロール下で自治体の事務量拡大をもたらしたのである。「国が決め，地方は実施するだけ」という分担関係はこうして定着していった。

そのため，1990年代に入ると，従来の国からの委任を前提とした機能分担論は否定され，単に事務を委任するのみでなく，権限の移管を含む役割分担が新たに提唱されることになる。こうして提唱された「役割分担論」は，これまで実施に限られがちであった自治体の役割について，企画・立案から実施までを一貫して担うものとし，他方国の役割について，行政分野別・機能別に区分することで，国の役割を限定する道筋を開くものとされた。

この「国と地方の役割分担」は，地方分権推進法4条およびこれを受けた地方自治法第1条の2に規定されるに至り，以降の分権改革はこれに基づき推進されていくことになった。

4　課題と展望

1　危機における集権傾向とあらたな統制手法の登場

こうして中央地方関係を大きく転換させた第1次地方分権改革だが，それから四半世紀経ち徐々に変質を遂げており，現状問題なしとはいえない。

第1に，**補完性の原理***の理解である。法により規定された課題解決手法を自治体行政が粛々と執行すれば住民福祉が充足されるとするのではなく，住民生活に発するすべての公共的課題については最も身近な市町村行政に権限があることと推定した上で，市町村がまずもってこれに取り組み，それを都道府県，国がそれぞれの領域で補っていく。そのような階層性は，市民自治のあるべき像と親和的とも考えられた。

＊補完性の原理
➡第1章「自治体再構築」1 3

補完性の原理は，地方分権改革推進会議，地方分権改革推進委員会等の報告書に盛り込まれる等影響力をもつ考え方となっていくが，一方でその内容については歪められていった。とくに第27次地方制度調査会答申（2003年）に顕著なように，地方分権改革による権限移譲の受け皿となる市町村については，住民に必要なひとそろいの行政事務があって，それを自分の区域ですべてやらなければならない，そのために市町村は一定の行政体制を備えていなければならない，といった「市町村単独総合行政主体論」が登場すると，補完性の原理や，それに連なる近接性の原則は，むしろ小規模町村の持続可能性を否定して市町村合併を推進する論理として用いられるようにもなった。

第2に，役割分担論は，国，都道府県が市区町村の機能の大部分について代替可能な存在であるとする発想をもたらしている。近年の自治制度改革では，**事務の代替執行制度***が導入されたことをはじめとして，都道府県による小規模市町村の補完について幅広くとらえようとする傾向が強く現れている。日本全国が見舞われている人口減少問題に対応するためには行政リソースが不足しがちだが，近年の自治制度改革は，これを自治体間の連携で補おうとするのである。都道府県による補完はその1つの手段と位置づけられている。

＊事務の代替執行制度
自治体の事務の一部の管理執行について，当該自治体の名において，他の自治体に行わせる制度（地方自治法252条の16の2～4）。事務を任せた側の自治体にとっては，自ら当該事務を管理執行した場合と同様の効果を生ずる。当該事務についての法令上の権限は事務を任せた側の自治体に帰属したままであり，当該事務に関する責任を負う。

これは「補完性の原理」に通じるようだが，日本で都道府県に市町村の代わりが，あるいは国に都道府県の代わりが，本当に務まるのだろうか。例えば住民に身近な行政サービスであるごみの収集はどうだろう。国や都道府県は，収集・運搬に用いるパッカー車も人員ももってはいない。何より地域の交通事情や住民の生活を熟知し，時間内に効率よくすべての収集場所からごみを収集して回るノウハウをもつのは，市区町村か，あるいは市区町村が委託する地域の民間事業者に限られる。こうしたことは，多くの行政分野にもあてはまるもので，国は，事務処理にかかる物的・人的・知的リソースの面で市町村に執行依存の状態にある。実際にはほとんどの場面で国等が市町村の代わりを務めることは不可能である。

ところが，今日のコロナ禍や東日本大震災復興等の災害・危機に際して，国は「国が前面に立って，国の責任において，……取り組む」（安倍内閣総理大臣就任記者会見＝2012年12月26日）等とみずからの万能性をアピールしている。またコロナ禍で行政が混乱したのは国に十分な権限がなかったからだとして，非常時における指揮権拡充を求める。こうして国が主導権を握る体裁をとろうとするとき，直接執行する能力をもたない国は，再び企画権限を振りかざし，市区町村に対して莫大な事務と補助金を投入して市区町村の現場を忙殺・疲弊させることになる。東日本大震災で被災した地域では，通常業務に復興業務が加わって平時の約3倍にも歳出規模（事業）が膨らんでおり，人手不足のなか職員のメンタルヘルスに悪影響を及ぼしている（今井・自治総研 2021）。

問題の第3は，国による政策誘導手法について，機関委任事務が廃止されたことによって中央省庁は強力な行政統制手段を失ったかにみられたが，近年法律によって自治体に計画策定を行わせ，これに基づいて補助金を分配する手法が多用

▶▶ Column 4　混声合唱・地方分権 ◀◀

2000年の地方分権改革における最大の眼目である機関委任事務制度の廃止について，地方自治関係者や自治省以外のほとんどの省庁はこの制度の存続を望んでいた。しかしこれについて，経済団体，マスコミおよび1990年代初頭からの政治制度改革で政治改革と行政改革を掲げた新党などが重要な役割を果たし，「混声合唱」（辻山 1994）と呼ばれる状態をつくりだしたことが改革を実現することになる。

地方自治関係者に加わった1つ目のパートは，政・官・業の癒着構造，地元への利益還元の政治形態を改めようという声が政界に生まれていたということである。さらには小選挙区制度を導入するにあたって，地方のことはそれぞれ市町村，都道府県が完全に処理し，国会議員が立ち入ることのないようにしようという考えが浸透したことで，政治制度改革を求める声は地方分権改革を進める声につながった。

だが中央集権型の地方統治システムを手放すのは，その原理からすれば中央省庁および国会にとって利益とはならない。国家の権力の源泉を断つ改革は「焦土作戦」とも揶揄されるもので，政権交代の可能性が現実のものになった当時の政治状況を「最初の一突き」として必要とした。最終的には1990年代の政界再編という特殊な政治状況下にあって，機関委任事務制度の廃止はようやく実現することになったのである。

第2のパートは，財界やマスコミが語る地方分権改革だったが，これは必ずしも地方自治を充実させようという意図からではなかった。経済同友会や経団連は規制緩和の徹底を求めるなかから地方分権を唱えた。経済の不況から抜け出そうとする経済界にとって，政府の規制を大幅に緩和することが必要と考えたのである。

力学的合成の産物としての地方分権改革は，三位一体改革，平成の市町村合併への連鎖を伴うものとなっていった。このような各界からの地方分権の声は，混声合唱でありながら同床異夢の趣があることから，構成各パートからそれぞれに，「こういうはずではなかった」という幻滅も起こることになる。

されるようになっている[*1]点である。機能分担論に代わる役割分担論では，事務について決める主体と実施する主体が異なる状態（他治）が否定される。そこで「自主的合併を強力に推進する」といったような倒錯した表現で政策が推進されることになるのである。同じ発想は行政計画についてもみられ，役割分担論の下で新たな行政統制手段が登場したとみなすことができる。

＊1 ➡第4章「自治体と計画」

2　展　望

こうした現状を踏まえた上で，私たちはどのような国・自治体関係を築いていくべきだろうか。

第１に，機関委任事務制度が廃止された後の職員像についての再点検が求められる。各部局の職員は，機関委任事務が廃止されたことで国の事務から解放され，真に住民と向き合うことができているだろうか。機関委任事務と自治事務の区別がつかない状況がつくりだしたひらめ人間体質は，いま機関委任事務が法定受託事務に単純に置き換わった形で継続されてはいないだろうか。住民とじっくり向き合い，地域の課題を熟知することこそが中央地方関係における地方側のアドバンテージであり，そこに地方政府の存在意義があるはずである。「体制」としての機関委任事務からの脱却を確実なものにしなければならない。

第２に，地方政府としての存立の再確認が必要ではないだろうか。本章冒頭で述べたとおり，行政だけでは政府とはいえない。地域における立法機能，あるいは自治体の存立を保障する財政機能が重要な役割を果たす。その際，住民の声をまとめあげ行政とつなぐことができる，住民自治の根幹としての議会の役割は大きい。さらに地域の事情をよく知り，住民との信頼を築いた，地域の専門家としての職員像が必要であろう。こうした他の政府レベルに代替不可能な役割を果たすリソースを最大限に活用した地方政府の運営が求められるのである。

（堀内　匠）

II

調整のメカニズム

第4章

自治体と計画

本章では，自治体の計画の意義・課題・あり方について検討する。都道府県・市町村とも，その自治体の職員ですら把握できないほど多くの計画を策定している。その背景には，国が自治体に策定を義務づけている計画が多くあることが挙げられる。自治体の計画を，自治体が限られた財源を有効に民主的に使うための自律的な運営のツールとすることが重要であり，そのための課題を探る。

1 自治体計画とは何か

1 目標，政策，計画期間，規範性

計画とは，物事を行ったり目標を達成するために，その手段や手順，スケジュールを考え準備することであるが，本章では，自治体が策定する計画を「自治体計画」と呼び，対象とする。自治体計画は，①目標：その自治体，地域の状況がどのようになったらよいのかという目標を設定し，②政策：その目標を達成するための手段――主にその自治体が行う政策――を考え，選択し，優先劣後をつけ，③計画期間：目標に到達するまでの期間（目標達成年），政策の実施時期・期間などのスケジュールを設定し，④**規範性***：条例，法，議会の議決，首長の決定，住民の合意に基づく規範性により予算や担当職員が付けられて実施されていくものと規定することができる。

自治体は，最少の経費で最大の効果を挙げるように**住民の福祉***を増進することが求められている。限られた財源や政策を実施する職員などの資源をどう使うか，周到に，住民の合意が得られるように考えていく必要がある。そうした合意形成のプロセスを経て政策の優先劣後を決めた自治体計画は，予算づけをし，政策を進める規範として機能することが期待される自治体経営の重要なツール・調整のシステムである。

＊規範性
本章では，自治体計画を予算づけや政策実施のよりどころとするというルールを関係者間で共有すること，また，その根拠を（計画の）規範性と呼ぶ。

＊住民の福祉
地方自治法第1条の2では，「地方公共団体は，住民の福祉の増進を図ることを基本として，地域における行政を自主的かつ総合的に実施する役割を広く担うものとする。」とされており，同法第2条第14項では「住民の福祉の増進に努めるとともに，最少の経費で最大の効果を挙げるようにしなければならない。」とされている。

2　計画の種類

(1)　総合的計画と個別計画

1つの自治体で5～60以上策定されている自治体計画は，いくつかの視点で分類できる。

計画対象が政策分野横断的かどうかで分けると，1つの政策についての計画である個別計画，網羅的もしくは複数の政策分野について取り上げる総合的計画に分けられる。また，個別計画と総合的計画の間に，1つの政策について横串を刺す形で多分野の政策にかかわり実現しようとする計画やいくつかの政策や個別計画を統合する分野別基本計画があり，それらを中間計画と位置づけることもできるだろう。

総合的計画の代表格は，ほとんどの自治体で策定されている自治体行政のベースとなる計画である**基本構想***，**総合計画***である。1960年代末からの自治省の指導などにより，基本構想，基本計画，実施計画という**三層構造***をとる自治体が多くみられるようになった。総合計画は，自治体により長期計画，○○市基本計画，まちづくり総合計画といった様々な名称が付されている。総合計画を最上位計画と位置づけ，個別計画との体系化を図っている自治体も多い。また，都道府県であれば総合計画について，ブロック別・市町村別，市町村であれば行政区，学校区，**コミュニティ***というような単位での地域別計画が策定されることもある。

(2)　自主計画と法定計画

自治体計画は，計画の根拠や自主性に着目した分け方もできる（**表4-1**）。自主計画は，自治体が自主的にその自治体の将来像や実現すべき住民福祉の状態などを目標として定め，その実現のために策定する計画である。自治体みずからが条例を制定してそれを根拠に策定する計画のほか，あるいは総合計画などの下位計画として住民との合意形成を行い，政策を効率的に進めるために策定する計画など，条例に根拠をもたない計画がある。

法定計画は，国の法律に策定の根拠がある計画である。国の政策を実現するため自治体に所定の政策を実施させ，あるいは計画に基づく事業について補助金を出したり，交付税算定したりするために，国が法律によって自治体に策定を義務づけたり（**義務づけ計画***），策定するように努めるものとしたり（努力義務計画），策定することができる規定を置いたり（できる規定計画）することで策定を促す。法定計画は，しば

＊基本構想
1969年，地方自治法上で基礎自治体に策定が義務づけられた。自治体行政の基礎となる計画で，通常基本構想は抽象度が高い。2011年改正で，地方自治法から基本構想の文言はなくなった。

＊総合計画
長期計画，基本計画などの名称としている自治体もある。基本構想と一体的に策定される場合もある。総合計画は，自治基本条例，計画条例などの条例に根拠を置く自治体もあるが，そうした条例のない場合もある。

＊三層構造
当初は自治省が推奨した基本構想─基本計画─実施計画の三層構造をとる自治体が多かった。近年では基本計画と実施計画を一体化して二層としたり，実施計画といった形をとらないといったように各自治体で工夫が凝らされ，バラエティに富んできている。

＊コミュニティ
➡第18章「コミュティの活性化」

＊義務づけ計画
義務づけ計画のなかでも，財政指標が一定基準以上である場合に策定が義務づけられる財政再建計画（財政健全化法）のように，一定の条件に適合する自治体にのみ義務づけられる計画もある。

表4－1　自治体計画の分類

大分類		中分類	例*
自主計画	自治体が自主的に住民福祉の推進のために策定する計画	条例に根拠のある計画	基本構想（総合計画） 環境基本計画
		条例の根拠をもたない計画	総合計画，都市経営プラン，産業振興計画
法定計画	国の法律に策定の根拠がある計画	義務づけ計画	子ども・子育て支援事業計画，介護保険事業計画，財政再生計画
		努力義務計画	まち・ひと・仕事創生総合戦略，地域気候変動適応計画
		できる規定計画	立地適正化計画，地域再生計画

＊条例化しているかどうかなどは自治体によって異なる。
（出所）筆者作成

しば国庫補助金・交付金等の根拠となる。法律の条文で「○○の市町村は○○計画を策定することができる」とされる「できる規定計画」は，計画を策定するか否かを選択できるが，その計画の内容について法に規定があり，それに縛られる部分が大きい。また努力義務計画も，計画を策定することによる国の予算措置が規定されている場合，結果としてほとんどの自治体で策定されることがある。

⑶　計画期間，内容

計画期間の長さにより分類することもできる。基本構想や総合計画のように，長期的なまちの将来ビジョンを描き，10年，20年，時には30年といったスパンの計画期間とする計画もある。他方で，中期計画と呼ばれる3年から5年程度の計画期間の計画もある。また，単年度などの短期の計画もある。総合計画の場合は，計画期間10年として5年ごとに前期計画と後期計画としたり，首長の任期に合わせて改訂できるように4年，8年といった計画期間にする自治体もある。

以上⑴～⑶の分類の他，ビジョン，構想といった抽象度の高い計画と具体的事業が列挙される計画といったように目標の抽象度や内容に着目した分類をすることもできる。

3　調整システムとしての自治体計画

⑴　自治体の将来ビジョンへの住民参加

自治体計画の目標は，政策の実施によりどのような自治体の状況をめざすのかという，その自治体の将来ビジョンである。自治体計画の策定は，その目標と，目標を達成するための政策の取捨選択，優先劣後はどうあるべきかを決めることであり，誰が，どのように計画を策定するかは極めて重要である。地方議会や**住民***，対象・目標によっては企業その他のステークホルダーとの合意，調整が必要になるため，策定には**住民参加***や様々な主体との議論，説明などの調整過程が欠かせない。

基本的な計画や重要な計画では，策定の会議体として審議会が条例で規定されていることもある。また，総合計画の策定では，意見交換会，公募型市民会議，ワークショップ，**プラーヌンクスツェレ***など，自治体により様々な住民参加の方法が工夫されてきている。

⑵　民主主義と政策科学との調整

自治体計画は，策定するにあたり，自治体の重要な要素である住民の合意と，調査・分析や大局的な視点に基づいて判断される地域の状況，住民のニーズなどの政策の必要性の客観的なエビデンスとの調整が必要である。地域の実態調査，アンケート調査などのエビデンスと地方議会，地域内の各種団体からの意見との調整が必要な場合もある。

また，首長は選挙の際に，**マニフェスト***や公約として，当選後，実施する政策を掲げることが多い。当選を期すため，ポピュリズム（大衆迎合）の傾向となることもある。しかし，当選後は，それらのマニフェスト，政策を総合計画あるいは個別計画にのせるという合意形成・調整過程を経ることで，バランスの取れた政策展開やまちづくりが可能となる。

⑶　計画間調整

自治体では数多くの計画が策定されているが，その背景には，法によって次から次へと計画策定が求められているということの他に，自治体行政がカバーする範囲が多岐にわたっていることがある。そうした計画のインフレ状態のなかで，政策の重複を避け，限られた財源を有効に使うため，計画間の調整を意識的に行う必要がある。

時にその調整が失敗している，あるいは調整がなされていない事例も散見される。例えば，人口増・開発を前提としてきた総合計画との調整が不十分なまま，コンパクトなまちをつくることを意図した**立地適正化計画***を策定してもコンパクト化は進まない。自治体の自主的な計画であり，個別計画の上位に位置づけられる総合計画などにより，大局的な見地から，どの政策を優先させるか，あるいは計画間調整をどのように行うか，調整しておくことが重要となる。

上記の⑴〜⑶の調整は，制度設計の課題でもあるが，関係

＊住民
➡第13章「人口減少社会と地方創生」

＊住民参加
自治体計画は，策定過程において住民参加が重要であり，とくに総合計画の策定過程では，住民参加が重視されてきた。計画策定への住民参加は，自治体内の地区代表や団体代表などを策定会議の成員とする方式，意欲のある住民に参加を求める公募方式，無作為抽出方式など様々な方式があり，具体的なやり方も会議，ディスカッションの他，まち歩きワークショップなど様々な方法が工夫されている。

＊プラーヌンクスツェレ
「計画細胞」を意味するドイツ語で，無作為抽出の市民が少人数で地域のテーマについて何回も（1.5時間×24回など）ディスカッションし，投票，合意形成を行う。

＊マニフェスト
選挙の際に政党や候補者が掲げる実現すべき政策（集）。政権公約，政策綱領ともいわれる。選挙公約との違いとして，政策実現のための財源や数値目標，実現期間などを示したより具体性のあるものとされている。

＊立地適正化計画
➡第５章「都市と計画」

者（特に自治体の組織，職員）が，計画の策定をどのように進め，策定後どう対応するかに係る課題であるといえよう。

2 自治体計画のあゆみ

1 自治体計画の嚆矢

国が集権的な力を発揮して限られた資源・財源を効率的に使用するための計画としては，19世紀，社会主義国家・ソビエト連邦の誕生に伴う計画経済，ナチスドイツの国土計画，資本主義国家における不況脱出のための公共政策を企図する社会計画，戦争期における資源動員計画，戦争後の資源開発計画などがある。日本においても戦争期に資源動員計画をはじめとする計画，戦後には経済自立計画や国民所得倍増計画などの経済計画が立てられてきた。

日本における自治体計画としては，大正時代，御堂筋の拡幅や地下鉄御堂筋線の建設等を実現させていった關一・大阪市長の都市計画，同じく大正時代，当時の東京市長・後藤新平が，東京市が実施するべき政策を提示した**東京市政要綱***など戦前の例がないわけではない。しかし，自治体計画が本格的に策定されるようになったのは，戦後の戦災復興計画，資源や地域を開発するための地域開発計画などが立てられるようになってからである。1950年の国土開発法に基づいて1962年に国が策定した**全国総合開発計画***は，均衡ある国土の発展をめざすものであった。開発拠点である新産業都市の指定を受けるため，各地で地域振興計画が策定された。**都道府県開発計画***は，地方自治法に都道府県の所管事務例として掲げられたこともあり，自治体計画として発展していくことにもなった。

2 基本構想の義務づけ

市町村レベルでは，昭和30年代の市町村合併（昭和の大合併）が進められた時期には，合併自治体において合併後のビジョンを示す**新市町村建設計画***が策定された。新市町村建設計画は，合併後しばらくして，国からの財政措置がなくなるとともに自然消滅したケースも多かったため，自治体は限られた財政を効率的に使用するべく計画行政を推進すべきと考えた自治省により，1969年，地方自治法に市町村に基本構想の策定を義務づける条文が置かれるとともに，基本構想に基づく基本計画・実施計画の策定を推進する通知がなされた。

＊東京市政要綱
1921年に発表された，道路，ごみ処理，社会事業施設，教育，上下水道，住宅，電気・ガス，港湾，河川，公園，葬祭場，市場など当時の東京市に必要なインフラ・事業を掲げた計画である。財政難により後藤市長在任中は実現しなかったが，1923年9月の関東大震災後，後藤が帝都復興院総裁となり，復興計画に活かされることとなった。

＊全国総合開発計画
➡第14章「産業の振興」2 1

＊都道府県開発計画
➡第14章「産業の振興」

＊新市町村建設計画
戦後，市町村の事務とされた消防や警察，教育などの事務を行うため，町村合併促進法（1953年），新市町村建設促進法（1956年）が制定され，合併による市町村の規模拡大が促進された。1953年「町村数を約3分の1に減少することを目途」とする町村合併促進基本計画が閣議決定され，1961年には市町村数はほぼ3分の1となった（昭和の大合併）。合併する市町村は，合併後の新市町村建設計画を策定し，必要な事業について国が助成した。その助成がなくなると，新市町村建設計画が形骸化したとされる。

また，同時期に制定された都市計画法，農業振興地域整備法において，市町村の定める都市計画，農業振興地域整備計画は，議会の議決を経た基本構想に即するものとされた。

3　革新自治体と総合計画

同時期の工業化，都市化，地域開発が進んだ1960年代には，公害問題，生活インフラの整備などを求める住民らが支持する革新首長，革新自治体が各地に誕生し，革新自治体では，政策の取捨選択，優先劣後を住民主体で合意形成していくために，総合計画が策定されるようになった。策定過程の住民参加を特徴とするとともに，その目標として，国が最低限保償するナショナル・ミニマムではなく，その地域の特徴を反映させ，地域で合意される水準「**シビル・ミニマム***」が，東京都の中期計画に取り入れられるなどして一世を風靡した。インフラ整備やまちづくりがまだ不十分であった時代に，革新自治体が住民の力を結集して策定した総合計画・長期計画は，その後のまちづくりをリードし，その自治体の礎となっていったものも多い。

＊シビル・ミニマム
➡第１章「自治体再構築」３［２］，東京市政調査会編（2009：120-127）参照。

4　総合計画の定着と個別計画の叢生

1969年，地方自治法において基本構想の策定が基礎自治体に義務づけられ，自治省により計画策定推進の旗が振られたことにより，1970年代以降，市町村における総合計画の策定率は高まっていった。そのなかで，策定をコンサルタントに丸投げする自治体もみられ，計画の画一化も指摘されるようになった。また，国の政策を地域・自治体において実現していくために自治体に計画を立てさせる手法がとられ，国が補助金を出すにあたって計画の策定を条件とする手法が定着していった。

5　地方分権改革と自治体計画

2000年の機関委任事務の廃止がなされた第１次地方分権改革の後，自治体が分権に対応して自律的に地域経営し政策を進めるため，自治体計画の重要性が高まった。また，政策評価を行いPDCAサイクルを回していこうという流れから，計画の評価についても取り組まれるようになった。

2007年からの第２次地方分権改革のなかで，国が多くの計画の策定を自治体に義務づけていることが課題とされ，その義務づけの見直しが行われた。しかし，補助金・負担金・交付金の算定とかかわる規定は見直しの対象から除外されたため，2011年に策定の義務づけが廃止された計画は基本構想以外はわずかなものであった。基本構想の義務づけは地方自治法の条文からはなくなったが，都市計画や農業地域振興計画などのように，法律上，基本構想に即することが必要な計画も残ったため，基礎自治体は，基本構想を議決事件として別途条例で規定した上で，基本構想の策定・改訂を行っている。

6　地方分権改革後の自治体計画

第 2 次地方分権改革が課題として挙げた法定計画の削減についての成果はごくわずかであった。その後，今日に至るまで，法定計画の数は増えこそすれ，まったく減っていないと指摘されている（今井 2022）。手法としても，義務づけ計画ではなく，策定することにより交付金・補助金が獲得できる努力義務計画やできる規定計画が多くなっている。

2014年，人口減少社会に対応するとして制定されたまち・ひと・しごと創生法においては，各自治体に**まち・ひと・しごと創生総合戦略***の策定が求められ，努力義務であるが，計画（戦略）策定を前提とした交付金を受けるため，100％近い自治体が策定した。まち・ひと・しごと創生総合戦略は，人口減少に対応するため総合的な計画であることが求められ，ほとんどの自治体で自主計画として策定している総合計画との重複が生じることとなり，調整あるいは統合といった対応を行った自治体もあった。また，**KPI***の設定や，その到達の自己評価も求められ，数値目標の設定の難しさ，妥当性も課題となった。2022年，国は「まち・ひと・しごと創生総合戦略」を抜本的に改訂し，「**デジタル田園都市国家構想総合戦略***」を策定した。自治体においても，まち・ひと・しごと総合戦略からデジタル田園都市国家構想総合戦略に対応した地方版総合戦略への変更が迫られることとなった。

国の政策を自治体に浸透させる手段として，法律等による自治体への計画策定の義務づけはすっかり定着した感があるが，内閣府の地方分権改革有識者会議において，2021年度より自治体における義務づけ計画の多さが課題として取り上げられてきた。2023年 3 月31日，「計画策定等における地方分権改革の推進について効率的・効果的な計画行政に向けたナ

＊まち・ひと・しごと創生総合戦略
2014年，まち・ひと・しごと創生法が制定され，国が総合戦略を策定するとともに，都道府県・市町村は，同総合戦略を策定するよう努めるものとされた。交付金などの財政措置がなされるため，ほとんどの自治体で同戦略が策定された。人口減少を受け入れるとしていた自治体も，同戦略においては人口増または人口減少を緩やかにするビジョンが求められた。

＊ KPI
'Key Performance Indicator'（重要業績評価指標）は，目標を達成するため設定する数値化された指標である。企業経営でとりいれられてきたが，まち・ひと・しごと創生総合戦略で規定することとされて以降，自治体計画などにおいても取り入られるようになった。

＊デジタル田園都市国家構想総合戦略
まち・ひと・しごと創生総合戦略を打ち出した安倍政権から菅政権を経て岸田政権となり，2022年 6 月，まち・ひと・しごと創生総合戦略は，デジタル田園都市構想国家戦略へと抜本的に改訂された。地方創生推進交付金，地方創生拠点整備交付金およびデジタル田園都市国家構想推進交付金などが創設され，自治体にもデジタル田園都市構想国家戦略を組み込んだ計画策定が求められることとなった。

ビゲーション・ガイド」が閣議決定された。同ガイドには，国の政策推進にあたり自治体に計画策定を義務づけないよう慎重に考慮するべきことが書かれている。しかし，同時に自治体の総合計画等に計画等の全部又は一部の内容を記載できるものを明確化すること，といった項目があり，却って自治体の総合計画に影響を及ぼすことになるのではないかとの懸念ももたれる。ガイドの目的である，将来に向けた意思決定の仕方を自治体に委ねることを原則とするための運用が期待されるところである。

3 計画を自律的･効率的な自治体経営のツールとするために

自治体計画は，自治体が限られた資源を効率的に活かし，住民福祉を最大化するための政策の取捨選択，優先劣後を決める重要なツールである。しかし，様々な課題もある。

1つは，自治体計画が国の自治体統制手段となってしまう懸念である。好むと好まざるとにかかわらず国の政策の浸透のために自治体が計画を策定せざるを得ないことがあるのはもちろん，自治体が自律的に政策を展開するためのツールとしてきた総合計画の相対的地位が，法定の個別計画の増加や総合的な計画の法定により低下するということもある。

2つ目は，法定計画が大量にある計画インフレともいえる状況が生じており，計画間の調整が難しくなっていることである。多くの個別計画との関係を有する中間計画や総合的計画との関係が問題となる。総合計画により個別計画を調整する自治体の力量が問われる。

3つ目は，計画が形骸化し，実効性をもたないものになってしまう問題と，その逆に，計画が金科玉条・錦の御旗となり不要な政策を実施してしまったりする問題である。前者は，総合計画について，コンサルタントに委託して立派な冊子を作成するが，職員が見ることはなく，計画が実施されないといった指摘である。とくに自主計画である総合計画については，計画を実現させていくべきだという規範性を首長・議会・職員・住民で共有し，財政的な裏づけや進捗管理・評価を行う仕組みをつくっておくことが重要となる。後者の計画の硬直性については，計画の見直し，改訂のスケジュール・手順などをシステム化し，**計画条例***あるいは**自治基本条例***などで規定しておくことが必要だといえよう。

4つ目は，計画策定過程において，民主的な調整過程を確

＊計画条例
総合計画を策定する根拠として，策定の手法や運用，改訂の手順や計画期間をシステム化するために策定する条例。武蔵野市長期計画条例などがある。条例を策定することにより，それを根拠とする計画の規範性が強化されるとともに，政権交代時の改訂の手順を組み込んでおけば，状況に応じた政策選択と計画の両立が可能となる。

＊自治基本条例
「自治体の憲法」ともいわれる，自治体がよるべき基本的な事項を定めた条例。その中に，自治体行政の基本となる総合計画についての規定を置く場合が多い。

▶▶ *Column* 5　総合計画における二律背反 ◀◀

自治体の総合計画は，汚職を防止するものか，あるいは談合を可能にするものか，との問いにどのように答えるべきだろうか。1921（大正10）年，当時の東京市長・後藤新平が策定した「東京市政要綱」と通称される計画は，汚職防止も目的の1つであったという（青山 2012：26)。当時汚職が横行していた東京市政の刷新のためには施策の選択や予算づけは議員や有力者の口利きではなく，あらかじめ策定した総合計画に基づいて進めるべきであるという考え方があった。革新自治体の時代に総合計画が盛んに策定されたのも，口利き政治を脱し，民意を集約した施策を実施するためでもあった。

他方，総合計画が浸透した現在，総合計画を策定しないと総合計画により中長期的な公共事業の予定を把握して計画受注を行っていた土木建設業界が困惑するとの指摘もある（片山 2010)。総合計画に規定されてしまうとハコモノなどのハード建設になかなかストップがかけられないというのだが，総合計画は，元来，限られた財源を有効に使うため，本当に必要なものだけをつくる，無駄な施策を行わないために策定するものであるはずである。「総合計画尊重主義」の自治体では，計画にのっている施設建設には予算づけをするが，計画にのっていないハコモノには予算づけをしないのである。

総合計画は自主計画であり，自治体が自律的に策定し実施していくものであるからこそ，自治体の事務が増大した戦後の時期や，都市化や開発・環境問題が地域の問題として噴出した1970年代，そして2000年代の地方分権改革といった自治体の自律的な政策が問われる時期に策定の浸透や運用の深化があった。他方で，国は国の政策を自治体に浸透させるために自治体計画を統制のツールとして積極的に用いている。総合計画などの自主計画は，名称も計画期間も評価の仕方も策定方法，予算との関係づけもすべて自治体の自由である。自律か統制か。その二律背反の問いは，各自治体がどのように総合計画を扱い，法定計画との調整を図っていくかで応えていくべきものなのではないだろうか。

保するべきであるが，策定スケジュールがタイトであったり，市民の参加がなかなか得られなかったり，あるいはステークホルダー間の調整が難しかったりすることである。計画が多い場合，十分な調整，合意形成を図ろうとする場合には，時間的財政的コストはかなり大きくなる。

5つ目は，地方政治と計画の関係である。首長の交代や議会勢力の変化により計画に対するスタンス，計画の扱いが変わることがある。首長の交代は民意の反映であり，それにより計画が変わることがあり得るのは当然であるが，自治体計画は予算と異なり，ある程度中長期のものとして策定されるものが多いことから，首長や議会の意見をどのように計画に組み込んでいくか，それぞれの計画で，特に総合計画については，首長任期との整合をとり，改訂手法を条例によりシステム化しておくなどの対応が求められる。

4 未来予測と自治体計画

自治体計画は，民主主義と政策の科学化との両立のためのツールであり，必要な政策を合意形成して進めていくためには欠かせない。政策の科学化という面では，今後，ビッグデータやAIの活用により未来予測の技術が高まっていくと予想される。自治体政策が住民の暮らし・幸せを目標とし，首長・議員・職員・住民の協力で進めていくものである以上，政策の優先劣後の判断に唯一絶対の正解はなく，関係者による民主的な調整，合意形成を行う自治体計画は，未来予測の様々な技術を活用しながら，今後も大きな役割を果たしていくと考えられる。

民主的な調整という面では，住民参加が重要である。1970年代から現在まで総合計画の先駆的取組で知られる『**武蔵野市長期計画***』（1971年）の序文には総合計画（長期計画）について以下のような言葉がある。

＊武蔵野市長期計画
1971年の第一期基本構想・長期計画から，市民委員による策定委員会を中心とした市民参加・議員参加・職員参加による策定を特徴とし，現在もその手法を継承している。市民・議員・職員による合意形成が図られるため，強い規範性を持ち，長期計画にのっていない事業は予算化が難しいともいわれる（武蔵野市方式）。2011年に長期計画条例が制定され，それらの仕組みが明文化された。

「市民の創意を集め，価値観や環境の変化を先取りしつつ市政の基本目標を自主的に実現していく……」（武蔵野市長・後藤喜八郎）。

そして，目標達成とともに，策定や目標に到達するプロセス，何よりも自主性が重要であると指摘している。それは，総合計画も含めた自治体計画についての，現在，そして今後も変わらない指摘である。

（中嶌いづみ）

第5章

都市と計画

都市計画*は，施設整備計画が先行し，土地利用計画は都市化の進展に伴い事後的に導入された。都市計画は，旧都市計画法では国が決定権者であったが，現行**都市計画法***の制定後は，都道府県知事が国の機関委任事務として，市町村が国の**団体委任事務***として決定した。第１次地方分権改革によって都市計画の決定はすべて自治事務となり，その後は民間による都市計画の提案制度も導入されている。

1 都市に関する計画の体系

1 施設整備計画と土地利用計画

都市に関する計画は，都市に必要な施設の配置を定める施設整備計画と，土地利用を規制・誘導する土地利用計画の２種類で構成されている。本来は，施設整備計画と土地利用計画はセットで策定されるべきものであるが，日本においては施設整備計画が先行し，**土地利用計画***は都市化の進展に伴い事後的に導入された。第❷節で詳しく述べるように1968年に廃止された旧都市計画法は土地利用計画としての機能は極めて不十分であった。

2 施設整備計画

⑴ 地方開発計画による施設整備

1999年改正前の地方自治法の別表第１には，都道府県の事務の例示として地方開発計画の策定が掲げられていた。戦後の復興から高度経済成長に至る1950年頃から1970年頃までは，都道府県が策定する地方開発計画が各都市の施設整備の総合計画として機能した。1950年代にスタートした当初の地方開発計画は，道路，河川，公園等の施設別に整備箇所と整備内容を示した事業計画であったが，次第に都道府県の総合計画として変容していった。なお，1970年頃までは，市町村の総合計画は全国的には存在しなかった。

省庁別の縦割り行政を地域で総合調整する上で，都道府県地方開発計画は一定の役割を果たした。全国総合開発計画と

＊都市計画
都市の健全な発展と秩序ある整備を図るための土地利用，都市施設整備，市街地開発事業に関する計画。

＊都市計画法
現行の都市計画法（昭和43年法律第100号）は，1968年に旧都市計画法（大正８年法律第36号）を廃止して新たに制定された。都市計画で定めるべき内容，決定手続等を定めている。

＊団体委任事務
地方分権改革前の地方自治法では，地方公共団体の事務の法制上の区分として，公共事務（固有事務），委任事務，行政事務を規定していた。委任事務は，機関委任事務と区別するため団体委任事務と称されていた。団体委任事務は，法律又はこれに基づく政令により自治体に委任された事務ではあるが，一旦委任を受けて自治体が処理するものとなれば，公共事務と同様に処理されていた。団体委

同様に，整備箇所が計画に掲載されるかどうかが事業の予算を優先的に獲得できるかどうかを左右したため，都道府県における地方開発計画の策定は，行政と政治の調整のツールでもあった。現在の国土形成計画や都道府県・市町村の総合計画では，政策の内容や進捗状況は，施設の箇所別ではなく，施設全体の整備状況が指標で示されており，全国総合開発計画・地方開発計画の時代とは大きく様変わりしている。

任事務とは，事務権限が自治体に委任されたものであり，公共事務に対して法律の規定がされたからといって団体委任事務になるわけではなかった点は注意を要する。

＊土地利用計画
異質な土地利用の混在による弊害を抑制し，同種の土地利用の集積による相乗効果を促進するため，農林業的な土地利用と都市的な土地利用を広域的な圏域（ゾーン）で区分けし，さらに，都市的な土地利用を商業系，住居系，工業系の用途によって詳細に区分けしたもの。

⑵　縦割りの施設整備の仕組み

政策目的ごとに政策手段が用意されるため，府省には類似の施設整備の制度が存在する。例えば，道路整備では道路法の道路，農道，林道，公園整備では都市公園，農業公園，森林公園，自然公園などの制度がある。どの府省の制度を活用して整備するかは，施設整備の目的によって決定することが本来であるが，次項で述べる土地利用の５地域区分は，単に土地利用計画の適用区域だけでなく，施設整備の縄張りを反映したものでもあり，どの地域で整備するかによってどの府省の制度を活用するかが自ずと決まることがめずらしくない。都市地域であれば国土交通省所管の道路法の道路，都市公園，公共下水道，砂防事業，農業振興地域であれば農林水産省所管の広域農道，農業公園，農業集落排水施設，森林地域であれば林道，治山事業といった施設・事業がある。府省の縄張りは，重複した国費の投入を防止する意義はあるが，地域のニーズと適合しない場合もある。

都市計画法に基づく都市施設の整備は，同法に基づく都市計画決定，国等による事業認可という法定の手続を経て，都市計画事業として実施される。また，道路法，都市公園法，下水道法等の施設別の法律によって各施設の機能や整備の基準等が定められている。

他方，農道や農業公園，農業集落排水施設等の農林水産省所管の施設は，整備計画の決定に至る手続は法定されておらず，個別の施設について定める法律も存在せず，国庫補助金の要綱・要領によって定められている。

国土交通省が所管する施設には法令に基準があるが，類似の施設であっても農林水産省が所管する施設には法令に基準がないことは，両省の政策手法の違いを示している。

図5－1　土地利用制度の法体系

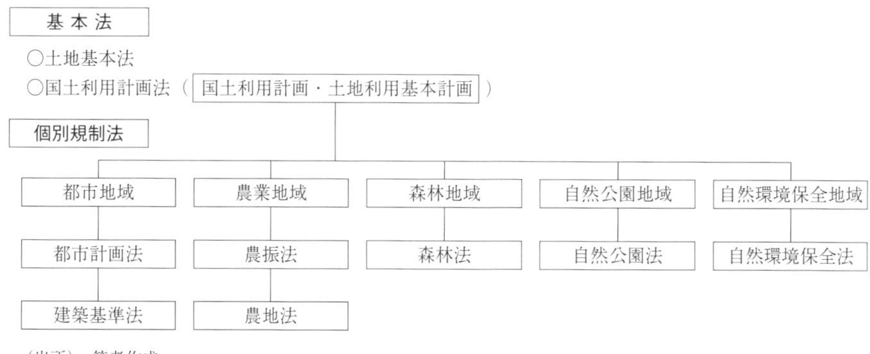

（出所）筆者作成。

3　土地利用計画

⑴　土地利用計画の法体系

土地利用の法体系は，**土地基本法***，**国土利用計画法***の２つの基本法の下に個別規制法として，都市計画法（国土交通省），**農業振興地域の整備に関する法律***・**農地法***（農林水産省），**森林法***（林野庁），**自然公園法***・**自然環境保全法***（環境省）が存在する。２つの基本法は個別規制法の制定後に整備された。

国土利用計画法の土地利用基本計画は，都市地域，農業地域，森林地域，自然公園地域，自然環境保全地域という５つの地域区分を設けているが，この５地域は個別規制法の規制区域に対応している（**図5－1**）。

⑵　後手に回った土地利用計画

高度経済成長期には，道路等の施設整備が全国的に進み，民間事業者による宅地開発やゴルフ場開発，別荘地開発が活発化したが，これらを法的に規制する土地利用計画制度が存在しなかった。高度経済成長期は開発が優先される時代の風潮があったが，乱開発の問題もマスコミ等で取り上げられ社会問題となっていた。

土地利用規制の導入にあたって大きな関門となったのが，国の省庁間の縄張り争いと与党による法案の事前審査である。内閣が国会に法案を提出するためには，閣議決定が必要である。法案を閣議決定するためには，事前に関係省庁間の調整をする必要がある。土地利用規制の導入は第❶節で述べた施設整備計画とも関連して，各省庁の所管の縄張りを示す

＊土地基本法
1980年代後半の地価の高騰や土地の公共性の明確化の要請を受けて，1989年12月に土地基本法が制定された。同法は，土地については公共の福祉が優先されることを基本理念に掲げ，土地政策に関する基本方針等の抽象的な事項と国や自治体，事業者，国民の責務を規定している。

＊国土利用計画
総合的かつ計画的な土地利用を図るための基本方針を定めたもので，土地利用に関する行政上の指針となるものとされている。全国計画を国が定め，都道府県，市町村は法律上は任意で定めることができる。

＊農業振興地域の整備に関する法律
総合的に農業の振興を図ることが必要であると認められる地域を都道府県知事が市町村ごとに「農業振興地域」として指定し，市町村が「農業振興地域整備計画」を策定し，農業振興策を計画的に行う「農業振興

地域制度」を定めている。農業振興地域内の集団的な農地等の優良農地は,「農用地区域」に指定され,原則として農地転用は禁止される。

＊農地法

農地法は,1952年に農地改革の成果を維持することを目的に,農地の権利移動,農地転用の許可制等を定めた法律。1960年代以降は,経済成長に伴う農地転用の増大が顕著になり,農地の保全のための規制として機能するようになった。

＊森林法

旧森林法は,明治20年代の大水害を契機に,河川法,砂防法とともに治水三法として制定された。当時は,保安林制度によって森林の保全を図ることが中心であったが,1951年に制定された現行の森林法は,森林の保続培養と森林生産力の増進を図るため,森林計画,保安林,林地開発許可等を規定している。

＊自然公園法

日本の自然公園は,米国の自然公園のように国等が公園の指定区域の土地を管理する方式ではなく,民有地等に対して国等が区域を指定し法的な規制をする方式（公用制限方式）である。旧国立公園法は,国民の保健休養と外国人観光客の誘客を提案理由として1917年に制定された。1957年には現行の自然公園法が制定され,従来は条例のみで規定されていた都道府県立自然公園が法律に規定された。

＊自然環境保全法

自然公園法は,保護と利用

ことになるため,省庁間の調整が難しい面があった。戦後から都市計画法改正の議論はあったが,建設省と農林省の間の調整ができたことで,1968年に現行都市計画法,1969年に農業振興地域の整備に関する法律が制定された。

法案を閣議で決定する前には,与党による法案の事前審査が行われる。当時の与党の自由民主党では,政務調査会の各部会,政務調査会,総務会で順次審議が行われた。総務会は全会一致で決定することが慣例であった。土地利用規制の導入には与党の理解を得ることが必要不可欠であった。

以上のような政府と与党の枠組みの下で,土地利用計画による法的規制は後手に回ることになったのである。

⑶　土地利用問題の政治問題化

1972年6月,田中角栄が自民党総裁選挙に向けて『**日本列島改造論**＊』を発表した。当時は,「狂乱物価」と呼ばれた過度のインフレが社会問題化し,地価の高騰と乱開発が全国的な問題に波及しつつあった時期であったため,野党やマスコミから批判の標的となった。

1973年の第72回国会は「土地国会」と称されるように,土地問題の解決が最大かつ緊急な要請となっていた。自民,社会,公明,民社の4党共同提案の「国土利用計画法案」が衆議院建設委員会提出の法案とされ衆参本会議で可決成立した。与野党による法案の共同提案は,憲政史上初の画期的な出来事であった。

国土利用計画法の特長は,地価の高騰の問題については国土利用計画法に地価を監視・誘導する制度が設けられたが,無秩序な土地利用の対策については,都市計画法,森林法,農地法などの個別法の規制の強化に委ねられたことである。つまり,与野党の協議によって,地価問題という新たな課題については新法で規制することができたが,従来からある土地利用規制については,第1項の「土地利用計画の法体系」で述べたように,5つの地域区分を設け,省庁間の縦割り行政を前提としているのである。

⑷　土地利用基本計画による総合調整の機能不全

省庁別の個別規制法による縦割り行政を総合調整するため,国土利用計画法に土地利用基本計画制度が設けられ,5地域区分の各規制区域を1つの図面にした計画図と5地域ごとの土地利用の原則等を記載した計画書が作成されている。

行政の実務上は,土地利用計画の変更は,個別規制法の計画変更手続が先行し，土地利用基本計画の変更は，これを追認するだけのものとなっており屋上屋との批判がされている。第1次地方分権改革では，土地利用基本計画制度の廃止が地方側から提案されたが，政府において国土総合開発法の抜本改正の検討が行われることもあって，手が付けられなかった。

当時の個別法による土地利用規制は，国の機関委任事務として都道府県知事が行っていたため国土利用計画法の土地利用基本計画制度による調整が導入されたが，属地的な特性を有する地域の土地利用については，第❷節で述べるように，地方分権改革による地域の総合行政の実現が必要であった。

の両面を目的としているが，自然環境の適正な保全を目的に，1972年に自然環境保全法が制定され，原生自然環境保全地域，自然環境保全地域，都道府県自然環境保全地域が指定され，一定の行為は許可・届出が必要とされている。

＊日本列島改造論
通商産業大臣であった田中角栄が将来の政権を見据えて都市政策を総合的な計画としてまとめるために官僚や有識者の幅広い協力を得て検討途中のものの一部が自民党総裁選挙のために急きょ出版されて話題となった。旧通商産業省の官僚が主にかかわってとりまとめたため，高度経済成長に伴う様々な問題が顕在化したにもかかわらず，産業政策に突出した出版内容になったとされている。

2　都市計画制度の変遷と現行制度の概要

1　都市計画制度の変遷

(1)　国による近代国家建設

明治政府は，近代国家の建設を目標に都市計画を国の直轄の事務とし，1872年に銀座煉瓦街の建設を大蔵省が行った。1888年に公布された東京市区改正条例では東京府ではなく内務省が市区改正（都市計画と同義）の主導権を握った。市区改正条例では，都市計画イコール都市計画事業であって，都市計画とは，街路その他の都市施設を国が建設することを意味していた。

(2)　旧都市計画法における国の決定

1919年制定の旧都市計画法では，都市計画は国の事務とされ主務大臣（戦前は内務大臣，戦後は建設大臣）が決定し内閣の認可を受けることとされていた。

旧都市計画法では，その適用を主務大臣の指定する市一般に広げるとともに，都市計画の対象とすべき「都市計画区域」を定めることとされた。また，**用途地域制**＊などの地域地区の制度が創設されるとともに，都市計画と都市計画事業が区分され，都市計画そのものに法的な意義づけが行われた。

しかし，市街化区域と市街化調整区域を区分する都市計画決定，いわゆる線引き制度もなければ，民間事業者による宅地の造成等を規制する開発許可制度もなかったため，土地利用計画としての機能は極めて不十分であった。

＊用途地域制
第1種住居地域，商業地域，工業専用地域など12の用途地域ごとに，建築可能な建築物の用途が定められている。都市計画で用途地域を定めることにより，用途の混在による土地利用上の弊害を除去し，同一用途の集積による都市の機能の充実を図っている。

(3)　現行都市計画法における自治体の決定

1968年に制定された現行都市計画法では，今日の都市計画制度が整備されるとともに，国から地方へと都市計画の決定権限が移譲され，主要なものは都道府県知事に機関委任され，それ以外のものは市町村に団体委任された。

新たに線引き制度が導入され，人口が一定規模以上の市を含む都市計画区域内では，市街化区域と市街化調整区域に区分する「線引き」が行われ，開発許可制度によって土地利用規制が導入された。他方，線引きがされない都市計画区域や都市計画区域外では，開発許可制度は適用されなかった。

自治体は，法律の規制が及ばない**白地区域***に対応するとともに，縦割りの法的な規制の弊害を克服し地域における総合的な土地利用の調整を図るため，**土地利用指導要綱***を制定して行政指導を開始した。また，先進的自治体では**土地利用規制の条例***が制定された。

第❶節で述べたように，1973年の土地国会を契機として全国的な乱開発を制御するために土地利用規制が強化されることになり，1974年の都市計画法改正で，すべての都市計画区域に開発許可制度の適用が拡大された。

2000年の都市計画法の改正では，都市計画区域外を対象とした**準都市計画区域***制度が創設されるとともに，都市計画区域外においても，１万㎡以上の開発行為については開発許可制度が適用されることになった。

⑷　地方分権改革による自治事務化と権限移譲

1998年の都市計画法の改正では，地方分権一括法に先行して都道府県知事から市町村に都市計画決定が権限移譲され，その後も権限移譲が行われた。1999年の地方分権一括法では，機関委任事務制度が廃止され，都道府県の都市計画の決定は機関委任事務から自治事務に変更された。

2　現行の都市計画制度とその課題

⑴　都市計画区域の指定

都市計画区域は「一体の都市として総合的に整備し，開発し，及び保全する必要がある区域を指定」（都市計画法第５条第１項）すべきであり，都市的な土地利用を抑制する「保全すべき区域」である農業振興地域や保安林，国立公園等を含んで指定されるべきものである。

しかし，都市計画区域の範囲が市街地およびその周辺に限定され地域の実態に即していない地域もある。都市計画区域外では1ha 未満の開発行為は許可を要しないため，森林や水源地での別荘地等の開発が問題となってきた。

＊白地区域
都市計画法の対象となる都市地域，農業振興地域の整備に関する法律の対象となる農業地域，森林法の対象となる森林地域，自然公園法の対象となる自然公園地域，自然環境保全法の対象となる自然環境保全地域のいずれにも該当しない地域。

＊土地利用指導要綱
最初の土地利用指導要綱は，1965年制定の川崎市の「団地造成事業施行基準」とされている。1967年に制定した川西市の「住宅地造成事業に関する指導要綱」は，公共施設の整備にかかる費用負担を開発事業者に求めたことで有名になった。1973年までに215市町村で要綱が制定された。

＊土地利用の条例
1999年改正前の地方自治法は自治体の事務を例示しており，同法第２条第３項第18号（当時）は，いわゆる公用制限について「法律で定めるところにより」と規定していたため，公用制限は法律に基づかなければならず，条例ではできないとの解釈が国から示されていた。事務の例示規定を根拠に条例制定を否定することには学界から強い批判があった。

＊準都市計画区域
本来は，都市計画区域を拡大すべき地域があるにもかかわらず，府省間の縄張りの問題があって進まなかった。このため，施設整備計画を定めず，土地利用計画のみを内容とする準都市計画制度が2000年に設けら

図5－2　線引き都市計画区域と非線引き都市計画区域

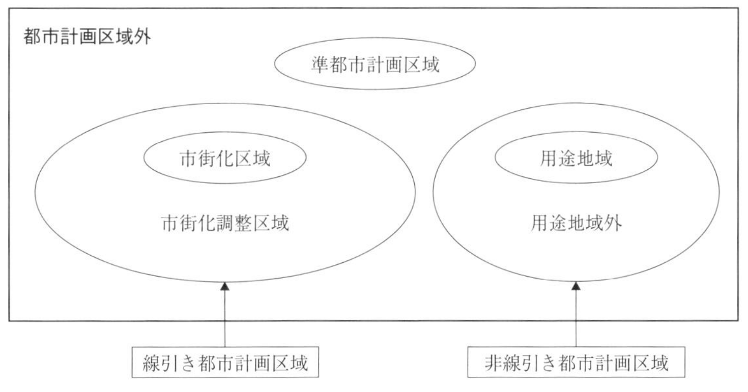

（出所）筆者作成。

都市計画区域の指定には都市計画法で国の同意が義務づけられており，都道府県が国の同意を得るためには国の関係府省間の合意が必要であるため，国の府省間の縄張りの問題が現状の変更のハードルとなっているのである。

れ，国の府省の同意がなくとも都道府県および市町村の判断で指定ができることになった。

⑵　線引き都市計画区域と非線引き都市計画区域

都市計画区域を市街化区域と市街化調整区域に区分する都市計画決定を一般に「線引き」と称している。

線引き制度は，都市的な土地利用を図る区域とそうでない区域の区分けをするもので，線引きされた都市計画区域は，全都市計画区域の約4分の1であり，市街化区域の面積が都市計画区域に占める割合は約3割となっている。

線引きされた都市計画区域の市街化調整区域では，土地の開発や新たな建築が法的に抑制されている（**図5－2**）。

都市計画法では，線引きの変更には国の同意が必要とされているため，第1項で述べた都市計画区域の拡大ができない地域が存在することと同様に，地域の実情に即した線引きの変更ができていない地域が存在している。

⑶　マスタープランと個別都市計画

①マスタープラン（基本計画）

マスタープランには，都道府県が「各都市計画区域の整備，開発及び保全の方針」を定める「都市計画区域マスタープラン」と，市町村が定める「都市計画に関する基本方針」いわゆる「都市計画マスタープラン」の2つがある。1992年および2000年の都市計画法改正により，マスタープランの制度が整備・充実されたことで，都市計画は都市の将来構想と基本方針を示す計画として進化した。

②個別都市計画

個別都市計画には，土地を利用目的によって区分し建築等に必要な制限を課す「**地域地区の都市計画***」，道路・公園・下水道等の都市施設について，その位置および規模を定める「都市施設の都市計画」，土地区画整理事業・市街地再開発事業などについて定める「市街地開発事業の都市計画」の３種類がある。

＊地域地区の都市計画
地域地区は，土地を利用目的によって区分し，建築物や土地の区画形質の変更などについての必要な制限を課すことにより，土地の合理的な利用を誘導するものである。用途地域，特別用途地区，特定用途制限地域，高度地区，風致地区等がある。

個別都市計画のうち都市施設の都市計画については，数十年前に都市計画決定をしながら都市施設の整備がされずに放置されているものがある（*Column* 6 参照）。

3　都市計画における調整とその課題

1　自治体内部の調整

都市計画の２つのマスタープランは，自治体の総合計画の基本構想を具現化する機能を有している。両マスタープランの策定にあたっては，他の基本計画と同様に，自治体の関係課への意見照会等が行われている。

市町村の都市計画マスタープランの策定・改定にあたっては，市町村は議会の議決を経て定められた市町村の建設に関する基本構想に即して定めるものとされている（都市計画法第18条の２）。また，市町村が定める都市計画は，議会の議決を経て定められた当該市町村の建設に関する基本構想に即したものでなければならないとされている（同法第15条第３項）。

人口が増加していた時代の自治体の総合計画は，地域の将来ビジョンを提示する機能を発揮していたが，人口が減少に転じた以降は，その機能の低下がみられる。はたして現在の市町村の総合計画は，都市計画マスタープランや個別の都市計画の決定に影響を与えうる内容になっているといえるだろうか。

2　国・都道府県・市町村間の調整

第１次地方分権改革前は，都道府県の都市計画は国の指揮監督を受ける機関委任事務であり，一定の都市計画は国の認可を要した。第１次地方分権改革後は，都道府県の都市計画は自治事務となり，国の認可は同意に改められ制度上は対等な関係となり，国の関与の対象も縮減された。

第１次地方分権改革前は，**市町村の都市計画***決定は団体委

＊（第１次地方分権改革前の）**市町村の都市計画**
第１次地方分権改革以前は，人口規模が25万人以上の市の区域を含む都市計画区域における用途地域や，幅員16m以上の市町村道の都市計画決定は都道府県知事が行っており，市町村の都市計画決定の役割は大幅に限定されていた。

▶▶ Column 6　都市計画で都市施設を決定する意義 ◀◀

道路や公園等の様々な都市施設を都市計画で定めることは，都市施設の適切な配置によって都市の利便性を高め，限られた地域資源を最大限に活用して都市全体の持続可能な発展を図る上で必要なことであるが，実質的には次のような意義があると考えられる。

第1に，都市施設の都市計画決定がされた区域内においては，道路や公園の予定地の所有者の利用権が制限され，都市施設の建設を困難にする行為が禁止される。ただし，一定の小規模建築物は，許可申請をして許可を受けることで建築が可能となる。

第2に，都市計画決定された都市施設を整備する場合には，都市計画事業の認可を国等から受けることが可能となる。この認可を受けた事業は，土地収用法の認定事業と同様に土地収用法の適用対象とすることができる。

第3に，都市計画事業の認可を受けることで，国土交通省都市局所管のまちづくり支援事業の採択の対象となり，国庫補助金（まちづくり交付金等）の申請が可能となる。他方で，国土交通省道路局の国庫補助を申請する場合，または，自治体の単独事業として国庫補助を受けずに事業を実施する場合は，都市施設の都市計画決定をしない場合や都市計画事業の認可を受けない場合がある。

第4に，都市計画決定の手続を経ることで，事業実施の前段階での関係者への説明や意見聴取が法律に基づいて行われる。事業の計画段階において，説明や意見聴取の法的なルールが存在することの意義は大きいものがある。国が建設する都市施設の場合には，都市計画の決定を自治体が行うことで，地域の合意としてお墨つきを受けるという効果もある。

第5に，事業計画の見直しの手続が存在することである。都市計画決定された都市施設は，都市計画の変更決定をすることで，廃止を含めた見直しをすることができる。近年は，数十年前に国が都市計画決定をしたまま着手していない道路等の都市計画を廃止する変更決定が全国各地で行われている。民間による都市計画の提案制度は，過去に決定した都市施設の見直しにも活用できるものである。

任事務であったが，都道府県の承認を要した。第1次地方分権改革後は，市町村の都市計画決定は自治事務となり，都道府県の承認は同意に改められた。その後，同意が**協議***に改められまたは協議が廃止されたものもある。都市計画の分野は，地方分権改革で大きな進展があり，その後も地方分権の趣旨に沿った制度改正がされる傾向がみられる。

他方で，運用の実態としては，下協議と呼ばれる事前の調整をはじめ，国，都道府県，市町村の間の調整の仕方には旧態依然とした面もみられる。地方分権改革による制度の改正

＊（国，都道府県，市町村の）**協議**
第1次地方分権改革以前は，国等の認可，承認等の関与は監督的な性格を有していた。改革後の都市計画法では，国は都道府県に対し「国の利害との調整を図る観点」，都道府県は市町村に対し「一の市町村の区域を超える広域調整を図る

観点又は都道府県が定める都市計画との適合を図る観点」から協議を行うこととされた。

＊都市計画審議会
都市計画決定の手続において，都市計画審議会は議決機関として重要な役割を有している。都市計画審議会の組織および運営は政令で基準が定められており，同審議会は学識経験者のほか，議会の議員などで構成することとされている。

と運用の実態のギャップは，解消されていくのであろうか。

3　地域住民や利害関係者との調整

⑴　都市計画法の法定手続

都市計画は，案の作成，案の公告・縦覧，**都市計画審議会**＊の議決という法定手続を経て決定される。自治体は，都市計画の案の作成に際し，必要に応じて公聴会を開催する等の方法により，住民の意見が反映するような措置を講ずることとされている。自治体は住民説明会やワークショップ等を開催しているが，その参加者は限られている。多くの住民が都市計画に関心をもつには，どうすべきであろうか。

⑵　都市計画の提案制度

2002年の都市計画法の改正により，都市計画の提案制度が導入され，一定の都市計画については，都市計画の決定または変更の素案を民間から提案することが可能となった。

提案制度の特長は，利害関係者に加え，まちづくりの推進を活動の目的とするNPO法人等にも提案を認めていることである。提案をするためには，都市計画の法定基準に適合し，かつ，土地の３分の２以上の地積および人数の土地所有者等が同意している必要がある。提案を受けた自治体は，当該素案を踏まえた都市計画の決定・変更の必要性を判断する。

都市計画の提案制度は，地域住民が主体的にまちづくりに参画していく上で有効な手段となり得るものであるが，住民の活動を支援する仕組みが整っているわけではない。住民がこの制度を有効に活用するためには，どのようなサポートが求められるであろうか。

（小泉祐一郎）

第6章

多文化と共生

21世紀の日本では人口減少に伴い外国人労働者の受け入れが拡大し，外国人住民人口が多い市町村では様々な問題を抱えている。背景には，移民政策に消極的な政府の建前があり，住民登録を担う市区町村が，在住外国人の生活全般の問題に対処せざるを得ないという構造がある。出身国・地域，文化，生活習慣，宗教等が異なる人々を互いに尊重し合うという理念を掲げた「多文化共生」には地域社会の理解も不可欠で，政策課題は幅広く山積している。

1 「多文化共生」の理想と現実

1 グローバルな「多文化主義」と日本の「多文化共生」

1990年代までの欧米諸国では，先住民族や移民の差別等への対応から，言語・文字・宗教・教育・祭り・生活風習などで固有文化を尊重する「**多文化主義***」の政策が取られてきた。しかし，2001年の9.11事件を契機に移民の統合政策が求められ始め，フランスやオランダのように，言語教育や市民教育の実施などを移民受け入れの条件とする「社会的な統合」をめざす政策が主流になりつつある。

日本独自の「多文化共生」という概念は，1990年代以降の**ニューカマー***外国人の定着・定住が進行するなかで自治体や市民社会が「差別，疎隔，排除の関係を超えた望ましい共生の関係を表すためにかかげた言葉」（宮島 2021：18-19）で，それが広く用いられるようになった。1995年の阪神淡路大震災の際に多言語による情報発信活動を行った市民活動団体が，その後「多文化共生」というワードを組織名称に使用したこともあり，1990年代自治体の多文化共生施策は，市民社会がけん引する形で，外国人住民の生活支援，とりわけ日本語能力が十分でない外国人のコミュニケーション支援策に重点を置き，展開されてきた。

＊多文化主義（multiculturalism：マルチ・カルチュラリズム）
多くの人種・民族を抱える移民国のカナダ，オーストラリアにおいて1970年代以降に登場した理念で，民族は各自の文化と同様に他民族の文化も尊重すべきだという考え方。カナダでは1971年に国家の方針として「多文化主義」を宣言している。

＊ニューカマー
1990年代以降に来日した定住外国人を総称する言葉。これに対し1980年代後半までに在留外国人の多数を占めていた特別永住者を「オールドカマー」と称する。

2 在留資格の拡大と出身国・地域の多様化

日本では，国籍が「血統主義」を原則に付与されていることもあり，外国人の在留資格は，出入国管理及び難民認定法（以下，「入管法」と記す）で厳格に定められてきた歴史がある。例えば，「身分及び地位に基づく」一般永住者の資格を有する外国人は，1992年時点では約4万5000人で，2021年末時点の約83万人の，わずか5％に相当する程度の数であった。また，1980年代までの在留外国人は，戦前および戦中から日本に住む朝鮮半島および台湾出身者に特例的な永住を認めた「**特別永住者***」が大半を占めていた。

＊特別永住者
1991年11月1日に施行された「日本国との平和条約に基づき日本の国籍を離脱した者等の出入国管理に関する特例法」で定められた在留資格を有する人々のこと。

その様相が大きく変わり始めたのは，1990年の改正入管法の施行による。1980年代に顕在化した不法就労外国人問題への対策として「高い技能や専門能力を持って働く外国人を積極的に受け入れる」という趣旨の法改正が行われ，活動に制限のない，「身分及び地位」に基づく「定住者」資格が日系中南米人に与えられた。そこから，自動車・電機等の下請け部品製造や組み立て工場で働くブラジルやペルー出身の日系外国人労働者が増加していく。

その後も政府は「いわゆる単純労働者は受け入れない」とする方針は維持する一方，1993年に，法務省告示の形で「技能実習生制度」を創設した。それまで途上国への技術移転を目的に「研修」資格で1年以内の在留を認められていた研修生が，研修期間終了後も1年間は「技能実習」の名目で働くことを可能とした。制度創設当初は，中国出身者が多くの割合を占めていたが，2009年の入管法改正により「技能実習」の在留資格が新設されると，2012年頃から，ベトナムやフィリピン，インドネシアなどの技能実習生が増え，在留外国人の多国籍化も進んでいる（**表6－1**）。

これら実習生をめぐる人権侵害や労働法令違反が頻発し，それに起因した実習生の失踪等が社会問題化したことにより，その対策を定めた「外国人の技能実習の適正な実施及び技能実習生の保護に関する法律」（技能実習法）が2016年に制定された。それでもなお，法が定める技能実習の目的は「先進国の日本から発展途上国への技術移転による国際協力を推進すること」とされ，「単純労働者」とは位置づけていない。

2019年には，人材確保が困難な特定産業分野に限り「特定技能」の在留資格を創設する入管法改正が行われ，介護・外食・建設・農業等の分野では5年間の技能実習期間満了後，日本語等の試験合格を条件にさらに5年間の在留が可能となった（特定技能1号）。建設や造船・船用工業の2分野

表6-1　国籍・地域別の在留外国人数
（2021.12.31現在：上位10か国）

順位	国・地域	人数
1	中国	716,606
2	ベトナム	432,934
3	韓国	409,855
4	フィリピン	276,615
5	ブラジル	204,879
6	ネパール	97,109
7	インドネシア	59,820
8	米国	54,162
9	台湾	51,191
10	タイ	50,324
在留外国人総数		2,760,635

（出所）出入国在留管理庁公表資料を基に筆者作成。

（2023年に農業・漁業・飲食料品製造など11分野に拡大）における「熟練した技能」者については，定住や家族を帯同する環境が整備されつつある（特定技能２号）。

2　自治体が先導した20世紀の「国際化」施策

1　自治体による外国籍の住民への対応

1952年施行の外国人登録法では，一定期間を超えて在留する外国人を居住する市区町村に登録させていた（外国人登録制度）。法務大臣から市区町村長への機関委任事務（2000年４月から法定受託事務）の形で処理されていたこの制度は，2012年７月９日の住民基本台帳法改正法施行とともに廃止，現行制度で外国人住民の登録は，市区町村が管理する住民基本台帳に一元化されている。当然に住民税の納税義務も課されており，2016年から導入されたいわゆる「マイナンバー制度」も適用対象となっている。

外国人登録制度以来，窓口を担う市区町村は，住民（福祉）を対象とするサービスを外国籍の住民にも同様に提供してきており，希望があれば**子どもの義務教育***についても日本人住民と同様の扱いをしている。外国人住民が「さまざまなニーズをもって，自治体の窓口にあらわれたときに真摯に対応した職員の仕事が，国際政策の展開の実質をつくって」

＊子どもの義務教育
憲法が定める「その能力に応じて，ひとしく教育を受ける」権利（第26条），保護者が子どもに「教育を受けさせる」義務（第26条第２項）は，いずれも「すべて国民は」となっており「日本国籍を有する」ことが条件とされる。

（江橋 1993：32）きたのである。

これに対し，中央各省の外国人施策は，国際社会に足並みを揃える必要からスタートラインに立った。1979年の国際人権規約批准を契機に，建設省（現国土交通省）が公営住宅への外国人の入居を認め，1981年の**インドシナ難民***受け入れのための難民条約加入に伴い社会保障の法整備が求められ，国民年金法や児童扶養手当法の国籍要件を撤廃，1986年に国民健康保険も適用するようになった。

＊インドシナ難民
1975年のベトナム戦争終結前後に，インドシナ3国（ベトナム・ラオス・カンボジア）で社会主義体制が発足し，その政治体制になじめない多くの人々が以後数年にわたって国外へ脱出した。これらの国々から脱出したベトナム難民，ラオス難民，カンボジア難民を総称した言葉。日本は1978年にベトナム難民の定住を認め，1979年に定住を支援する方針を決定して定住促進センターを設置，日本語教育，職業紹介，職業訓練などの定住促進業務を実施した。神奈川県の県営いちょう団地は，大和定住促進センター（神奈川県大和市）に近接する立地にあり，居住先として好まれた。

こうした経緯から「多文化共生」の取組も自治体が国に先行した。そのルーツは1980年代の自治体の国際化施策にある。当時の政策を，外向きの「自治体間の国際提携」と「外国人と共生する地域づくり」とに分類した松下圭一（1988：272-273）は，後者を「内なる国際化」の問題，外国人住民に目を向ける「自治体の本来課題」と指摘した。その問題が90年代後半に「多文化共生」と呼び名を変えて今につながっている。

2　外向きの国際交流と「内なる国際化」の展開

自治体の国際政策は，古くは1950年代の姉妹都市提携にさかのぼる。首長や議員の相互訪問や，子どもたちの文化交流等の国際交流事業が行われてきており，地域住民とともに交流を行う例も少なくない。1980年代には，神奈川県の「民際外交」のように自治体や民衆レベルでの交流を契機に，国家間のレベルでは交流できない国・地域と望ましい国際関係を作り上げていくとの考え方も打ち出され，「自治体外交」の可能性が展望されるようになった。

1980年代後半の自治体は，草の根で活動する国際協力団体（NGO）との連携協力や海外自治体における問題解決のための技術支援，資金提供などの事業にも取り組むようになり，近年では，海外の自治体と共通する政策課題に挑む試みも始まっている。

そうした「外向きの」施策の一方，1970年代の自治体には「内なる国際化」の取組が登場する。先べんを付けた自治体の動きが，在日コリアン（韓国・朝鮮人）の生活や人権に関わる政策課題に正面から向き合った川崎市の対応である。

京浜工業地帯を抱える川崎市には，戦前から工場に労働者雇用されていた在日コリアンの人々やその子ども（2世）世代が引き続き居住しており，その当事者らを中心に，日本人とは異なる待遇の解消を求める動きが活発化した。それは，終戦時の日本国籍はく奪により生じていた差別問題が，講和独立により，在留を認められることになった後も未解決のまま放置されていたことによる。川崎市は，国に先んじて1972年に国民健康保険制度を独自適用し，1975年には児童手当や市営住宅入居資格の国籍要件を撤廃した。当時の川崎市長は，在日コリアンの待遇格差を「民族差別」の問題ととらえ，**外国人登録の指紋押捺***が拒否された際の，自治体による国への告発義務を履行しなかった。さらには，「民族の壁をこえ，ふれあい，共に生きるための交流を深めるための施設」として「川崎ふれあい館」を設置し，まちづくりとして異文化の交流（江橋 1993：96-97）を進めていった。「内なる国際化」に真摯に向き合い国に先駆けた「川崎市のイニシアチブは多文化共生への嚆矢となる重要な一歩であった」（毛受 2016：61-62）と評価されている。

＊外国人登録の指紋押捺
旧外国人登録制度では，居住地の市区町村（長）への申請・登録の際に登録原票や登録証明書などに指紋を押す義務があった。1980年代にこの制度が差別・人権侵害であるとして，在日コリアンの人々を中心とする指紋押捺拒否運動が展開されたことから，国は自治体に対し拒否者の告発を義務づけていた。1992年5月に在日韓国人・朝鮮人など永住者についての指紋押捺が廃止されている。

3 「住民」としての参加のシステム

1990年代には，自治体の外国人住民に対する市民参加の仕組みづくりも始まった。前述の川崎市では，1996年に外国人市民を「ともに生きる地域社会づくりのパートナー」と位置づけて，「川崎市外国人市民代表者会議条例」を制定した。外国人市民代表者会議は，市内に1年以上在住・18歳以上の外国人住民から公募し，26名以内の委員（2年任期）で構成される。毎年，調査審議の結果をまとめて市長に報告し，報告を受けた市長は議会に報告するとともに，これを公表する義務がある。市長は報告内容を尊重して施策への反映に努めることとされており，外国人市民情報コーナーの設置や外国人市民の実態把握調査等，提言の実現例がある。

外国人住民が人口の約1割を占める新宿区（**表6-2**）でも，条例で「多文化共生まちづくり会議」を設けている。そのほか神戸市や豊中市，岡山市，藤沢市などが要綱で「外国人市民会議」を設置しており，同様な取組を行う自治体も増えている。こうした参加のシステム等を通じて，当事者の生活課題が明らかになり，自治体が対策を講じる例も広がってきた。例えば，外国籍の人々は賃貸契約の際の保証人確保が困難なことから，家主から住宅提供を拒否されるケースも少なくない。外国人住民の参加システムを通じて住まいの問題が明らかになり，自治体による居住支援制度の創設に至るよ

表６－２　外国人人口の多い上位10市区

（2022.1.1現在）

順位	都道府県	自治体名	外国人人口	〈参考〉人口割合（%）
1	大阪府	大阪市	138,748	5.1
2	神奈川県	横浜市	99,229	2.6
3	愛知県	名古屋市	79,119	3.4
4	兵庫県	神戸市	47,424	3.1
5	神奈川県	川崎市	43,894	2.9
6	京都府	京都市	42,594	3.1
7	埼玉県	川口市	38,090	6.3
8	福岡県	福岡市	35,399	2.3
9	東京都	江戸川区	35,220	5.1
10	東京都	新宿区	33,907	9.9

（出所）　総務省「住民基本台帳に基づく人口，人口動態及び世帯数」を基に筆者作成。

うな例がこれである。

4　定住外国人施策の自治体間連携

1990年入管法改正以来，電機や自動車等の工場立地が集中している地域では日系南米人が急増し，外国人人口が住民の10%を超えるような自治体も出てきた。とりわけ外国人住民比率が高いのは大泉町で，人口の２割近くを占める（**表6－3**）。隣接する太田市をはじめ，浜松市や豊橋市，豊田市など中部圏の自治体でも，定住外国人の増加とともに生じた地域課題について独自の対策を講じてきた。2001年には共通の課題を解決する連携組織が必要だとしてこれら自治体が中心となって「**外国人集住都市会議***」を発足，政府への政策提言として「浜松宣言・提言」を採択し，参加13首長で関係省庁に申し入れを行った。そこから毎年，構成団体による会議を開催し，就労，教育，医療，社会保障など自治体では対応困難な，法制度に関わる問題解決を政府に働きかけている。こうした積み重ねもあり，リーマン・ショックで日系南米人の生活困窮問題が深刻化した時期には，内閣府に「定住外国人施策推進室」が設置され，国も本格的な対策に乗り出した。

なお，2010年代からのインバウンドブームを背景に，北海道や長野県などの観光地において海外資本によるリゾート開

＊外国人集住都市会議
外国人住民にかかわる施策や活動状況に関する情報交換を行いながら，地域で顕在化しつつある様々な問題解決に積極的に取り組むことを目的として2001年に設立された都市間連携の会議体。必要に応じて首長会議を開催し，国・県および関係機関への提言や連携した取組を検討しており，2023年４月１日現在，11の会員都市で構成されている。

表6－3　人口に占める外国人割合上位10市区町村

（2022.1.1現在）

順位	都道府県	自治体名	人口（A）	外国人人口（B）	外国人割合（%）（B/A）
1	群馬県	邑楽郡大泉町	7,834	41,658	18.81
2	北海道	勇払郡占冠村	149	1,229	12.12
3	東京都	新宿区	33,907	341,222	9.94
4	埼玉県	蕨市	7,455	75,391	9.89
5	岐阜県	美濃加茂市	5,300	57,171	9.27
6	茨城県	常総市	5,549	62,057	8.94
7	東京都	豊島区	24,200	283,342	8.54
8	三重県	桑名郡木曽岬町	510	6,081	8.39
9	東京都	荒川区	17,570	215,543	8.15
10	愛知県	高浜市	3,947	49,280	8.01

（出所）　総務省「住民基本台帳に基づく人口，人口動態及び世帯数」を基に筆者作成。

発が進行し，観光関連産業を支える多国籍の外国人雇用が広がりつつある。それらの地域特有の定住外国人施策も求められている。

3　「多文化共生」施策の広がりと21世紀の課題

1　総務省の「多文化共生プラン」と自治体の対応

21世紀に入ると，総務省が外国人住民施策を全国的な課題ととらえ，多文化共生施策を推進し始める。総務省では2005年6月，山脇啓造明治大学教授を座長に「多文化共生の推進に関する研究会」を設置し，その報告書（2006年3月）で，地域における多文化共生を「国籍や民族などの異なる人々が，互いの文化的ちがいを認め合い，対等な関係を築こうとしながら，地域社会の構成員として共に生きていくこと」と定義した。この定義が「多文化共生」の通念として国内の自治体に広まっているが，これにより外国人住民が，日本人住民とともに「地域社会を支える主体」と位置づけられたことには留意が必要である。

この研究会報告を受けて総務省では「地域における多文化共生推進プラン」を策定（2006年3月／2020年9月改訂）するとともに，自治体に対し「多文化共生の推進に係る指針・計画を策定し，地域における多文化共生の推進を計画的かつ総合的に実施」するよう要請を行った。このプランでは，市区町村を「外国人住民を直接支援する主体」と位置づけ，都道府県には「市区町村レベルの取組みを促進する」ことを求めている。

2022年4月1日の総務省調査で，自治体における指針・計画の策定状況をみると，約半数の941（47都道府県含む）が「策定している」と回答している。ただし，そのなかで，「総合計画の中で多文化共生施策を含めている」を選択した市区町村が701と75%を占めており，「多文化共生の推進」に特化した指針計画を策定している自治体は実質わずか1割程度という現状にある。

2 「多文化共生」施策の現状と近年の課題

＊総務省の「事例集」
『多文化共生事例集：多文化共生推進プランから10年共に拓く地域の未来』(2017年3月)。最新版は，『多文化共生事例集（令和3年度版）』(2021年8月)。

自治体の「多文化共生」施策は，**総務省の「事例集」**[＊]によれば「外国人住民に対する支援」と「多文化共生の地域づくり」との2つに大別される。前者はさらに，行政や生活情報の多言語化や日本語の学習支援等を行う「コミュニケーション支援」策と，居住，教育，労働環境，医療・保健・福祉，防災といった多分野の「生活支援」策に分類されている。以下では，問題が複雑化しがちで分野横断的な対策が求められる「生活支援」策について3つのカテゴリーを取り上げ，概要と課題を俯瞰的に示す。

⑴　居住

外国人住民の住まいにかかわる問題では，ゴミの出し方や騒音などの日常生活習慣の違いに起因して近隣トラブルが起こりやすい。近隣との関係で生じた問題に対し自治体が個別にかかわることは難しく，町会・自治会やコミュニティレベルで活動する地域団体等との連携・協力の下で解決策が見出されていくことが多い。また，住居の賃貸契約に際しては敷金や礼金といった日本特有の慣習もあることから，民間住宅に関する情報提供や相談等のサポート業務については，多言語対応が可能でこうした問題の専門性を有したNPOに委ねる例が少なくない。

出身国が同じ外国人が集住し，互助的なコミュニティを形成している地域や，川口市の芝園団地のように住民の過半数を外国人が占める団地もある。UR都市機構の賃貸住宅は入居時の保証人が不要で外国人住民入居のハードルが低いことから流入も進みやすい。そうした団地のなかには，自治会を中心に交流の場づくりに取り組み，日本人住民との共生を積極的に働きかけているところもある。

1990年代にインドシナ難民が多く移り住んだ神奈川の県営いちょう団地は現在，外国人住民が4分の1を占めており，30年が経過したところで居住層の高齢化も問題になり始めている。

⑵　教育

外国人住民の定住や在留期間の長期化に伴い，外国にルーツを有した子どもも増加し，日本語教育や進学にかかわる問題への対応が必須となっている。また，保護者の日本語能力が十分でなく学校とのコミュニケーションがうまく取れない，子どもが学校で孤立する，いじめに遭うなどの問題も指摘され，子どもの学習支援や居場所づくりなどの取組が進められている。保護者との意思疎通や生活習慣の違いから生じる問題は保育等の現場にも共通する課題で，横断的な対策が必須である。

⑶　医療・保健・福祉

外国人住民の多国籍化・多様化に伴い，異なるライフステージの問題が多種多様に生じている。高齢者の増加に伴う医療・介護ニーズの増加のみならず，勤労世代でも入院や出産等で医療や福祉サービスを受ける機会が増えていることから，医療や介護等の現場での多言語通訳のニーズが高まっている。

また，外国人労働者や日本人の配偶者の立場にある女性移住者が脆弱な基盤にあり，DV や離婚に伴い養育・貧困などの生活困難を抱えやすいという傾向も問題提起されている（南野 2022）。

3　「地域づくり」の構成員としての期待

人口減少が進行し，地域の衰退を懸念する地方圏の自治体では，外国人住民を積極的に地域構成員とみなし，地域づくりを進める動きも出てきている。出雲市が2016年に策定した「**出雲市多文化共生推進プラン**＊」では，2015年末の外国人住民数を基準として，5年以上引き続き出雲市に住む外国人住民の割合を「30％台にすることをめざす」という数値目標が設定された。市域内に日系ブラジル人労働者を多く雇用する製造業の生産拠点があり，その好調な業績を背景に在住外国人人口が増加し続けている（徳田 2019：53）ことから，これを地域活性化の好機ととらえた方策である。

＊出雲市多文化共生推進プラン
第1期は2016年度～2020年度。「30％台」の目標は2021年3月末までのものとして設定され，この目標は達成された。第2期は，2020年度から2024年度のプランとして策定されており，その目標は，2025年3月末に40％とされている。

他にも，京丹後市のように多文化共生推進プランで，外国人住民を地域に「貢献する存在」(毛受 2016：78) と位置づける自治体や，美作市のように「地方創生」施策の一環としてベトナム人技能実習生の積極活用を打ち出した自治体もある。人口減少に歯止めが利かない自治体において外国人住民は，今や「支援の対象」ではなく，ともに地域を支える人材としての期待を背負っている。

4　21世紀に顕在化した差別問題（排外主義）

2013年頃から大阪市や川崎市等で在日コリアンを標的とする排外的デモの差別行為（在日外国人排斥運動）が頻発し始めた。排外主義的な考え方をもつ団体による，いわゆる**ヘイトスピーチ***は，ネット上での攻撃との相乗効果もあって次第に激化し，在日コリアンの人々の命を脅かすような事態を生じた。この事態を重くみた大阪市は2016年１月に「大阪市ヘイトスピーチ抑止条例」を制定し，ヘイトスピーチを行った人の氏名や団体名と内容を公表することを決めた。川崎市では，罰則規定を盛り込んだ「川崎市差別のない人権尊重のまちづくり条例（通称「ヘイトスピーチ条例」)」を制定し，2020年７月に全面施行した。市長の勧告や命令に従わず，公共施設において差別的言動を行った場合に刑事裁判を経て刑事罰（罰金50万円）を科すというものである。市は，訴訟の前に第三者機関で複数回審議を行い，最終判断は司法に委ねるという段階的な手続を取り入れることで刑事罰の導入に踏み切った。議会の条例案審議では，「政党の枠を超えて地域を守る」として全会一致で合意，成立に至っている。

＊ヘイトスピーチ
一般的には，人種，出身国，民族，宗教，性的指向，性別，容姿，健康（障害）などに基づいて，個人または集団を攻撃，脅迫，侮辱する言動のことを指す。川崎市のヘイトスピーチ条例では「命や体に危害を加えるように告げる，著しく侮辱し，地域社会からの排除を求める行動」と定義されている。

＊同和問題
日本社会の歴史的過程で形づくられた身分差別を通じて，経済的，社会的，文化的に低い状態に置かれることを長く強いられてきた人々に関わる日本固有の人権問題。そうした差別や偏見は，現在もなお残っており，同和地区と呼ばれる地域の出身者であることなどを理由に結婚を反対されたり，就職などの日常生活の上で差別を受けたりすることがある。

＊ジェンダー・LGBTQ
ジェンダーは「社会的性別」と訳される。社会のなかで「男性らしい」あるいは「女性らしい」とされている役割や行動，考え方や見た目などがあることを指す。LGBTQ は，レズビア

4　今後の展望

1　人権の視点と共生社会づくり

2015年に国連総会で採択され，世界共通の目標（SDGs）を記載した「持続可能な開発のための2030アジェンダ」は，人権の価値普遍性を理念に掲げており，外国人住民に対する差別解消問題は，グローバルな人権保障の観点からも積極的に推進すべき政策課題となっている。

しかし，2021年には留学生としての在留資格を喪失したスリランカ人女性が入管施設に長期収容され，体調不良の際に十分な医療が受けられずに亡くなるという事件が発生したように，難民認定や移民制度，ヘイトスピーチ等の案件で，日

▶▶ *Column 7*　外国人住民の政治的な参加はなぜ認められないのか ◀◀

自治体の政策に対し外国人住民が意思表明する手段としては，本章で言及した参加の仕組みのほか，自治体が独自に定める「住民投票」の制度がある。定住外国人を住民投票の投票者に含める条例をもつ自治体は全国で約40あり，多くは2010年頃までに制定されている。それらは2000年の地方分権改革を契機に，自治体が「自治基本条例」や「住民投票条例」を制定する動きが活発化するなかで外国籍住民も「市民」と位置づけたケースである。ただし，2010年代以降に国家主義的な理想を掲げる人々の反対行動が活発化した影響から，条例制定の動きは低調となっている。とくに外国人住民の参加の権利保障という問題は，政治的価値観による論争の影響を受けやすい。明石市では，2015年に住民投票条例案が議会で否決され，のちに市長が定住外国人を含まない修正条例案を出し直した際に，議員から投票権を与える修正案が提出され，いずれも否決となった。また，2021年に武蔵野市長が議会に提案した同様の条例案も議会で否決されている。自治体の意思決定に対する法的拘束力がない住民投票でも，外国人住民を投票資格者とするか否かという論点は，大きく意見が分かれる。

この議論は，外国籍住民の地方参政権保障という問題とも結びつきやすいテーマだけに，話がややこしい。外国籍住民の地方参政権については，民主党の鳩山政権期に永住外国人への地方選挙権付与の法案が検討されたこともあるが，自治体からの反発もあり国会提出には至っていない。過去には，公明党が地方選挙権付与法案を複数回国会提出した例があるものの，いずれも廃案や継続審議となっており，国政レベルの動きも停滞している。

外国籍住民に対する地方参政権の付与の問題については，それが「国を乗っ取られることにつながる」という発想で警戒心が呼び起こされ，冷静な議論を妨げているという側面もある。しかし，そもそも自治体レベルの住民投票投票権，地方参政権，国政選挙権という3つの問題は，異次元の政治システムにあり，それを整理して考える必要がある。政治や行政にかかわる権力と国籍をめぐる問題は単純ではない。本質的な議論の前提として，現代民主主義を担う市民の資質・能力を育成するシティズンシップ教育から始める必要があるようだ。

本の人権問題は国際人権機関から継続的に批判を受けているのが現状である。

自治体による人権対策は，大正期からの被差別部落の問題対策を源流にした「**同和問題***」の歴史が長い。1980年代に入って女性の社会的地位の向上，その後，男女共同参画が政策課題と位置づけられ，近年では**ジェンダー問題やLGBTQの問題***も加わり，ダイバーシティ（多様性）の視点からの施策推進が進んでいる。同性間の婚姻関係を証明する「パート

ン・ゲイ・バイセクシュアル・トランスジェンダーの頭文字L・G・B・Tに加え，自分の性がわからないというクエスチョニングと性的少数者を表すクィアの頭文字Qを加えた，セクシュアルマイノリティ全般を表す言葉。

ナーシップ制度」のような解決策も提示されつつあるが，主な取組は啓発事業にとどまり，問題解決策としては不十分である。

それでも，世田谷区が2018年に施行した男女共同参画・多文化共生の推進条例に含まれた「年齢・性別・国籍・障害の有無にかかわらず」多様な人々が自分らしく生きられる地域社会をつくるという，**ソーシャル・インクルージョン***推進の動きも見出され，普遍的な人権政策としても期待が高まる。

2　共生社会をどうつくるのか

政府が「移民政策」をとることなく，外国人労働者受入れ策を推進する方針は当面維持されることが見込まれ，これからも各地で外国人住民の増加や在留者層の多様化への現場対応が求められていくだろう。しかし，日本は長く民族的な同質性を重視し，歴史を振り返っても「**琉球処分***」のような「同化」政策を選択してきた。先住のアイヌ民族に対する差別解消と人権を保障した「アイヌ施策推進法」制定も2019年のことである。同質化を当然視してきた日本において「互いの文化の違いを認め合う」という多文化主義的な認識は，地域社会に容易に浸透しえない。一方，それをはるかにしのぐ勢いで外国人労働者やその家族の流入が進んでいる。それだけに西欧のような地域内に「民族コミュニティ」が分立する事態が懸念される。コミュニティの分立を回避するためには，異なる文化間の交流や社会の結びつきや共通性を重視する「**インターカルチュラリズム***」（間文化主義）の考え方をヒントに，「共通の価値」を見出していく試みを始める必要があるのかもしれない。

（谷本有美子）

＊ソーシャル・インクルージョン（social inclusion：社会的包摂）
社会的に弱い立場にある人々も含め市民一人ひとり，排除や摩擦，孤独や孤立から援護し，社会（地域社会）の一員として取り込み，支え合うという考え方。（⇔社会的排除）

＊琉球処分
広義には，1872年に明治政府がそれまで独自の王国体制をもっていた琉球王国に琉球藩を設置してから，1879年に沖縄県を設置する廃藩置県を行い，琉球王国が崩壊する時期までの一連の流れを指し，これにより琉球が日本の領土で，その人民を日本国民とする民族統一が図られた。

＊インターカルチュラリズム
多様性を尊重しつつ，異なる文化間の相互交流や共通の立場につながる取組を重視する考え方。国として多文化主義を掲げたカナダにおいて，フランス系住民の多いケベック州が取り入れた「インターカルチュラリズム」は，フランス語の重視や民主主義など7項目を，移民を含めたすべての人々が尊重すべき「共通の価値」と位置づけている。ケベック州の提唱の一人に社会学者／歴史学者で『間文化主義（インターカルチュラリズム）―多文化共生の新しい可能性』を発表したジェラール・ブシャールがいる。

第7章

男女共同参画

男女共同参画は，国と自治体がともに積極的に推進すべき重要な政策分野であると同時に，国全体の発展や地域社会の発展をめざして取り組まれている。その背景にあるのは，少子高齢化社会への対応や男女間格差の是正，社会の多様化・多元化の進展などである。男女共同参画は主に女性の社会参加の問題であるととらえられがちであるが，本章では，自治体における女性の公務参加を中心に男女共同参画を考える。

1 男女共同参画とは

1 男女共同参画の概念

「男女共同参画」とは何か。この問題に答えるために，まず1999年に制定された「男女共同参画社会基本法」（以下，「基本法」）をみる必要がある。基本法は21世紀到来間近に制定され，その名のとおり，男女共同参画政策の基本法となった。同法第2条では，「男女共同参画社会」が定義されているが，ここからは男女共同参画とは何かを概観することができる。

(1) 男女共同参画の概念図

基本法第2条第1号において，「男女共同参画社会の形成」は，「男女が，社会の対等な構成員として，みずからの意思によって社会のあらゆる分野における活動に参画する機会が確保され，もって男女が均等に政治的，経済的，社会的及び文化的利益を享受することができ，かつ，共に責任を担うべき社会を形成すること」とされている。この条文のポイントは以下の3点である。

第1に，男女の社会活動参画の機会の均等である。これは男女の社会的平等を基本とした上で，対等な社会構成員としての男性と女性の主体性がそれぞれ強調されている。さらに本章にとって重要なのは，「社会のあらゆる分野における活動」への参画の機会均等に関する記述である。男性も女性も地方公務員として**自治体公務***に参加する機会が法的に均等に

＊自治体公務
自治体の公務員が行う業務のこと。日本の男女共同参画社会の構築において，主に女性の自治体公務への参画に関しては，基本法第5条の「方針の立案及び決定」に共同して参画することが関連する。そのためには，幹部職員である管理職女性地方公務員の積極的登用が，男女共同参画を測る重要な指標の1つとして掲げられる。

保障されている点がここでは重要である。性別と関係なく，参加機会の平等を確保しようとすることが，男女共同参画を理解するための第１のポイントである。

第２に，男女の政治的，経済的，社会的および文化的利益の享受の均等についてである。両性の社会的参画・参加の均等的機会の保障も重要であるが，男女の利益の享受の均等も同法のもう１つの重要なポイントである。さらにその利益は経済的利益ばかりでなく，政治的，社会的，文化的利益にまで押し広げられているのである。

第３に，男女の責任の均等についてである。とくに，責任への言及は同法の重要なポイントである。男女共同参画社会の構築のためには，社会の対等な構成員として，男性も女性もともに責任を負う。男女共同参画の責任主体は両性それぞれである。本章で後述するように，自治体の男女共同参画にかかる具体的な措置のなかに，同法のこうした理念も反映されている。

こうした点をみるだけでも，基本法における男女共同参画の意味合いは広いことがわかる。すなわち，男女ともに「参画」する，いわゆる参加の機会の均等だけでなく，対等な利益の享受，さらにともに責任を担うことなどが含まれているのである。基本法が謳う男女共同参画社会の構築は，男女の参加の機会と利益における均等な権利や，ともに努力する共同責任から成り立っている。これにより，機会・利益・責任といった三位一体の男女共同参画の概念図が描かれているといえよう。

⑵　男女間格差と積極的改善措置

さらに，基本法第２条第２号においては「積極的改善措置」が規定されている。これはすなわち同条第１号に規定する「機会に係る男女間の格差を改善するため必要な範囲内において，男女のいずれか一方に対し，当該機会を積極的に提供すること」を意味している。この**男女間格差***の是正の積極的改善措置（**ポジティブ・アクション***）こそ，国や自治体を問わず，現在取り組まれている男女共同参画の基本的な内容となるものである。とくに女性による自治体の公務参加の機会の積極的提供措置が本章にとっては重要なテーマである。

＊男女間格差
男女の性別による社会的参加などの程度の差異を指す言葉で，今日主に女性の社会的参加の程度の低さを物語っている。世界経済フォーラム（WEF）が発表した2023年版の「ジェンダーギャップ報告書」によると，146カ国のなかで，日本のジェンダーギャップ指数は125位，主要先進国で最下位とされる。

＊ポジティブ・アクション
(positive action)
「積極的改善措置」ともいう。男女共同参画における女性の公務参加の場合は，資格任用制（メリットシステム）に基づく公務員試験による公平性の確保という消極的人事行政方策よりも，公務参加の機会の男女格差を解消するために，例えば女性にその機会を積極的に提供することは，ポジティブ・アクションそのものである。

2　男女共同参画社会推進の背景

日本は国・自治体を問わず，男女共同参画を推進している。その背景としては，さらに基本法に照らせば，以下のように整理することができよう。

⑴　**憲法理念への回帰**

戦後新しくつくられた日本国憲法は大日本帝国憲法と比較すると大きく変化した。具体的には，基本的人権の保障，個人の自由や権利の保障，個人の生命・自由・幸福追求に対する権利の尊重，法の下の平等などを挙げることができる（憲法第11～14条）。男女間格差是正の積極的改善方策を主要内容とする男女共同参画社会の推進はこうした憲法理念への回帰あるいはその実践そのものであろう。

⑵　**男女平等政策課題への対応**

基本法がその前文において，「なお一層努力が必要とされている」という形で率直に日本における男女平等の遅れを認めたことは評価すべきであろう。日本国憲法が戦後早々，性別による差別を否定したにもかかわらず，その状況はいまだに好ましい状況からはほど遠く，改善・是正の余地が存在している。すなわち，日本における男女共同参画はさらなる推進と一層の努力が必要な状況にある。とくに先進国入りした日本は，欧米先進国との比較ではその格差が一段と際立っており，さらなる努力が求められているところである。後述するように，日本が打ち立てた「社会のあらゆる分野において，指導的地位に女性が占める割合が，少なくとも30％程度になる」という数値目標も，実は欧米諸国の現実水準を参考にしたものである。

⑶　**少子高齢化政策課題の克服**

男女共同参画社会の実現は基本法前文において，「二十一世紀の我が国社会を決定する最重要課題」と位置づけられている。これは日本が深刻な少子高齢化段階にあること，社会経済情勢の急速な変化に対応していくことなどを背景としている。言い換えれば，高齢化や労働力不足などの**人口問題**[*]から，日本が女性の活躍によってその打開策を模索せざるを得なくなっているということである。男女共同参画は，日本の重要な成長戦略ともなっているのである。

⑷　**「多様な人材を生かすダイバーシティ経営の視点」**

本章の主題である女性による公務参加に言及しておくと，この視点はとくに地方公務員にとって重要である。圓生（2016：48）は「多様な人材を生かすダイバーシティ・マネジメントを進めることは，住民のニーズのきめ細かな把握，新

＊人口問題
人口変動は最も顕著に公共政策に作用する要素の１つである。日本の人口変動によって生じた大きな人口問題は，いわゆる少子高齢化という出生率の低下や人口の高齢化，およびこれに随伴する「自治体消滅」など様々な政策課題の要因となっている。➡第13章「人口減少社会と地方創生」

しい発想による政策対応や行政サービスの実現，政策の質や行政サービスの向上に役立つものと期待されている」と述べている。

3　自治体の法的位置づけ

(1)　多元的主体と自治体

男女共同参画の推進にかかる自治体の法的位置づけは基本法によって与えられている。これまで引用してきた基本法前文からもわかるように，男女共同参画は多様な主体によって推進されていくべきものであり，自治体は地方レベルの政府として，「国」すなわち中央レベルの政府や「国民」すなわち社会やその構成員である男性，女性とともに男女共同参画社会の構築に取り組む重要なメンバーである。もう一歩進んでいえば，自治体は男女平等の実現のために男女共同参画を計画的に能動的に推し進める主体なのである。

(2)　自治体の法的責務

男女共同参画における自治体の責務を明らかにすることは基本法の目的の１つである。自治体の具体的な責務が同法第９条に規定されている。すなわち，基本法では「基本理念にのっとり，男女共同参画社会の形成の促進に関し，国の施策に準じた施策及びその他のその地方公共団体の区域の特性に応じた施策を策定し，及び実施する責務を有する」と定められている。同法で自治体に求められているのは，男女共同参画における**全国政策基準***の達成と特色ある自治体政策の創造である。

＊全国政策基準
国が立案・制定した全国統一の政策目標達成基準であり，主として各自治体向けに作成されている。男女共同参画に関しては，基本法においてはあくまで全国統一基準に準ずるよう，自治体に求めている。

2　男女共同参画のあゆみ

1　男女共同参画政策

(1)　自治体の男女共同参画計画

自治体は男女共同参画社会の実現の観点からいえば極めて重要な存在である。なぜならば，女性公務員の構成からいえば，自治体の公務員の規模が国家公務員の規模を大幅に超えているからである。

基本法は自治体に明確な法的位置づけを与え，さらにその責務まで規定している。その上同法のなかでは，自治体である都道府県および市区町村それぞれに対し，責務をさらに細分している。

まず都道府県に関しては，国が策定した「男女共同参画基本計画」に即して，「都道府県男女共同参画計画」をつくるよう義務づけている（基本法第14条第1項）。都道府県が策定する男女共同参画計画は，①総合的・長期的な視点からの施策の大綱，②施策推進の総合計画からなる。

また，市区町村に関しては，国の基本計画や「都道府県男女共同参画計画」に即して，「市町村男女共同参画計画」をつくるよう基本法に定められている。都道府県の計画と異なり，計画の細目については基本法には定められていない。男女共同参画の推進に関しては，基礎自治体に一層の政策上の分権や自由度を与えたというようにも考えられる。

基本法を受けて，自治体においてはそれぞれの男女共同参画の基本計画が策定されている。当初の2001年4月の段階では，計画策定済みの市町村の比率は19.4%にとどまっていたが，その後徐々に拡大していった。2021年4月現在の自治体の男女共同参画実施状況調査結果によると，全都道府県と政令指定都市がすでに基本計画を策定済みとしており，8割以上の市町村において策定済みとなっている。さらに，関係条例の策定など大きな進展をみせているとのことである（内閣府男女共同参画局 2021）。

(2)　男女共同参画と女性の自治体公務参加

女性の公務参加に関しては基本法第5条に規定されており，具体的には「男女が，社会の対等な構成員として，国若しくは地方公共団体における政策又は民間の団体における方針の立案及び決定に共同して参画する機会が確保されること」とされている。

ここでのポイントは，性別の差別なく，男女ともに中央・地方政府さらに企業などの組織を問わず，その政策・方針の立案と決定に平等に参加する機会が与えられるべきだという理念が示されているところである。ここで注意したいのは**「参加」と「参画」***の表現の違いである。「参画」は「参加」よりもより積極的な表現であるが，ここでは，男女間格差が存在すればこれを改善することを目的として，「方針の立案及び決定」に「参画」すると述べられている。

ここでいう「方針の立案及び決定」への「参画」は，自治体の場合，地方公務員とくにいわゆる幹部職員である自治体の管理職公務員になることが前提となる。日本の男女間格差の実情に鑑みれば，自治体の管理職の構成と規模における女性の公務参加の拡充が重要である。では，男女共同参画にお

＊「参加」と「参画」
個人が社会に入り，活動することは一般に「参加」という言葉で表現されているが，男女共同参画の場合は「参加」ではなく，「参画」という言葉が使われている。これは，男女が対等に組織や団体などの計画や企画，政策設計・決定への参加が強調されているためである。

ける女性の自治体公務参加は男女共同参画の基本計画においてどのように規定されているのだろうか。

基本法に基づいてつくられた国の「**男女共同参画基本計画***」はこれまで第１次から第５次まで進められてきた。第５次までの国の基本計画をたどると，女性の公務参加に関しては，その促進のためのいわゆる積極的改善措置が徐々に講じられ，拡大してきたことがわかる。例えば第１次の「男女共同参画基本計画」では男女間格差是正のための主要な積極的改善措置である「**クオータ制***」が具体的に導入されていなかった。この導入は第２次基本計画以降である。

2005年12月の第２次基本計画においては，2020年に「社会のあらゆる分野において，指導的地位に女性が占める割合が，少なくとも30％程度になる」との数値目標が掲げられ，その実現のために「政府は，民間に先行して積極的に女性の登用等に取り組むとともに，各分野においてそれぞれ目標数値と達成期限を定めた自主的な取組が進められることを奨励する」とされた。その上に，自治体に対して，地方公務員への女性の積極的登用などを求めていた。

2010年の第３次基本計画においては，具体的に自治体の女性地方公務員採用などの増加数値の達成目標を明確化し，都道府県の地方公務員採用試験（上級試験）からの採用者を2015年度末までに30％まで，本庁課長相当職以上に占める女性の割合を2015年度末までに10％まで引き上げるよう求めていた。また，男女共同参画の重要な柱である男性地方公務員の育児休暇取得に関しては，同計画のなかでは，「地方公務員の男性の育児休業取得率」を2020年までに13％に達成するよう設定していた。

こうした男女間の格差の是正の項目をさらに細分化したのは2015年12月に策定された第４次基本計画からである。同計画のなかでは，都道府県と市町村それぞれの係長や課長などの役職ばかりでなく，都道府県警察官や消防職員に占める女性の割合も示され，女性の公務参加の推進がさらに一歩を踏み出した。この方式は2020年現在の第５次基本計画まで続いた。

基本法にしたがっていえば，自治体は国の基本計画に準じて各自の計画さらにその数値目標を作成すべきであるが，総務省の調査結果によれば，女性公務員の登用ばかりでなく，育児休暇取得率などについて，現実には国が求めている目標

＊男女共同参画基本計画
2000年12月に閣議決定され，いわゆる第１次基本計画となる。その後第２次から，第５次まで制定された。閣議決定年月はそれぞれ2005年，2010年，2015年，2020年の12月である。基本計画はいわば５か年計画であり，５年ごとに目標達成基準などを更新するようになっている。第５次基本計画のタイトルには，「すべての女性が輝く令和の社会へ」という副題がつけられた。

＊クオータ制（quota system）
一定の比率による割り当て制度である。ここでは主に男女間格差を是正する積極的措置として，女性の公務参加を促進するために，公務員（とくにその管理職）の一定数を女性に割り当てる制度である。女性の公務参加だけでなく，議員の選出や障害者の就職など，いわゆる社会的少数集団の参加促進の方策としても一般に行われている。

値を超える目標設定状況も存在しており，男女共同参画をめぐる自治体政策が活発化しているのではないかと思われる（総務省自治行政局公務員部公務員課女性活躍・人材活用推進室 2017）。

2　男女共同参画の推進体制

⑴　男女共同参画会議

基本法の「第三章　男女共同参画会議」では内閣府に「男女共同参画会議」の設置が定められている。2001年の中央省庁等改革の際にこの会議は設置された。同会議の主な役割は①国が定めようとする「男女共同参画基本計画」について，内閣総理大臣に意見を具申すること，②男女共同参画の基本方針・基本政策・重要事項について，調査審議し，内閣総理大臣や関係大臣に意見を具申すること，③国の男女共同参画政策の推進を監視し，その影響を調査し，内閣総理大臣などに意見を具申することとされている。

要するに国の「男女共同参画基本計画」については，内閣総理大臣が男女共同参画会議の意見を聞いた上で制定・公表するということになっている。基本法では，同会議は議長と会議メンバーである「議員」が24人以内の体制で構成されること，内閣官房長官がその議長となることとされている。「議員」については国務大臣のほか，半数かそれ以上の有識者も含まれている。とくに重要なのは，有識者の「議員」に関して，「男女のいずれか一方の議員の数」はその「総数の十分の四未満であってはならない」と定められている点である。男女共同参画推進の重要主体である「男女共同参画会議」から男女間格差を取り除こうとしているということである。

⑵　自治体の推進体制

男女共同参画を担当する**内閣特命担当大臣***，内閣府にある**男女共同参画局***のほか，女性の公務参加の促進機関が国にはもう１つ存在している。それが総務省自治行政局公務員部公務員課女性活躍・人材活用推進室である。同室は，女性地方公務員の活躍を推し進めるために設置された専門機関である。自治体の場合，女性の公務参加の専門推進機関は多くは人事部門であり，男女共同参画の全体推進に関してはさらに連絡会議や諮問機関・懇談会・協議会などが存在している。日本の男女共同参画の発展過程をたどるためにはこうしたと

＊内閣特命担当大臣
2001年の中央省庁等改革をきっかけに，「内閣府設置法」（1999年法律第89号）に基づいて男女共同参加社会の形成を促進するために男女共同参画担当大臣が内閣府特命担当大臣として設けられた。その主な責務は関係事項の計画と調整である。2014年以降，内閣に女性活躍担当大臣が新設されている。

＊男女共同参画局
内閣府の内部部局であり，国レベルから具体的に男女共同参画の推進を担っている政府機関である。同局のなかに調査室をもつ総務課のほか，推進課と男女間暴力対策課も設置されている。

ころにも注目しなければならない。

女性の公務参加の自治体推進体制としては，北九州市の事例を挙げておきたい。同市は，2008年に市長・副市長・局長等からなる「女性活躍推進本部」を設置，専任部署として人事部内に「人材育成・女性活躍推進課」を設け，第1期「女性活躍推進アクションプラン」を策定した。2015年，横断的専門部署である「女性の輝く社会推進室」を総務局に設立した（総務省自治行政局公務員部 2019：21）。

3　男女共同参画の達成状況

ここではクオータ制に注目し，自治体における女性の公務参加の達成状況についてみておこう。

まず都道府県における女性の公務参加であるが，成果目標の完全達成はないが，女性公務員の採用や各役職段階に占める幹部職員の女性の割合が成果目標値に近づいていることがわかる。また，市町村の場合は，都道府県と比較して，成果目標の達成ぶりはさらに顕著である。特筆すべきなのは，市町村職員の各役職段階に占める女性の割合がほぼ全部目標達成している点である。なお，消防職員に占める女性の割合はまだ成果目標を達成していないとされているが，都道府県警についてはすでに成果目標を達成している。**表7-1**はこうした状況を部分的に現わしているのである。

3　男女共同参画の課題

1　自治体の階層間格差の課題

自治体間の成果目標の達成状況から明らかであるように，自治体における女性の公務参加については，広域自治体である都道府県より，基礎自治体である市区町村のほうが成果目標の達成度が高い。都道府県は，女性幹部職員などの積極登用の課題を抱えており，今後一層の努力が必要となるだろう。

2　男女共同参画の理念の課題

基本法を検証する場合，その政策目標の課題もある。男女共同参画は戦後において努力が払われてきており，その原則は日本国憲法が謳う男女平等という高邁な基本的人権理念の実現にあった。ここからいえば，少子高齢化対策としての男女共同参画の位置づけはその本来の目的を矮小化していると

表7-1　女性・自治体公務参加の成果目標の最新達成状況

基本計画	項目	成果目標（期限）	達成状況（年度）
第5次基本計画にみる成果達成状況	都道府県職員の各役職段階に占める女性の割合		
	本庁係長相当職	30%（2020年度末）	22.6%（2020年）
	本庁課長補佐相当職	25%（2020年度末）	20.4%（2020年）
	本庁課長相当職	15%（2020年度末）	12.2%（2020年）
	本庁部局長・次長相当職	10%程度（2020年度末）	7.0%（2020年）
	市町村職員の各役職段階に占める女性の割合		
	本庁係長相当職	35%（2020年度末）	市町村35.0% 政令指定都市26.5%（2020年）
	本庁課長補佐相当職	30%（2020年度末）	市町村29.2% 政令指定都市22.6%（2020年）
	本庁課長相当職	20%（2020年度末）	市町村17.8% 政令指定都市16.9%（2020年）
	本庁部局長・次長相当職	10%程度（2020年度末）	市町村10.1% 政令指定都市10.8%（2020年）
	地方公務員の男性の育児休業取得率	13%（2020年）	8.0%（2019年度）

（出所）「男女共同参画基本計画」（第4，5次）に基づいて筆者作成。

いわざるを得ない。成長戦略としての男女共同参画の推進に至ってはその問題性は決して小さくはない。

3　代表的官僚制理論の導入の課題

女性の公務参加については，「**代表的官僚制理論***」という観点からの議論もある。これは公務参加における男女間格差是正のための指導的理論である。代表的官僚制理論では，公務の世界つまり官僚制にも性別の均等的構成や女性の代表性といった考えを取り入れるべきであり，女性による公務参加が**女性の政治参加***，つまり政治の世界における性別の代表性の強調と同様に重要であると主張されている。基本法の理念に基づく自治体における女性の公務参加を踏まえた政策・方

＊代表的官僚制理論（representative bureaucracy）　イギリスの学者であるD.キングスレー（Donald Kingsley）によって提唱され，世界的に広がった。西尾勝によると，メリットシステムつまり資格任用制という消極方策に対し，公務員の採用や登用などにおいて「社会の構成を公正に反映」することを基本的な考え方として，クオータ制の導入など積極方策が講じられる（西尾 2001：141-142）。

＊女性の政治参加
日本の民主政は，選挙によって選出された議員が有権者を代表して政治を行う間接民主制である。そのため，政治の世界は選出された政治家・議員の代表性が強調される。これに対して公務参加，すなわち公務員の世界はこれまでメリットシステムの原則が強調されてきた。➡第2章「地域民主主義」

▶▶ *Column* 8　日本の自治体の女性公務員は多いのか少ないのか ◀◀

もし中国の学生たちに「日本の女性地方公務員も多いですよ」と話したら，多くの人が驚くであろう。なぜならば，一般的な印象としてはいまだに日本の女性の社会的進出が遅れていると理解されているからである。

日本の女性公務員の数が多いのか少ないのかについては，やはり比較が必要である。中国は現在，日本の人事院が毎年発行する『公務員白書』といったものが存在しないため，公務員の数はあまり知られていない。公務員数に関する最新の統計発表では，2016年末時点で，中国の公務員の総数は約716万人とされている。

2018年末の発表では，公務員総数の情報はないが，女性公務員数などが含まれている。2006年と比較して，2017年，大卒以上の公務員が全体を占める比率は43％から71.9％へと増加し，公務員における学歴構成は向上したといえる。また，35歳以下の公務員の比率は25.6％から27.8％へと微増した。肝心な女性公務員の比率は22.8％から26.5％まで増えたが，依然として低い。

中国と比較すると，日本の女性公務員の比率は低くない。例えば，2020年度の日本の国家公務員一般職における女性の比率は21.5％に対して，地方公務員の場合は2018年に39.6％となる。ただこれだけですぐには中国の女性公務員の構成が日本ほどではないと簡単に結論づけることができない。その理由の１つは公務員の範囲の違いがある。

とくに日本の自治体の場合，義務教育担当の公立学校の教員など公共サービスを直接提供する公的部門人員も公務員として集計されている。中国はこれらの職員を公務員の範囲に含んでいないため，日本とは一律に比較できなくなっている。したがって，日本の女性公務員の数は多いのか少ないのかという問題を論じようとすると，さらなる量的研究による比較が必要である。

ちなみに，世界経済フォーラム（WEF）から発表された2023年版の『ジェンダーギャップ報告書』では，146カ国のなかで，日本のジェンダーギャップ指数が125位，中国は107位である。両国ともに一層の男女共同参画政策を進めていく立場に置かれているということについては違いはないようである。

針決定過程への女性の参画の拡大は第１次男女共同参画基本計画でも謳われていた「民主主義の成熟を促すもの」ととらえられるべきものであり，代表的官僚制理論に通ずるところも多い。このような観点からも男女共同参画政策の目的の明確化も期待できるのではないかと考えられる。

4　男女共同参画対策の実施の徹底の課題

国と地方を問わず取り組まれてきた男女共同参画政策の推進は，本章で論じたような自治体における女性の公務参加だけをとってみれば，大きな成果を上げたと評価できる。それと同時に，さらなる男女共同参画社会の高みをめざすためには，政策上の工夫も必要である。現在の地方公務員の男性の育児休暇取得率の低さに鑑み，自治体の女性幹部職員を重要ポストに回す人事管理など，現存の対策の実施の徹底がさらに重要ではないかと考えられる。

（白　智立）

III 地域社会のサービス

第8章 福祉のサービス

戦後，日本の福祉政策では長らく措置制度が続いてきた。措置制度とは，限られた財源を行政権限で効果的に配分するものであり，福祉が限られた人々のニーズに対応していればよい時代にはうまく機能してきた。しかし，現代では福祉が対象とするのは自治体の多くの市民である。それらの人々のニーズに的確に応えていかなければならない時代には，措置制度は転換を求められるようになった。この流れは「措置から契約へ」と表現されている。このことと同時に進行してきたのがナショナル・ミニマムからシビル・ミニマムへの変化であった。

1 自治体福祉政策の体系

1 自治体の福祉財政

都道府県や市町村の福祉に関する歳出予算は「民生費」と呼ばれる。自治体は，地域内の福祉の充実を図るため，児童，高齢者，障害者等のための福祉施設の整備や運営，そして公的扶助（生活保護）業務などを実施している。

総務省自治行政局（2021）によれば，全国自治体の民生費の合計額は28兆6338億円である。なお，全国自治体の普通会計の決算額は，125兆5億円であり，民生費が占める割合は22.9％と最も多くなっている。

2 自治体で働く福祉関係職員

自治体福祉職員の数はどうであろうか。総務省自治行政局（2022）によれば，2022年4月1日現在，自治体の一般行政部門（教育・公営企業・警察・消防を除いた数）の職員数は，93万7510人である。その内訳を部門別にみると，民生関係が23万9905人（25.6％）と最も多く，総務・企画関係が22万2718人（23.7％）と続いている。

こうしてみると，自治体における仕事のうち福祉関係の予算，職員数はそれぞれ最も大きいことがわかる。その割合はそれぞれ約4分の1を占めている。

3　措置から契約へ

自治体福祉政策のうち，高齢者福祉に関する本格的な計画は，1989年に策定された「高齢者保健福祉推進10カ年戦略」（通称「**ゴールドプラン***」）が嚆矢であった。この計画は当時，来るべき高齢社会に対し，厚生省，大蔵省，自治省の合意に基づき計画された。同計画の期間は10年で，財政規模は6兆円以上であり，計画の具体的な内容は，高齢者施設の整備，在宅福祉対策の強化，福祉人材の拡充などであった。

これ以降，福祉の分権化，社会福祉法の改正（2000年），介護保険制度の導入（2000年）などが重なり，福祉計画の策定主体が国から自治体へとシフトしていった。これは，住民に身近な行政サービスは基礎自治体が実施するべきであるという考え方に基づいていた。

とくに第1次地方分権改革と同時並行的に整備されていった介護保険制度では，保険者が市町村とされ，介護保険料の決定も市町村に委ねられることとなった。これを受け，各自治体では，地域の高齢者数の推移，要介護・要支援者の推計，地域内の社会資源等を緻密に推計することが求められた。

それまでの自治体の福祉現場では，目の前の福祉ニーズの解決に取り組むことが主な業務であり，計画にはあまり取り組んでこなかった。また，戦後長らく続いた福祉分野における「**措置制度***」は，限られた財源を行政権限で効果的に配分するものであったが，**社会福祉基礎構造改革***によって福祉サービス利用者と提供者が対等な関係で契約を締結するというスタイルに変更されていった。これを**「措置から契約へ」***という。

社会福祉基礎構造改革とは，世紀転換期において，「措置から契約へ」の改革理念の下，社会福祉事業法をはじめとする関連法を改正し，それまでの福祉政策のあり方を大きく変更しようとするものであった。その背景には，かつては福祉サービスを受給する人々は低所得者に限定されてきたが，現代では普遍的に誰もが福祉サービスを享受するようになったという時代の変化があった。

4　自治体福祉計画

続いて自治体が策定する「**地域福祉計画***」を概観しよう。地域福祉計画は，2000年の社会福祉法改正に伴い創設された

＊ゴールドプラン
1989年のゴールドプランの登場以降，1994年にはこれを全面改定した新ゴールドプランが登場した。新ゴールドプランでは2000年4月に導入された介護保険制度を踏まえ，在宅介護の強化（ホームヘルパーや訪問看護ステーションの強化）が打ち出された。さらに1999年には活力ある高齢者や自立支援，支え合う地域社会の形成などを謳ったゴールドプラン21も策定された。

＊措置制度
2000年以前は，すべての福祉サービスが「措置制度」によって運営されていた。これはいわゆる「行政処分」であり，利用者に福祉サービスの選択権はなく，行政が決定したサービスを受けるしかなかった。こうした状況から「福祉はお上からの施し」というイメージがつきまとい，福祉サービスを受けるのを躊躇させてしまうこともあった。2000年以降は社会福祉基礎構造改革により「措置から契約へ」とサービス提供方法が変わった。

＊社会福祉基礎構造改革
1990年代後半から，今後増大・多様化が見込まれる国民の福祉需要に対応するため，これまでの「措置制度」について政府の見直しが行われ，行政処分によりサービス内容を決定する措置制度から利用者が事業者と対等な関係でサービスを選択する利用制度へと転換された。保育，介護，障害福祉分野で採用された。

＊「措置から契約へ」
社会福祉基礎構造改革の中

ものであり，策定主体は市町村および都道府県である。

市町村は，市町村地域福祉計画において，主に次に掲げる事項を策定するよう努めるものとされている。

①地域における高齢者の福祉，障害者の福祉，児童の福祉その他の福祉に関し，共通して取り組むべき事項

②地域における福祉サービスの適切な利用の推進に関する事項

③地域における社会福祉を目的とする事業の健全な発達に関する事項

④地域福祉に関する活動への住民の参加の促進に関する事項

なお，社会福祉法では市町村は地域福祉計画を策定したり，変更したりするときは，あらかじめ地域住民等の意見を反映させるよう努めることとされている。これに対し都道府県は，市町村地域福祉計画の達成に資するため，より広域的な見地から，都道府県地域福祉計画において，主に次に掲げる事項を市町村の地域福祉の支援に関する事項として策定することとされている。

①市町村の地域福祉の推進を支援するための基本的方針に関する事項

②社会福祉を目的とする事業に従事する者の確保又は資質の向上に関する事項

③福祉サービスの適切な利用の推進及び社会福祉を目的とする事業の健全な発達のための基盤整備に関する事項

④市町村による事業の実施の支援に関する事項

核となる考え方。行政が救済する（措置行政）という考え方を原則として廃止し，福祉サービスを民間事業者と契約者との関係を中心とするものに変えていこうというもの。介護保険制度において典型的にみられる。当時，福祉の分野に市場原理を導入する大きな転換として注目された。

＊地域福祉計画

厚生労働省（2022）によれば，2022年４月現在の策定状況は，1741市区町村のうち「策定済み」が1476市区町村（82.9%）となっている。市区部では「策定済み」が95.1%であるのに対し，町村部では75.7%である。なお，都道府県については全て策定済みである（「市町村地域福祉計画策定状況等の調査結果概要」2022年４月１日）。

5　福祉事務所と福祉専門職

(1)　福祉事務所の組織

各自治体には福祉行政を運営する組織として「福祉事務所」が設置されている。「福祉事務所」は，役所内のそれぞれの部署を束ねた総称を意味する用語であり，社会福祉法第14条に規定されている「福祉に関する事務所」を指す。

福祉事務所は，生活保護法，児童福祉法，母子及び父子並びに寡婦福祉法，老人福祉法，身体障害者福祉法及び知的障害者福祉法に定める業務を所掌している。これらは「福祉六法」と呼ばれている。福祉事務所は，都道府県，市，特別区では設置が義務づけられている。町村の設置は任意である。2022年４月現在，福祉事務所は全国の1250か所に設置されて

いる。

(2)　福祉事務所の業務内容

福祉事務所の業務内容は設置者によって異なる。市区町村が設置する福祉事務所の場合，生活保護法，児童福祉法，母子及び父子並びに寡婦福祉法，老人福祉法，身体障害者福祉法，知的障害者福祉法の各法で定められている援護・育成・更生に関する事務のうち，市町村が処理するものを所掌する（社会福祉法第14条第６項）。都道府県の福祉事務所では，同じく都道府県が処理することとされているものを所掌する（同第５項）。

なお，福祉事務所が設置されていない町村については，都道府県の福祉事務所が，老人福祉法，身体障害者福祉法，知的障害者福址法の各法に定められた事務を行っている。

(3)　配置される福祉専門職員

自治体の福祉専門職はどのような配置状況になっているのだろうか。一般論としていえば，大きな自治体では福祉専門職の採用が行われているものの，基本的には一般行政職として採用された職員のなかから福祉事務所に配属されることとなる。福祉事務所に配属される職員は，業務内容によりそれぞれ異なる法律の下で行政活動に従事する。主な専門職は**表8-1**のとおりである。なお，これらの専門職は，「社会福祉主事」任用資格保持者であることなどが条件となる。

2　自治体福祉政策のあゆみ

第2節では，明治期から戦後の福祉体制を概観し，現在の自治体福祉体制に至る流れをみておこう。

1　恤救規則（じゅっきゅう）

明治政府は，富国強兵・近代的産業の保護とその育成を図る政策を強力に推進した。その時期の代表的な公的救済制度は，1874年12月に公布された「**恤救規則***」である。この時期の貧困救済は，人々の間のお互いの同情心によって行うのが前提であるが，誰にも頼ることができない困窮者だけはその救済の対象として，食糧代を支給するというものであった。

恤救規則では，極貧で障害をもった独身者や70歳以上の独身重疾病者で生業が不可能な者，13歳以下の幼年独身者など対象者を厳しく限定するとともに，貧困に陥ったのは個人に原因があるとする考え方が基本であった。

＊恤救規則
日本初の救貧法あるいは日本の福祉関係法の出発点とされる。明治初頭（1874年）から救護法が登場するまで継続した。

表8－1　自治体の福祉専門職

名称	根拠	概要
生活保護ケースワーカー	社会福祉法	生活保護受給者（病気や高齢，貧困で生活に困っている人々）に対し，福祉事務所で一人ひとりの問題（ケース）について相談を受け，必要な支援を行う。
身体障害者福祉司	身体障害者福祉法	身体障害者に対する福祉制度の相談対応，身体障害者援護についての関係機関との連絡調整などを行う。自立支援医療の要否判定なども行う。
知的障害者福祉司	知的障害者福祉法	知的障害者に対する福祉制度の相談対応，利用できる社会資源の整備と活用，関係行政機関等との連絡調整などを行う。
老人福祉指導主事	老人福祉法	福祉事務所内の他の職員に対し，老人の福祉に関する技術的指導を行い，専門的技術をもって老人福祉に関する相談，調査，指導，給付などの業務を行う。
家庭相談員	「家庭児童相談室の設置運営」について「厚生事務次官通達」	福祉事務所が行う家庭児童福祉に関する業務のうち，専門的技術を必要とする業務を行う。心身障害児や発達，言葉の遅れ，非行の問題を抱える児童，学校における人間関係など児童を取り巻く環境改善に向けての指導を行う。

（出所）　筆者作成。

2　救護法

大正期には，米騒動や，昭和期に入ってからの国内における資本家と労働者の構造的な対立により，政府も貧困の原因は個人にあるという考え方を改めざるを得なくなった。また，恤救規則の抜本的改正が強く求められるようになり，1929年には「**救護法***」が制定されることとなった。

救護法の救済の対象とされたのは，①65歳以上の老衰者，②13歳以下の幼者，③妊産婦，④不具廃疾，疾病，傷病その他精神又は身体の障害により労務を行うに故障のある者であった。すなわち14歳から64歳の者は，労働能力がある限り対象外であった。また，除外項目として，扶養義務者が扶養することのできる者は救護しないこととされていた。救護に要する費用も明記され，いったん市町村が全額支弁した後，国が２分の１，都道府県が４分の１を補助することとされていた。

救護法では，救護の実施機関，貧困者を収容する施設，費用負担，救護の種類等が定められていた。しかしながら，失

＊救護法
救護法は関東大震災や昭和金融恐慌による生活困窮者の急増を前提に，恤救規則の救済対象の拡大をめざし，1929年に登場した（この年には世界恐慌も起きている）。しかし，財源不足から実施時期は未定となり，救護法実施促進運動が起きたり，全国の方面委員（民生委員の前身）による請願（救護法実施請願ノ表）が上奏されたりもした。競馬の収益による財源捻出によって施行されることとなったのは1932年になってからのことであった。救護法は旧生活保護法が登場するまで継続した。

＊旧生活保護法
1946年9月9日制定。第1条では「この法律は，生活の保護を要する状態にある者の生活を国が差別的又は優先的な取扱をなすことなく平等に保護して，社会の福祉を増進することを目的とする。」とされていたが，勤労の意思のない者，勤労を怠る者，その他生計の維持に努めない者や，扶養義務者が扶養をなし得る者（急迫した事情がある者を除く）については保護しないものとされていた。

＊新生活保護法
1950年には旧生活保護法は全面改正された。新生活保護制度では，ナショナル・ミニマムを体現する憲法第25条（「すべて国民は健康で文化的な最低限度の生活を営む権利を有する。」）を具体化し（第3条），国家責任を明確化し（第1条），旧生活保護法にあったような差別を禁じ（第2条），不足分を生活保護が補うものとするという「保護の補足性」（第4条）という点が明確にされた。

業による困窮者は対象外とされており，また被救護者に保護請求権は認められていなかった。

3　福祉三法から福祉六法体制

1945年，日本は敗戦により国民の大多数が深刻な窮乏状態におちいった。戦災者や引揚者に対する公的な需要が急激に増加するなかで，GHQ は日本政府に対し，**旧生活保護法**＊の制定を求めた。これを受け，旧生活保護法は1946年に制定された。

しかしながら，生活保護の保護請求権は，個々の要保護者には積極的に認められなかった。また，救護法にもあった扶養能力をもった扶養義務者がいる場合は保護しないという規定も残された。このことから，生活保護法の改正が議論されるようになった。1950年3月には，**新生活保護法**＊が制定され，現在に至っている。

この間，戦災孤児や浮浪児対策として児童福祉法（1947年）が制定されていた。また，戦争で傷ついた傷痍（しょうい）軍人を支援する目的で身体障害者福祉法（1949年）も制定されていた。

生活保護法，児童福祉法，身体障害者福祉法という3つの法律は「福祉三法」と呼ばれた。その後，日本経済の発展に伴う福祉ニーズの増大に対応するため精神薄弱者福祉法（現・知的障害者福祉法）（1960年），老人福祉法（1963年），母子福祉法（現・母子及び父子並びに寡婦福祉法）（1982年）が制定された。こうして現在の「福祉六法」体制が成立していった。

4　地方分権後の自治体福祉

さらにその後も福祉政策の充実に向けた見直しは続いていった。大きな転換点となったのは，先にも触れた社会福祉基礎構造改革であった。社会福祉基礎構造改革は，「措置から契約へ」という流れと，第1次地方分権改革の影響を受けながら自治体の福祉政策にも大きな影響を与えていった。

第1次地方分権改革の結果として自治体の事務区分は，法律に基づき一定の国の関与が残される「法定受託事務」とそれ以外の「自治事務」という2類型に整理された。福祉行政については，生活保護事務の一部や福祉手当，社会福祉法人の認可を除き，そのほとんどの事務が自治体の裁量が大きい「自治事務」となった。このことは，福祉政策における自治体の責任が重くなったことを意味する。

3　自治体福祉政策の課題

1　職員の専門性

第１次地方分権改革にも関連するが，自治体には「**社会福祉主事***」という資格が存在する。これはどのような資格なのか。

社会福祉主事は，大学で厚生労働大臣が指定した科目のうち，３科目以上履修し卒業した者が要件となっている。ここから社会福祉主事は「３科目主事」とも呼ばれる。その科目は福祉専門科目が多いが，「経済学」や「行政法」等，福祉と直接関係ない科目もある。

また，社会福祉法には「年齢18年以上の者であって，人格が高潔で，思慮が円熟し，社会福祉の増進に熱意があり」という規定が登場するが，実際に福祉事務所の現場をみても，福祉系ではない新規採用職員が，最初に福祉事務所に配置されることもめずらしくない。とくに生活保護のケースワーカーは社会福祉主事任用資格があれば実務経験は問われない。

福祉ニーズを抱える人々の大半は高齢者や社会的弱者であり，福祉サービスに至るまでの間において，解決できない多くの問題を抱えた人も多い。そういう人々の支援に携わるには，社会福祉法に謳われているように，人格が高潔で，思慮が円熟し，社会福祉の増進に熱意を備えた職員が対応するべきであろう。

2　福祉専門職の採用

自治体の福祉政策は，第１次地方分権改革により，自治体自らが考え，政策を立案し，住民の福祉ニーズに的確に対応することが求められるようになった。第１次地方分権改革以前は国の関与が強く，相対的に自治体が判断を下すことは少なかったといえる。

他方，地域社会における福祉ニーズは，格差社会，少子高齢化等，社会構造の変化に伴い複雑化している。課題解決にあたる福祉専門職にはそれらに対応する能力が求められよう。

こうした課題解決のため，自治体においては一般行政職とは別にスペシャリストとしての福祉専門職の採用を拡大する必要があるという考え方もある。都道府県や政令指定都市で

＊社会福祉主事
社会福祉主事は1950年に登場した任用資格である。実際に業務を行うためには地方公務員試験を受験しなければならない。社会福祉法第18条では，「都道府県，市及び福祉に関する事務所を設置する町村に，社会福祉主事を置く。」とされている。当初はいずれも必置とされていたが，1985年の「地方公共団体の事務に係る国の関与等の整理，合理化等に関する法律等の施行について」（各都道府県知事・各指定都市あて厚生省社会局長・児童家庭局長通知）において，「その職務が一般的な法施行事務等であること」や「社会福祉事業法制定当時に比し都道府県等本庁の事務執行体制が充実してきたこと」に鑑み，都道府県については必置ではなくなった。ただし，福祉事務所では現在でも必置である。業務は，現業員，査察指導員，老人福祉指導主事，家庭児童福祉主事，家庭相談員，母子相談員，知的障害者福祉司，身体障害者福祉司，児童福祉司，生活指導員などである。

はおおむね福祉職が採用されている。なかでも東京都や特別区では，受験に際し国家資格である**社会福祉士***資格を条件としている。他の自治体では社会福祉主事の任用資格を条件としているところが多い。採用試験の科目にも福祉系の大学で学ぶ科目が課されており，専門職として一定の能力を備えた人物を採用できる体制になっている。

しかしながら上記以外の自治体では，福祉専門職としての採用試験を実施している自治体は少ない。その理由としては，大規模な自治体であれば福祉職として専門性を活かした人事異動ができる部署が多く存在するが，小規模自治体ではそれが困難であるからである。

こうした状況を改善するためには，自治体間の人事交流を活性化させ，**自治体の区域を超えた人事異動できる仕組み***を構築することなどが考えられる。

＊社会福祉士
「専門的知識及び技術をもって，身体上若しくは精神上の障害があること又は環境上の理由により日常生活を営むのに支障がある者の福祉に関する相談に応じ，助言，指導，福祉サービスを提供する者又は医師その他の保健医療サービスを提供する者その他の関係者との連絡及び調整その他の援助を行なうことを業とする者」である（社会福祉士及び介護福祉士法第2条）。業務独占ではなく名称独占の国家資格となっている。

＊自治体の区域を超えた人事異動できる仕組み
例えば，社会福祉法の第14条では「町村は，必要がある場合には，地方自治法の規定により一部事務組合又は広域連合を設けて，前項の事務所（福祉事務所）を設置することができる」とされている。この規定を活用し，一部事務組合等の広域的な仕組みを活用することが考えられる。

3　少子高齢社会における自治体福祉行政

日本の福祉政策を含む社会保障の仕組みは，人口が増加する1960～1970年代にデザインされた制度が多かった。しかし日本社会の人口動態は，おおむね2010年を境にピークアウトしている。

現代の日本では，生産年齢人口が減少する一方，高齢者の割合が増え続けている。年金制度，医療制度，介護保険等の仕組みは急速に進む人口動態に十分対応しきれていない。このことは，負担する側とされる側のバランス（受益と負担のバランス）が取れなくなってきていることを意味している。実際に国民健康保険，国民基礎年金，介護保険には公費が50％ほど投入されている。福祉政策そのものに目を転じると，財政問題と福祉を担う人材の問題がわれわれの前に大きく立ちはだかっている。

こうした状況を踏まえつつ，2000年の社会福祉法改正においては「地域福祉」という言葉がキーワードとなった。地域住民の力を借りて，地域の福祉問題に立ち向かおうというのである。

定年退職した高齢者のなかには，企業時代に培った経験が蓄積されている。これを地域内の自治会活動で活かしてもらったり，元気な高齢者が独居の高齢者を見守ったり，子育て経験のある高齢者が若い母親の育児相談に乗るなどの取り組みが期待されている。そのような社会が実現することで，

▶▶ *Column* 9　貧困とはどのような状況か ◀◀

貧困とはどういう状態を指すのか。困窮状況は千差万別であり，とらえ方も主観的要素が強い。一般的には，住む家がなく，食糧が乏しく，満足に着るものがない。そして，病気を患っても適切な医療が受けられない状態などが考えられる。

一方，いわゆる「清貧」思想のように，私欲を捨てて，質素な生活を心がけるべきという考え方もある。しかし，「清貧」の意味としては，生活は貧しくとも，欲を出さず心清らかで生活することであろう。ここでいう貧困すなわち「赤貧」（極端に貧しく，何もない状態）とは違うと考える。

また，人間が生存していく上での最低生活水準を，栄養学や生活科学に基づき必要最小限度の食糧と生活必需品等を算出根拠とする「絶対的貧困基準」という考え方がある。

これに対して，単に生物学的に肉体を維持するだけでなく，人として社会で，親類や友人との付き合いが保障され，文化的にも一般世帯と遜色のないレベルを維持でき，人としての尊厳が守られる生活基準を指す「相対的貧困基準」という考え方もある。

これ以外にも一国の貧困格差を表す「ジニ係数」や貧富の差に関係なく様々なスタートラインに立つことのできる「機会の平等」などという基準もある。

なお，日本の三大随筆である徒然草には「人の身でやむをえず用意するものは，第一に食べる物，第二に着る物，第三に住む所である。人として生きる上で大事なことは，この三つには過ぎない。餓えず，寒くなく，風雨に冒されないで，心穏やかに暮らすのを楽しみとするのだ。ただし，人はみな病気がある。病に冒されれば，その苦しみは堪え難い。医療を忘れてはならない。薬を加えて四つの事を得られないのを貧しいという」（大伴 2007：189-191）と冒頭のイメージに戻ってくる。その上で現代的に定義しなおすと「主に経済的な欠乏及び人的資源のつながりの希薄によって，最低限度の生活水準を保つことができず，一個人及び世帯の努力ではその困窮状況が解決できない状態で，その状態が一時的または恒常的に続き，何らかの介入を加えなければ回復が見込めず，現状を維持することが困難であるとともに将来に向けて悪化が懸念される状態」が貧困状態といえるのではないだろうか。

自治体の福祉政策は，そのニーズへの対応のすべてを行政が必ずしも担わなくともよいということになるのかもしれない。この問題は，シビル・ミニマムとして，それぞれの住民，地域社会，そして自治体が自分自身の問題として考えていかなければならない課題である。

これからの自治体福祉政策には，地域の福祉力を高めるため福祉ニーズを求める人々と，何らかの社会貢献を考えている人々をうまくつなぐコーディネーター能力が求められている。地域内の貴重な人材を社会資源として組織化し，「共助」の仕組みを強化することが，地域共生社会の実現にもつながるだろう。

ちなみに「共助」とは，阪神淡路大震災以降，「自助」「共助」「公助」という形で使われるようになった。1990年代はもっぱら災害関係で使われていたが，その後，福祉の分野などでも使われるようになっている。「自助」とはみずから自分の問題を解決すること，「共助」とは隣近所やコミュニティ等での相互扶助のこと，「公助」とは公的な支援のことを意味する。「自助」→「共助」→「公助」の優先順位を意味するものであるともされている。この考え方は地方分権改革の際の「**補完性の原理***」にも近い。

＊**補完性の原理**
➡第１章「自治体再構築」❶ 3，第３章「中央地方関係」❹ 1

さらに，近年の地域包括ケアシステムにおいては，自助と共助の間に「互助」（ボランティア活動・住民組織の活動）も加わるようになった。

そして，現実にそれらを進める自治体福祉職員は，地域福祉，地域住民を人知れず支える縁の下の力持ちという存在でありとてもやりがいのある仕事である。誇りをもって職務を遂行していくことが強く求められる。

（元田宏樹）

第9章

教育のサービス

教育は，ほぼすべての国民に対して行われる**行政サービス***としてとらえることができ，この際に国民はサービスの受益者となる。一方で，教育は「国家百年の計」ともいわれるように，国家のあり方そのものを基礎づける重要な政策でもあり，「サービス」という言葉以上の意味を含んでいる。そのため，「政治的中立性」，「全国的な教育の機会均等・水準の維持向上と地方分権」を論点として，教育を支える制度は変遷してきた。本章では，このことを念頭に置きつつ，**学校教育***について「誰が」「何を」「どのように」教育を行うのかという視点から概説する。なお，本章では政令市以外の市町村における義務教育（公立小・中学校における初等・中等教育）を対象とする。

1 義務教育を支える制度

1 教育政策を考える視点

そもそも「教育」とは何であろうか。

多くの人は，学校における国語や算数といった教科を教えることと考えるだろう。また，教育について経済的な価値を念頭に人的資本という視点から論ずる考え方もある。これらの考えに基づけば，教育は，学習塾などの民間サービスに類するものになり，その費用負担や何を学ぶのかの選択も個人の責任・判断で行うべきとの考えに至る。

他方で，教育基本法第1条は「教育は，人格の完成を目指し，平和で民主的な国家及び社会の形成者として必要な資質を備えた心身ともに健康な国民の育成を期して行われなければならない。」と規定している。これに鑑みれば，教育とは，国民に働きかけ，国や社会の形成者として望まれる何らかの価値観や考え方を身につけさせるために意図的に組み立てられたプログラムであるといえる。この観点に着目すれば，教育は国民に提供されるサービス以上の意味をもつといえるだろう。

昨今は，公立高等学校で予備校と連携し進学支援を行うなど民間の教育サービスとの区分が明確ではない状況もみられ

＊行政サービス
➡第1章「自治体再構築」1 3

＊学校教育
教育は，主として学校などで行われる「学校教育」と学校以外で行われる「社会教育」とに分けることができる。学校教育には，小学校までを指す初等教育，中学校および高等学校を指す中等教育，大学や高等専門学校などを指す高等教育がある。

る。一方，義務教育は，すべての国民に対し，憲法や教育基本法の理念を踏まえて義務として行われることから，費用負担のみならず教育内容の選択についても政策判断により決定される。

これらを踏まえ，本章では義務教育に着目し，「政治的中立性」「全国的な教育の機会均等・水準の維持向上と地方分権」という論点から義務教育を支える制度が変遷してきたことについて，３つの視点から概説する。

第１に，「誰が教育を行うのか」という視点である。教育政策においては，様々な価値観や考え方が対立し，それを調整し決定する主体，教育行政の責任主体が重要な意味をもつからである。

第２に，教育課程などについての視点，言い換えれば「何を教えるのか」という視点である。教育内容における価値観の対立は様々に生じる。あることがらを学校で新たに教えるべきとする主張がなされたとしても，限られた授業時間数との調整が必要となるし，そのことがらを新たに教育内容に加えること自体が論争となる場合もある。

第３に，「どのように教育を行うのか」という教育環境整備の視点である。教育政策の具現化は，そのほとんどが教員を通して行われており，昨今，外部人材も活用されているものの，教育政策の成否は教員によるところが依然として大きい。そのため教員に係る教育環境整備，とくに教員の配置数が教育政策において最も重要視されているといってよい。

2　義務教育における国，都道府県，市町村の役割

市町村は，小・中学校の設置義務が課され，義務教育の中心的な役割を担っている。学校の設置者として授業の実施，校舎などの学校施設整備・管理，備品の調達，**児童・生徒***の健康管理や給食の実施などの多岐にわたる業務を処理し学校を運営しているほか，当該区域で使用する教科書の採択により，教育内容を決定している。

＊児童・生徒
教育行政において「児童」とは，小学生に相当する６歳から12歳までの年齢の子どもを指す。他方，「生徒」とは，中学生から高校生までに相当する13歳から18歳までを指して使用されている。

一方，市町村を支えるのが国や都道府県の役割である。国は，全国的な教育の機会均等と教育水準の維持向上を図るため，教員の給与費の負担を行うほか，学習指導要領，教科書検定のように教育に係る様々な基準を定めている。

都道府県は，域内の教育の機会均等と教育水準の維持向上を図るため，市町村立小・中学校の教員の給与費を負担する

表9-1　学校教育（義務教育）における主な役割

項番	主な項目	国	都道府県	市町村	備考
1	学習指導要領の改訂・告示	○			
2	教科書検定・無償給与	○			
3	教職員の人事（採用・異動），給与負担など		○		国は給与費の1/3を負担
4	学校施設の整備（校舎など）			○	校舎建設などに国の補助あり
5	教材整備			○	
6	図書の整備			○	
7	その他の備品，消耗品，管理費など			○	
8	就学援助など			○	
9	市区町村独自任用職員の人事（採用・異動），給与費負担など			○	用務員など

（出所）筆者作成。

とともにその人事権をもつこととされている（**表9-1**）。

3　教育行政の責任主体に係る制度（誰が教育を行うのか）

市町村や都道府県には，**行政委員会***である**教育委員会***が必置とされ，**首長***ではなく，この教育委員会が教育政策を担い，学校教育を行っている（地方自治法第180条の5及び8）。教育委員会は，原則として**教育長***と4人の教育委員をもって構成され，その任命は，首長が議会の同意を得て行うとされている（地方教育行政の組織及び運営に関する法律〔以下「地教行法」〕第3条及び第4条）。

教育委員会制度の意義は，次の3つが挙げられる。

第1に，政治的中立性の確保である。教育が個人の人格の完成をめざすものであることから，教育を行うにあたっては，中立公正であることが極めて重要となる。教育委員会は，行政委員会として首長から独立して教育行政を担当し，首長への権限の集中を防止し，中立的な行政運営を担保している。

第2に，継続性・安定性の確保である。教育は一人ひとりの子どもの成長において結果が生じるものであり，その結果

＊行政委員会
➡第1章「自治体再構築」

＊教育委員会
教育長と教育委員からなる会議体を指して教育委員会という場合（狭義の教育委員会）と，これを補佐し，教育行政を行う事務局組織を指して教育委員会という場合がある（広義の教育委員会）。なお，本章では，断りのない限り狭義の教育委員会を指すものとする。

＊首長
➡第1章「自治体再構築」2 2

＊教育長
教育委員会の会務を総理し，教育委員会を代表するとともに，具体的な事務を執行する教育行政の責任者。自治体職員であり，教育行政の専門家。2015年度に教育委員会制度が変更されるまでは，専門的な自治体職員ではない教育委員のうちから教育委員会の責任者として教育委員長が互選されていた。教育委員長は，事務局トップである旧教育長を指揮し，教育行政を行うとされていた。なお，教育委員長・教育委員は非常勤であった（教育委員は現在の制度においても非常勤である）。

が発現するまでに長期間を要することから学習期間を通じて一貫した方針の下，安定的に行われる必要がある。そのため，教育委員会では合議による決定とすることで急激な変更を避け，漸進的な方針変更となる仕組みがとられている。

第３に，地域住民の意向の反映である。教育は生徒や保護者に加え地域住民にとって身近で関心の高い行政分野である。そこで，広く地域住民の意向を反映するため，教育委員会では専門的な行政官で構成される事務局を住民たる非常勤の教育委員が指揮監督する仕組みがとられている。

4　教育課程などに係る制度（何を教えるのか）

教育課程とは，学校教育の目的や目標を達成するために作成した各学校の教育計画である。ここでは教育課程に関するものとして学習指導要領と教科書について取り上げる。

学習指導要領とは，教育の機会均等・水準の維持向上を目的として，小学校，中学校ごとに，教科の目標や大まかな教育内容などを文部科学省の告示で定めるものであり，教育課程の編成にあたっての基準となる。

また，すべての児童・生徒は，教科書を用いて学習する必要があるとされる。教科書については，1947年に制定された学校教育法により国の検定制度（教科書検定制度）が敷かれており，これも教育の機会均等・水準の維持向上のための制度として現在に至っている（学校教育法第34条）。検定を経たのちは，様々な会社から出版された教科書から使用するものを各教育委員会が決定（教科書採択）し，全児童・生徒に対し，国の負担により無償で給与されている（義務教育教科書無償給与制度）。

5　教育環境整備に係る制度（どのように教育を行うのか）

学校には校長や教諭，養護教諭などの教員が置かれている。教員の配置にあたっては，教育の機会均等・水準の維持向上の観点から公立小・中学校については，市町村ではなく，財政的により安定している都道府県がその給与費を負担する（県費負担教職員制度）こととし，あわせて都道府県が**人事権***を持ち，採用，配置，人事異動などを行うことにより，域内の市町村の財政力の差により教員の確保に差が出ないよう調整する仕組みとなっている。

国は同じく，教育の機会均等・水準の維持向上の観点か

＊（都道府県の）人事権
政令指定都市については，都道府県と同じく人事権をもっており，現在，それ以外の市町村へ人事権を移譲するべきとの議論もある。一般的に，大規模な市は移譲を希望するが，小規模の自治体は教員確保に懸念があるとして都道府県が人事権をもつことを望む傾向にある。なお，大阪府豊能地区は地方自治法上の法定協議会を設置し，2012年に大阪府から人事権の移譲を受けている。

ら，教員の給与費の3分の1を負担し（**義務教育費国庫負担制度***），この算定基準となる教員数は公立義務教育諸学校の学級編制及び教職員定数の標準に関する法律（以下「標準法」）により定められている（**教員定数***）。

2 義務教育を支える制度のあゆみ

1 教育行政の責任主体に係る制度のあゆみ

戦前の教育は国の事務として行われていたが，1948年の教育委員会法の制定により教育委員会制度が導入され，地方分権化と民主化を進めるとして戦後は地方が教育を担うこととなった。

また，首長との関係では，教育委員は住民の投票により選出された（教育委員の公選制）ほか，教育委員会が予算原案を議会へ送付する権限をもつなど強い独立性をもっていた。しかし，同制度は，教職員組合を動員した選挙活動による混乱や首長との対立などが生じていたため，1956年には教育委員会法に代わり地教行法が制定され，教育委員会制度は同法の下で運営されることとなった。具体的には，教育委員の選任方法を公選制から首長が議会の同意を得て任命する任命制へ変更したほか，予算編成権限を首長が有することとし，首長と教育委員会との調和を図った。

その後しばらくは大幅な制度変更はみられなかったが，1990年代の地方分権の動きに伴い，教育委員会制度も見直しがなされ，**機関委任事務***の廃止や文部大臣・都道府県教育委員会がもつ指揮監督，措置要求に係る権限が削除された。しかし，2007年には，「教育委員会は，事務局の提出する案を追認するだけで，実質的な意思決定を行っていない」，「教育委員会が地域住民の意向を十分に反映したものとなっておらず教員など教育関係者の意向に沿って教育行政を行う傾向が強い」といった制度の形骸化や機能不全が指摘され，その責任体制や国の責任の果たし方が議論されたことから，廃止された国の関与が再び規定された。また，教育委員会が事務局に任せることなくみずから管理・執行するべき事項を明確化した（委任禁止事項）ほか，教育委員会の事務について点検・評価を行う制度が導入された。この際の制度改正は，部分的には分権化に逆行するものであったが，地域住民の意向の反映という教育委員会の機能をより徹底させることを志向するものであった。

＊義務教育費国庫負担制度
憲法の要請を踏まえ，国が義務教育の根幹を支えるための制度。国はこの制度の下で必要な教職員の給与の3分の1を負担している（2006年に2分の1から3分の1に変更）。この制度では，全国すべての学校に必要な教員を確保し，都道府県間の教職員の配置基準や給与水準の不均衡をなくすことを目的としている。現在の制度根拠は1952年に制定された義務教育費国庫負担法である。公立義務教育諸学校の教職員の給与費は総額約4.5兆円に上る（国の負担分は約1.5兆円）。

＊教員定数
学年ごとの児童・生徒の総数を1学級あたりの児童・生徒数（以下「学級編制の標準」）で除した数を基に算出される。なお，標準法において，国が定める学級編制の標準はあくまで「標準」であり，自治体がこれを踏まえつつ児童・生徒の実態に応じて学級編制を行う。また，同法には，事務職員も含むが，本章では便宜上，法律名等を除き，教員のみを論ずる。

＊機関委任事務
➡第3章「中央地方関係」1 3

2　教育課程などに係る制度のあゆみ

学習指導要領は戦後すぐに作成されたが，当初は試案の位置づけであった。その後，1958年に教育課程の基準としての現在の形に至って以降，ほぼ10年ごとに時代に即して改訂されている。

1977年の改訂では，知識詰め込み型教育の弊害，児童・生徒の問題行動が指摘されていたことから，ゆとりある充実した学校生活の実現が掲げられ，各教科の目標・内容を中核的事項に絞ることなどが行われた。その理念は，**臨時教育審議会***を経て，1998年の改訂では自ら学び自ら考える「生きる力」の育成が掲げられ，教育内容の一層の削減や「総合的な学習の時間」の新設などが行われた。このときに改訂された学習指導要領はいわゆる**ゆとり教育***といわれるものであるが，当時の**学力低下論争***を受けて実施1年後には学力重視に軌道修正された。2003年には学習指導要領の一部改訂が行われ，学習指導要領に示されていない内容についても必要に応じて指導できること（最低基準性）が明確化された。これにより，学校が児童・生徒の実態にあわせ学習指導要領以上の学習を行うことが可能となっている。これは，学校の裁量を事実上広げるものであるとともに，学力重視の方向に沿うものであった。その後の改訂でも基礎的・基本的な知識・技能の習得，思考力・判断力・表現力などの育成のバランスを図るとしつつも，授業時数の増加がなされている。

教科書の無償給与は，1951年から開始されたが部分的なものにとどまり，1952年には教科書無償給与にかかる全額を国庫負担とする法案が成立したものの，翌1953年限りで廃止され，その後は経済的に困難を抱える児童・生徒にのみ無償給与されていた。現在のように義務教育において教科書を所得制限等なく無償とする制度が整ったのは1963年からである。

＊臨時教育審議会
「臨教審」ともいう。内閣の諮問機関として教育改革に関する調査審議を行い，1985年から1987年まで4次にわたり個性重視の原則や生涯学習体系への移行，国際化・情報化への対応など様々な観点から答申を行った。

＊ゆとり教育
入試や就職中心の傾向が目立ち，「詰め込み教育」などの問題が顕在化したことに対して，ゆとりある充実した学校生活を実現するためになされた学習内容の変更を指す。教育内容の精選，選択教科の拡大などを打ち出した。1998年改訂の学習指導要領では，学習内容を3割減少させたほか，あわせて学校教育法施行規則を改正し授業時数の縮減を行った。

＊学力低下論争
当時の学習指導要領の改訂などに先立ち生じていた学力低下を懸念する論争のこと。ゆとり教育や学習内容の削減に反対するものであった。

3　教育環境整備に係る制度のあゆみ

(1)　教員の配置制度

戦前，教育は国が行うとされたが，教員の給与費は国と市町村が負担する仕組みであった。この多大な経費負担となる教員の給与費を特定財源として国が負担するのか，または一般財源として自治体がみずから措置するのかが度々論点となり，制度は揺れ動いていくことになる。

1940年に義務教育費国庫負担法が成立し給与費を国と都道

府県が負担する現行制度に近い仕組みが整備されたものの，**地方財政平衡交付金制度***が創設されたことに伴い，1950年に義務教育費国庫負担法が廃止され，教員の給与費を都道府県が一般財源でまかなうこととなった。地方財政平衡交付金に財源を移譲するべきとされた国の補助金などの総額は305億円とされたが，そのうち247億円を義務教育費国庫負担金が占めていた。このように教員の給与費については，一般財源化によって，国と地方の財政調整メカニズムの主要財源として自治体の財政基盤を強化することが期待された。しかし，教育水準の低下，地域間格差の拡大，地方財政への圧迫といった問題が生じたため，1952年には義務教育費国庫負担法が再度制定され，教育の機会均等・水準の維持向上の観点から，再び特定財源として国による財源保障がなされることとなった。

その後，しばらくは大きな制度改正はなかったものの，2001年に成立した小泉純一郎内閣において提唱された**三位一体の改革***では，再び義務教育費国庫負担金の廃止と一般財源化による地方への税源移譲が議論された。この議論の結果は，国の負担割合が２分の１から３分の１に引き下げられたものの義務教育費国庫負担制度は維持されることとなった。なお，同時期に教員の給与や配置について地方の自由度を拡大するため，いわゆる**定数崩し***や**総額裁量制***といった弾力化の仕組みが導入されている。これにより，都道府県による独自の少人数学級などの政策実施が可能となった。

⑵　学級編制

財源負担のあり方とともに論点となってきたのは，学級編制の標準の引き下げであった。戦後の教育改革などによって生じたいわゆる**すし詰め学級***やベビーブームで到来した小・中学生の増加への対応が政策課題となっていた。具体的には，１学級あたりの児童・生徒数を引き下げ，１人の教員が受けもつ児童・生徒数を減少させることが進められた。

1958年に標準法が制定され，学級編制について小・中学校とも50人を標準とすると定められた。同法は，1963年および1980年に改正され，50人学級から40人学級へと引き下げが徐々に行われて教育環境の改善が進められていった。

1991年の40人学級の達成以降は，学級編制の標準の引き下げは国の財政の悪化などから進まず，習熟度別指導などの特定の政策目的のための追加の教員配置（加配）がなされてい

＊地方財政平衡交付金制度
地方自治体間の財源の不均衡を調整し，一定の水準を維持しうるよう財源を保障する見地から，財政力の弱い自治体の財源を補填するために行われた国からの交付金。1954年度からは現在の地方交付税に改められた。

＊三位一体の改革
2002年に経済財政諮問会議で提案された，補助金負担金の縮減廃止や税財源の移譲とともに地方交付税の一体的な見直しをめざしたもの。実際には国庫補助負担金として約4.7兆円が削減されるとともに約３兆円の税源移譲が行われたが，同時に地方交付税総額も約5.1兆円削減された。

＊定数崩し
標準法による教員定数を活用して非常勤講師を任用することができるようにした弾力化策の１つ。例えば，正規の教員を１人減らして代わりに非常勤講師を複数人採用し，配置教員数を増やすことが可能となる。

＊総額裁量制
配分される国庫負担金の総額のなかで，都道府県が給与の種類・額や教員数を自由に決定できる制度。例えば，給料額を国の基準よりも低く抑え，その財源を活用して配置する教員数を増やすことができる。

＊すし詰め学級
すしが折箱に隙間なく並べられるように児童・生徒が教室に隙間なく並び，生徒数が過大な状況を指す。

たが，その後2011年には，小学校第１学年が，2021年には，小学校第２学年から第６学年まで順次学級編制の標準を35人とすることが決定されている。

3 昨今の教育政策の状況

1 教育行政の責任主体に係る昨今の状況

教育委員会制度は，子どもの自殺事件を発端に2013年に再びそのあり方が争点となった。この際には，同制度を廃止し首長を責任者とすることなど教育行政の政治主導への転換が議論されたが，最終的に同制度は存続することとなった。ここでは，危機管理対応なども行う教育行政の責任者を非常勤の教育委員長とすることの適切性などが議論されたことから，教育委員長と教育長を一本化した新たな教育長を置き，教育委員会の責任者とした。また，首長が**総合教育会議***を設置することや**大綱***を策定することが新たに規定され，首長と教育委員会が意思疎通を図って教育行政の推進が可能な体制とするなど教育委員会の独立性について調整が図られた。

昨今は，学童保育の待機児童解消など首長部局と横断する政策を総合教育会議の議題として首長との連携のために同会議を活用する事例も見られる。今後は，政治的中立性などの教育委員会制度の意義を踏まえつつ，地域の期待に応える教育行政を行うことが課題となる。

＊総合教育会議
地教行法により設けられる会議体であり，構成員は，首長および教育委員会となる。大綱の策定に関する協議のほか，教育を行うための諸条件の整備その他の重点的に講ずべき施策などについて調整が行われる。

＊大綱
2014年に改正された地教行法第１条の３では，首長は当該自治体の教育，学術および文化の振興に関する総合的な施策の大綱（以下「大綱」）を定めるとされた。首長は，大綱を定め，またはこれを変更しようとするときは，あらかじめ，総合教育会議において協議するものとされ，首長の意向をより反映しやすくなったといえる。

2 教育課程などに係る昨今の状況

2017年の学習指導要領改訂では，地域との連携・協力を重視することを打ち出したほか，教育内容としては，小学校に教科として外国語が導入された。また，情報活用能力の向上を図るとしてプログラミング教育が導入されるなど，社会情勢に応じた改訂が行われている。昨今は，品川区の市民科など**教育課程特例校制度***を活用して学習指導要領によらない独自の教育課程を編成する自治体もある。

教科書については，2019年から必要に応じ紙に代えてデジタル教科書を使用できる制度が実施されており，これらを活用するための環境整備のほか，教員の活用能力の向上を図ることが課題となっている。なお，このデジタル教科書は，2022年の時点では無償給与の対象外となっている。

＊教育課程特例校制度
学校または地域の実態に照らし，より効果的な教育を実施するため学習指導要領によらない教育課程を編成することができる制度のこと。2003年度に「構造改革特別区域研究開発学校」として開始され，2008年度から「教育課程特例校」制度となった。

表９－２　小学校における主な費用負担

（単位：万円）

項番	項目	国	都道府県	市町村	合　計	備　考
1	教科書	100	—	—	100	児童分の無償給与費用
2	教員の人件費（19人の教職員）など	4,480	14,005	—	18,485	県費負担教職員分（国１／３ 都道府県２／３）なお，都道府県負担分には，国庫負担対象外の人件費5,045を含む
3	教職員の出張旅費	—	85	—	85	出張旅費は都道府県負担
4	教材費	—	—	177	177	
5	図書費	—	—	40	40	
6	その他の備品，消耗品，管理費など	27	17	1,994	2,038	
7	就学援助など	5	5	761	771	
8	市町村独自任用職員の給与費負担など	—	—	2,205	2,205	用務員など
合　計		4,612	14,112	5,177	23,901	

（出所）　文部科学省「公立小学校の予算規模（試算）」を基に筆者作成。
なお，文部科学省は，「地方教育費調査報告書平成16年度会計年度（中間報告）」の小学校費を基に2006年時点で試算（土地，建物，債務償還費は除く）している。学校の想定規模は，各学年２クラスで児童数310人としている。

3　教育環境整備に係る昨今の状況

(1)　国，都道府県，市町村の財政負担の状況

教育も１つの行政分野に過ぎない。これまで地方分権の観点から，一般財源化を進めて自由度を高め財政投入の判断を自治体に任せるのか，それとも義務教育の機会均等・水準の維持向上の理念のもと特定財源として国庫負担金を維持し教育に安定的な財源を確保するのかが論点となってきた。現在は，後者の観点から義務教育に係る仕組みが維持されており，先に述べたように国と都道府県，市町村のそれぞれに役割が課されている。

ここで自治体の役割についてその財政的な負担を具体的に確認する。**表９－２**は，2006年時点での試算であり少々古いものであるが，その後の大きな制度変更もないことからおおむねの参考として示す。

ここからわかることは大きく２点ある。

第１に，教員の人件費が全経費の約８割を占めている点である。この人件費は国と都道府県の負担により確保され，教

図９－１　公立小・中学校などの教員定数の標準に占める正規教員の割合（2021年度）

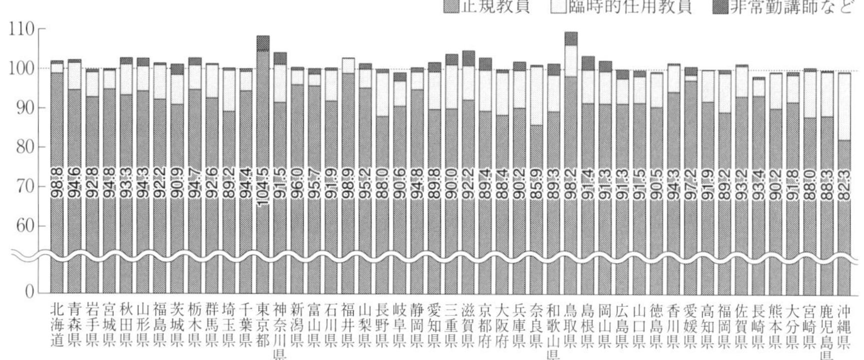

（出所）　文部科学省「公立小・中学校等の教員定数の標準に占める正規教員の割合（令和３年度）」を基に筆者作成。

員の配置は（後述する弾力化の影響を除けば）どこの自治体でもおおむね同じ状況が保たれることになる。

第２に，市町村が負担する残り約２割の運営費用については，自治体ごとに状況が異なる点である。市町村が独自の政策を実施するのは主にこの部分であり，職員室の机やコピー機などの備品から，給食の実施方法，事務システムの整備など，財政状況や地域の状況により，その取組は異なる。この部分には，その時々の社会的な問題意識から国により補助制度などが設けられ，例えば，昨今は，教員の多忙化などの課題に対応するため教員以外のスタッフを学校に置くことが可能となっているが（*Column* 10 参照），県費負担教職員のように法的に国の負担が措置されたものではないので，毎年の財務省予算査定でその制度は一変する可能性もあり，また，市町村に経費の一部負担（国１/３，都道府県１/３，市町村１/３負担の場合が多い）が求められることから，実施に踏み切れない市町村もある。

この２割の部分に係る自治体ごとの差を独自政策の実施余地としてとらえるのか，それとも義務教育の機会均等・水準の維持向上の観点から是正すべき課題と考えるのかについては議論の余地がある。

⑵　教員の配置と学級編制

先に述べた教員配置の弾力化については，財政的視点のみではなく義務教育のあり方を踏まえて自治体が政策判断を行う必要がある。**図９－１**は，弾力化の状況を示すものであ

▶▶ *Column* 10　教員以外の専門スタッフ（国庫負担金と補助金などとの違い）◀◀

これまでも学校医や学校薬剤師など教員以外の専門家が学校に置かれていたが，学校を取り巻く課題の複雑化，困難化に伴い，専門家を活用する動きがより広がっている。**表９－３**は，昨今新たに置かれたものの例であり，教員以外にも様々なスタッフが学校に置かれていることがわかるだろう。

ところで，これらのスタッフは補助金や地方交付税により配置されるが，国庫負担金により配置される教員との違いがわかりづらいのではないだろうか。そこで，教員，SC，ICT 支援員を例とし，これらの違いを**表９－４**に示す。

国庫負担金は全国に等しい教育環境の整備が行えることになるが，自治体が裁量を発揮できる部分は少なくなる。一方で，補助金，地方交付税は，自治体の自由度は高まるものの全国に等しい教育環境を整備することが難しくなる。これらのバランスをどのように考えるのかは議論がある。自治体の教育政策を学ぶ際は，この点に留意するべきであろう。

表９－３　教員以外の主な専門スタッフ

名称	職務内容	免許・資格など	財政上の措置
スクールカウンセラー（SC）	心理に関する専門職として，児童・生徒にカウンセリング，援助などを行う。	公認心理士など	補助金
スクールソーシャルワーカー（SSW）	福祉の専門職として福祉機関などと連携し，児童・生徒や保護者への支援などを行う。	社会福祉士など	補助金
医療的ケアのための看護師	たんの吸引や経管栄養などの「医療的ケア」を行う。	看護師など	補助金
特別支援教育支援員	食事，排泄，教室移動など学校における介助や学習支援などを行う。	なし	地方交付税
ICT 支援員	教員の ICT 活用（授業，校務など）の支援を行う。	なし	地方交付税
部活動指導員	教員に代わって部活動の指導を行う。	なし	補助金
外国語指導助手（ALT）	外国語の授業などの補助を行う。	なし	地方交付税
スクールサポートスタッフ	教員の負担軽減を図るための教員の業務支援を行う。	なし	補助金
日本語指導補助者・母語支援員	外国人児童・生徒に対し，日本語指導や教科指導における補助などを行う。	なし	補助金
スクールロイヤー	学校における諸問題について，法的なアドバイスなどを行う。	法曹資格など	地方交付税

（出所）　筆者作成。

表９－４　国庫負担金と補助金，地方交付税の違い

区　分	義務教育費国庫負担金（教員）	補助金（スクールカウンセラー）	地方交付税（ICT 支援員）
自治体における当該人員の配置	必置（国の標準を踏まえ配置）	任意（自治体の判断による）	任意（自治体の判断による）
根　拠	義務教育費国庫負担法	補助要綱（法的な位置づけなし）財務省の査定による単年度予算措置	地方交付税法
国の財政負担	国は算定された必要額を負担	国は予算の範囲内で自治体へ補助	国は算定基準相当額を自治体へ交付
自治体側の財源の区分	特定財源（教員の人件費にのみ充当）	特定財源（補助対象の SC にのみ充当）	一般財源（使用目途なし）
補　足	仮に国の予算が不足した場合でも，国は必要額を負担する義務がある。	国の予算が不足した場合，自治体への補助金が減額されることがある。	ICT 支援員相当額を別の事業に充てることも当然に可能となっている。

（出所）　筆者作成。

る。この図は，標準法により算出された標準的な教員配置数である教員定数に対して，正規教員（期間の定めがない任用）を配置しているのか，それとも臨時的任用教員（有期雇用の教員）や非常勤講師を配置しているのかの状況を示している。正規教員の割合が100％であれば，教員定数のすべてを正規教員で配置していることになり，100％を超えていれば標準を上回って独自に正規教員を任用していることを表している。

例えば，東京都は正規教員の割合が104.5％であり，独自の財源で正規教員を配置している。他方で，100％を下回っている場合は，正規教員の代わりに**臨時的任用教員や非常勤講師を配置***していることを示している。この弾力化により独自の教育政策として，財源的なやり繰りをしながら学校へ配置する実教員数を増やす都道府県もある。しかし，昨今は，教員の大量採用により教員を志望する者の多くが正規教員としてすでに採用されたため**臨時的任用教員などのなり手が不足***しており，文部科学大臣が各都道府県に対して，正規教員の割合の目標値を設定することを求めるなど状況の変化がみられる。

（荒木進太郎）

＊臨時的任用教員や非常勤講師を配置
臨時的任用教員などを配置する理由は各自治体で様々である。本文記載のように自治体独自の政策として少人数学級などを行うほか，教員集団の年齢構成のバランスを調整するために活用するケースもある。これをどのようにとらえるかは，都道府県ごとの政策の考え方によって異なる。

＊臨時的任用教員などのなり手不足
従前は，教員採用試験に不合格だった者が臨時的任用などの教員となり，実務経験を積みながら正規教員をめざすことが多かった。なお，昨今，少子化などに伴い，企業の労働者不足感が強く採用競争の激化もみられることから，教員採用試験の早期化や学生の奨学金の返済支援などの独自政策を行う自治体もみられる。

第10章
環境と SDGs

自治体と環境のかかわりは，公害問題から始まっており，規制による手法が効果を上げてきた。近年は**持続可能性***や SDGs（Sustainable Development Goals）が社会的に注目され，消費者や企業間の取引においても，環境や人権等の社会的価値を追求し，配慮することが一般的となっている。行政（公）が人々や企業（私）の自発的な行動を支援し，間接的に公共の利益を実現することも重要になっている。

1 自治体環境政策の流れと特徴

1 公害対策から環境政策へ

(1) 公害行政の時代

環境政策の分野は，公私関係の変化が如実に表れている。「公＝行政活動」と「私＝民間活動」という視点でみていくと，環境に対する今後の自治体の役割がみえてくる。

行政活動は，公私関係から整理すると次のとおり分けられる（西尾 2001：9）。

① 民間活動を規制するもの
② 民間活動を助成するもの
③ 民間活動の不足を補うもの
④ 民間活動によっては解決できないもの

本章では，現代の自治体環境政策により適合させ，以下の3類型の枠組みで考えてみよう。

① 民間活動を規制するもの
② 民間活動を誘導するもの（指導・助成・啓発等）
③ 民間活動や行政活動を連携させる環境整備

自治体環境政策の現場で最初に重要な手法とされたのは，「①民間活動の規制」であった。第二次世界大戦後の復興に伴い，各地で環境汚染が深刻化し，1949年には，全国で初めて東京都が東京都工場公害防止条例を制定した。だが，この

＊持続可能性
環境の分野では，生態学的に持続可能な環境本位の社会を築くことといえる。SDGs のように経済発展と環境保全の調和をさす場合もあり，一般的には，組織やシステム等のものごとが将来的に続いていけることをいう。

＊上乗せ条例
法律の定める基準に代えて，地域の自然的・社会的条件に照らして，より厳しい基準を制定した条例。同じように，法律が規制する対象の拡大や項目の増加を行う「横出し基準」と呼ばれる手法もあり，この場合は自治体の独自条例を定めることとなる。

＊環境影響評価
開発に伴い，事前に環境を調査し，公害防止や自然環境保全の対策と効果を検討し，住民意見を募りながら事業を決定していく制度（北村 2021：147）。環境アセスメントとも呼ばれ，1997年に環境影響評価法が成立するまで自治体が工夫して取り組んでいた制度である。同法は，長年の自治体独自の取組が反映されており，「自治体環境行政が国の環境行政を先導する例」とされる（同上：150；152）。

＊生物多様性
1992年に採択された生物の多様性に関する条約（生物多様性条約）では，すべての生物の変異性をいうもので，種内の多様性，種間の多様性および生態系の多様性を含むものとされる。地球上のあらゆる場所で多種多様な生物が営みを続けており，森林，河川，海等といった生物の暮らす様々な環境があること（生態系の多様性），動植物から微生物まで多様な生物がいること（種の多様性），同じ種の生物でも異なる遺伝子をもち，形等に多様な個性があること（遺伝子の多様

条例には行政処分等の規定はあるものの，立入検査等の行政体制が未整備で，ほとんど成果をあげなかったとされている（北村 2021：10）。

その後は，工場によるもののほか，騒音，振動等の公害や紛争の予防に関する条例によって，自治体が独自の対策を講じるようになった。国レベルによる公害規制法整備も，水質保全法（1958年），工場排水規制法（1958年），公害対策基本法（1967年）等によって進んでいく。しかしながら，国の対応では深刻化する環境問題を解決できないとして，1969年に東京都で東京都公害防止条例が制定され，国法以上に厳格な基準の設定や国法と異なる新たな方式を制度化し，以後，全国の自治体で個別法に基づく**上乗せ条例**＊が制定されるようになった（同上：11）。

(2)　環境問題と対策の多様化

時代が進むと，環境に影響を及ぼす開発や事業活動に対して，強制力をもたない行政指導，個別的な協定締結，環境保全活動への支援，**環境影響評価**＊といった手法も一般的になっていった。また，1972年には国連人間環境会議（ストックホルム会議）が開かれ，世界で初めて環境問題が国際的に話し合われた。以後，酸性雨，オゾン層の破壊，地球温暖化，**生物多様性**＊の保全，**海洋プラスチック**＊等多岐にわたる課題が国際的な問題となった。

環境問題は，開発や事業活動によって引き起こされる環境悪化だけではなく，人々の日常生活からも生じる。あらゆる人々に最も身近な環境問題といえばごみ問題である。**清掃サービス**＊は，ごみの収集や処分だけではなく，ごみ減量に向けた生ごみ処理機助成金の交付，プラスチック削減や**食品ロス**＊削減に関する情報の発信といった，「②民間活動を誘導するもの」が盛んとなった。

他にも人々の生活に関係する課題として，生活排水，路上喫煙，吸い殻やごみのポイ捨て，空き家，ごみ屋敷の問題がある。ポイ捨て禁止条例の火付け役となったのは，福岡県の旧北野町（1992年）とされ（北村 2006：258）るが，全国で初めて路上喫煙に2,000円の過料を規定した千代田区（2002年）もよく知られている。

まちの美化対策では，看板設置や清掃用具の貸し出し等も行われており，地域で一斉に活動する日を定め，町内会自治会，企業等と連携してパトロールや清掃を実施している自治

体も多い。このような取組は，「③民間活動や行政活動を連携させる環境整備」に該当する。

空き家問題*は，所沢市（2010年）が全国で初めて空き家対策に特化した条例を制定した後，多くの市区町村が空き家適正管理条例を制定していった（北村 2021：274-275）。条例の増加を踏まえ，国において議員提案により空家法が成立したのは2014年であった（同上：277）。

ごみ屋敷については，荒川区がカラスへの給餌等とともに対象とする条例を制定（2008年）したほか，2012年の足立区，2013年の大阪市などが条例による規制を行うこととした（公益財団法人日本都市センター 2019：121）。

個別的な環境問題を規制する条例に対し，環境行政の基本的姿勢を表明した環境基本条例が制定されたのは1970年代であった。環境基本条例の嚆矢となったのは1971年の神奈川県であったといわれており（北村 2021：87），1993年の環境基本法制定後には，各自治体で環境基本条例の制定がさらに進むようになった（同上：90）。

環境基本条例は，「環境分野の上位条例」（宇都宮・田中 2008：44）として制定され，「環境政策の基本理念や対策枠組みを定める理念条例の側面が強いものの，多方面にまたがる関連施策を体系的に根拠づけている面があり，施策推進条例としての要素も持っている」（同上 2008：44）。実際，川崎市環境基本条例（1991年）では，環境基本計画の策定，年次報告書の作成・公表，市長，副市長等で構成される環境行政・温暖化対策推進総合調整会議の設置といった環境行政を総合的に推進するための枠組みが定められている。また，市の取組だけではなく，市民や事業者の責務，市，市民および事業者との協働のための措置も定められており，条例自体が，「③民間活動や行政活動を連携させる環境整備」のツールになっている。

(3)　地方から中央へ，全国へ

ここまで，1969年に制定された東京都公害防止条例や国よりも自治体が先行した環境影響評価等，地域の環境問題に対し，自治体が先駆的に対応し，それが国や全国の自治体へと広がった事例をいくつか述べた。まさに，地域の課題やニーズにいち早く対応してきたのが自治体環境政策の現場であった。人々の生活に身近な自治体がまず取り組み，それがマスメディアによる報道や住民や議会からの要請等によって他の

性）をいう（環境省 HP「生物多様性とはなにか」）。

＊海洋プラスチック
世界全体で年間数百万トンを超えるプラスチックごみが海洋に流れ出していると推計されており，海洋プラスチックごみによる環境汚染，生態系，生活環境，漁業等への悪影響が懸念されている。サイズが5mm 以下の微細なプラスチックごみは，マイクロプラスチックと呼ばれ，世界的な課題となっている（環境省 2019：68）。

＊清掃サービス
➡第11章「廃棄物政策と住民」

＊食品ロス
本来食べられるにもかかわらず廃棄されている食品のことで，日本における発生量は，2020年度で約522万トン（環境省 2023：155），2021年度の推計は約523万トンと増加傾向にある（農林水産省 HP「最新の食品ロス量は523万トン，事業系では279万トンに」）。SDGs のターゲットの1つに，2030年までに小売・消費レベルにおける世界全体の1人当たりの食品廃棄物を半減させることが盛り込まれるなど，国際的な食品ロス削減の機運が近年高まっている（同上）。

＊空き屋問題
➡第12章「住宅サービス」1 3 (1)，本章 *Column* 11

地域にも広まり，取り組む自治体が増加して，国の法制度化へとつながっていった。

環境問題は，人々の日常生活や事業活動と密接に関わる問題であり，自治体における環境政策の先導的傾向は，今後も変わらないだろう。

2　環境政策の手段と自治体の役割

(1)　自治体環境政策の様々な取組

ここで，自治体環境政策の具体的な事例をみていこう。

ある公共的な目的を達成するための現金給付は「補助金」である。国が自治体を対象にする補助金や都道府県が市区町村を対象にする補助金もあるが，国や自治体が個人や事業者等の民間を対象にする補助金もある。例えば，省エネルギー対策や水素等の新エネルギー導入のための太陽光発電システム，蓄電システム，燃料電池システム，LED 照明，断熱対策等に対して助成が行われている。

補助金以外にも「事業者登録・認定制度」というものもある。この制度は，1990年に福岡市が，ごみ減量を目的として市内小売店を対象に「かーるマークの店」認定制度を始めたのが最初である（奥 1994：63）。このような手法は今では環境政策で多用されている取組である。省エネ行動の実践，温室効果ガスや食品ロスの削減等，自治体の取組に協力を申し出た事業者等を自治体が認定し，インセンティブとして事業者名を公表したり，飲食店が活用できるおしぼり等の消耗品を提供したりする。

環境学習・教育も多くの人々に身近な取組である。小中学校では，学校周辺の自然や生物を観察したり，**ビオトープ***づくりが進められたり，自治体の廃棄物処理施設等の見学が行われている。このような教育課程における環境教育は，主に学校教育現場と自治体との協力で担われてきた。近年は，民間でも様々な環境学習プログラムが行われるようになっており，子どもから大人まで学習できる機会が増えている。

1つの事業が複数の環境政策に対応している例もある。新宿区の「新宿の森」事業では，長野県伊那市，群馬県沼田市，東京都あきる野市と協定を結び，間伐や植林といった区域外の森林整備をすることで，二酸化炭素の吸収を促進し，区内の二酸化炭素排出量の一部と相殺する自治体連携による**カーボン・オフセット***に取り組むとともに，区民が植林等を

＊ビオトープ
生きもの（BIO）と，場所（TOP）からなる，地域の野生の生きものたちが生息・生育する空間という意味のドイツ語（公益財団法人日本生態系協会 HP「資格試験｜ビオトープ管理士 子供環境管理士 自然と共存するための資格」）。かつての日本には，干潟，田んぼ，雑木林等，様々なビオトープがあり，各々のビオトープに多数の生きものが存在していた。近年では，ビオトープを増やし再生することがめざされ，再開発や公共入札等の条件とされることもあり，ビオトープ管理に関する資格もある（同上）。

＊カーボン・オフセット
市民，企業等が，みずからの温室効果ガスの排出量を認識し，主体的にこれを削減する努力を行うとともに，削減が困難な部分の排出量について，排出削減・吸収量（クレジット）の購入や，他の場所で排出削減・吸収を実現するプロジェクトや活動の実施等により，排出量の全部又は一部を埋め合わせるという考え方（環境省 2023：108）。

行い，体験型の環境学習ができるようになっている。１つの事業が二酸化炭素削減と環境学習に対応している事例である。

⑵　**環境ガバナンス**

環境政策分野では，公害紛争の予防や解決，ごみの収集・処理等の直接的に公共の利益を実現するための諸活動のほか，補助金，事業者登録・認定制度，環境学習・教育（「②民間活動を誘導するもの（指導・助成・啓発等）」）が行われている。さらに，川崎市の環境基本条例のように，「③民間活動や行政活動を連携させる環境整備」として，市民や事業者，時には他の自治体と連携しながら自然や社会を守り，人々の豊かな暮らしが成立する条件を保つことも行われている。

このような地域社会の人々，企業，NPO，行政機関等の様々な主体とかかわり合いながら，持続可能な社会の構築という共通目標に向かって行動できる主体を増やし，協力し合える環境を整備することは，自治体が力を発揮できる部分であり，自治体だからこそできることでもある。「②民間活動を誘導するもの（指導・助成・啓発等）」と比べるならば，より間接的な行政サービスと理解することもできるだろう。

環境分野では，**ガバナンス***（多くの担い手が社会を支える構造）をつくっていくことが自治体の重要な役割となる。そのためには様々な手法を組み合わせて，あらゆる人々を巻き込んだ方策を講じていくことが求められる。

＊ガバナンス
「ガバナンス」は多義的な概念だが，ベビア（Bevir 2012＝2013）によると統治のプロセスと説明されている。政策の文脈でいえば，行政需要の増大，財政逼迫といった福祉国家の限界により，国家の伝統的な上下関係のハイアラーキーよりも，市場やネットワークといった別な方法で，課題解決にかかわる主体相互の関係が調整されている状態といえる。例えば，海洋プラスチック問題では，商品を製造し販売する事業者（製造・販売過程でも多くの事業者がかかわっている），商品を購入する消費者，対策に取り組む国，自治体，NPO等，非常に多くの主体が関係しており，その関係性は一様ではなく，また，それぞれが連携して取り組む必要があることがわかるだろう（馬場・南島 2023：序章）。

2　自治体とSDGs

1　SDGsを踏まえた施策展開

⑴　**SDGsと国による誘導策**

SDGsは2001年に策定されたMDGs（ミレニアム開発目標）の後継として，2015年９月の国連サミットで採択された「持続可能な開発のための2030アジェンダ」に記載された国際目標であり，「経済，社会，環境」の３側面からとらえることのできる17のゴールを総合的に解決することを目標としている（外務省『持続可能な開発目標（SDGs）と日本の取組』）。

環境省によるとSDGsでは，17のゴールのうち13が直接的に環境に関連し，残り４も間接的に環境に関連するとされている（環境省HP「持続可能な開発のための2030アジェンダ／SDGs」）。SDGsの多くの項目は環境に関係するものであるといえる。

表10－1　東京23区のSDGsへの対応

SDGsを冠した専管組織
墨田区（SDGs未来都市政策調整担当），品川区（企画部企画課SDGs担当），豊島区（SDGs未来都市推進課），板橋区（政策企画課ブランド・SDGs係），足立区（SDGs未来都市推進担当課長，SDGs未来都市推進担当係長），葛飾区（SDGs推進担当部長，SDGs推進担当課長），江戸川区（SDGs推進部，SDGs推進センター）
SDGsを冠した区議会の委員会
江戸川区（行財政改革・SDGs推進特別委員会）
総合計画（実行計画含む）への取り込み（計画期間（年度））
中央区（2023～2032），港区（2021～2026），新宿区（2021～2023），文京区（2020～2023），台東区（2019～2028），墨田区（2022～2025），江東区（2020～2029），品川区（2020～2029），目黒区（2022～2031），世田谷区（策定中・2024～2031），渋谷区（2023～2025），中野区（2021～2025），杉並区（2022～2030），豊島区（2022～2025），北区（2020～2029），荒川区（2021～2023），板橋区（2021～2025），練馬区（2022～2023），足立区（2021～2024），葛飾区（2021～2030），江戸川区（2022～2030）
SDGsに関する個別計画
葛飾区（葛飾区SDGs推進計画）
議会招集時の区長あいさつでの言及（2023年第1回定例会等）
文京区，墨田区，品川区，目黒区，大田区，中野区，豊島区，北区，板橋区，足立区，葛飾区，江戸川区
SDGs未来都市の選定
墨田区，大田区，豊島区，板橋区，足立区，江戸川区
自治体SDGsモデル事業の選定
墨田区，大田区，豊島区，足立区

（注）議会招集時の区長あいさつは，重点課題・施策を取り上げることが多いことから調査しているが，各区での名称は，所信表明や招集あいさつ等，定まっていないため，原則として2023年の最初の定例会で区長が政策について述べた内容で判定している。
（出所）2023年11月16日現在各区ホームページ公開資料を基に筆者作成。

SDGsでは，自治体の取組の重要性が記載されており，国も「SDGs実施指針改定版」（2019年12月一部改訂）でそのことに言及し，ステークホルダーとして期待される自治体の役割をまとめている。**第2期まち・ひと・しごと創生総合戦略***では，**KPI（重要業績評価指標）***として「SDGsの達成に向けた取組を行っている都道府県及び市区町村の割合60%」を設定している。これは「地方創生SDGs」と呼ばれており，SDGs未来都市，自治体SDGsモデル事業等の選定といった補助金交付を伴う誘導策で自治体の取組を支援するものである。

＊第2期まち・ひと・しごと創生総合戦略
➡第13章「人口減少社会と地方創生」2 1 (2)
＊KPI（重要業績評価指標）
➡第4章「自治体と計画」2 6

⑵　特別区（東京23区）のSDGsに対する取組

ここで，特別区（東京23区）のSDGsへの対応をみてみよう。**表10－1**は特別区のSDGsへの取組状況をまとめたものである。

表10－1をみると，国のSDGs未来都市，自治体SDGsモデル事業に選定されている区が積極的にSDGsを行政運営に取り込んでいることがうかがえる。江戸川区では，行政組織の名称だけでなく，議会の委員会名称にも及んでおり，区全体で取り組む姿勢が表れている。

2023年度にSDGs未来都市および自治体SDGsモデル事業に選定された大田区では，「大田区SDGs推進会議設置条例」が制定されており，同条例に基づき「大田区SDGs推進会議」が設置されている。大田区の取組は，羽田空港，町工場や商店街といった地域資源を活かした産業支援や人材育成，環境配慮策となっている。

SDGs未来都市等の国の施策を利用せずとも，積極的にSDGsを取り込んでいるのは葛飾区といえそうである。葛飾区にはSDGsを冠した専管部署があり，SDGsの目標が**総合計画***にも含まれている。さらに個別計画もある。『日経グローカル』が2022年度に全国815市区（回答709市区）へ実施した「SDGs先進度調査」では，葛飾区は特別区内で３位となっている（上位２区はSDGs未来都市の板橋区，豊島区）。また，葛飾区は**SDGs債（ESG債）***への投資を表明しているが，これも他区では見当たらないユニークなものである。

このように，特別区でもSDGsへの対応は様々であり，地域の特性やニーズにあった取組が行われている。

＊総合計画
➡第４章「自治体と計画」1 2 (1)

＊SDGs債（ESG債）
SDGsに貢献する金融商品で，環境や社会的課題の解決につながる事業の資金使途となる債券。SDGs債は，グリーンボンド（地球温暖化等の環境問題），ソーシャルボンド（福祉・教育などの社会課題解決），サステナビリティボンド（グリーン・ソーシャル双方）等の分類がある。ESG債は，環境（Environment）・社会（Social）・ガバナンス（企業統治）（Governance）の要素に着目した事業の資金使途となる債券（日本証券業協会 2022）。

2　自治体とSDGsの関係

SDGsは，途上国だけではなく，先進国も含めたすべての国に適用されるもので，現代社会において望ましい普遍的な価値や目標を整理したものだが，人口減少と少子高齢化，都市と地方の格差等，先進国特有の地域課題に対応しておらず，SDGsのターゲットをカスタマイズして活用する必要があることも指摘されている（白井 2020：113-114）。また，日本の自治体は，これまでに地域特性を踏まえた様々な政策を総合的に実施してきており，かねてより普遍的価値を追求し，社会的課題に総合的に取り組んでいるということもできる。では，自治体がSDGsに取り組む意義は何だろうか。

先に触れた国の「SDGs実施指針改定版」では，自治体におけるSDGs達成へ向けた取組は，人口減少，地域経済の縮小等の地域課題の解決に資するものであるとされている。

2022年に国が行った「SDGsに関する全国アンケート調査」（対象：1788自治体〔47都道府県，1741市区町村〕）では，回答した1464の自治体（47都道府県，1417市区町村）のうち，「SDGsを推進することで期待する利点」として，「事業者・民間団体との連携強化」15.0％（869自治体），「住民のQOLの向上」14.8％（861自治体），「経済・社会・環境政策の統合」12.4％（720自治体）となっている。一方で，「SDGsを推進することで得られた変化・効果」では，「分からない」という回答が最も多く，19.7％（573自治体）もあり，SDGsを活用することの効果を認識しにくい状況にある自治体も少なくない。

SDGsを自治体政策に活用することの最大の利点は，自治体の情報発信が伝わりやすくなることではないだろうか。SDGsのわかりやすさは，17のゴールとそのアイコン（図柄）にあり，誰でもその取組の目的がすぐにわかる点にある。世界共通の目標であることから，世界に向けた伝わりやすさということもあるが，自治体（公）と住民や企業といった民間（私）を媒介する共通言語といえるのである。また，多様な自治体の取組を，共通のゴールやターゲットで見ることができる点も重要である。

3　自治体環境政策の課題と展望

1　自治体環境政策の行政上の課題

(1)　総合性の確保

最後に，様々な立場の人々を巻き込む取組が求められる自治体環境政策の課題を整理する。

第1に，総合性の確保である。環境問題は，あらゆる人々の日常生活や事業活動に密接に関係しており，自治体内の他の事業や部署とも関係する。環境政策は，既存の物事に新しい価値や制約を求める。行政組織の縦割りの壁を越え，分野横断的に，**前例主義***や漸増主義に反するような取組を強いることになる。これは自治体内の抵抗を招きやすいものである。自治体内の協力を十分に得られない場合，住民や事業者にも情報を十分届けられないこともあり得る。自治体環境政策の担当部署は，住民や事業者といった外部に向けてはもちろんのこと，自治体内部に向けても十分な事前調整や情報提供を行わなければならない。

＊前例主義
以前と同じ方法や様式等で物事に取り組むこと。行政の現場ではよく使われる。効率的に事務を進められるが，状況によっては前回と同じやり方では不適正な場合もあり，すべて前例主義であるわけではない。

▶▶ *Column* 11　環境問題の総合性（空き家問題はどこの部署？）◀◀

本章では，路上喫煙，空き家やごみ屋敷といった身近な生活環境の問題とその対応を環境政策として言及した。「これらは環境政策なのか？」と思われた方もいるかもしれない。

本章で取り上げた所沢市の空き家条例の所管部署は，環境政策部門ではなく，防犯対策室である。空家法の所管が国土交通省であることから，都市計画や建築といったまちづくり部門が担当している自治体が多い印象があり，中野区では，やはり都市基盤部住宅課が所管となっている。しかし，空き家対策の区ホームページに掲載されているQ&Aを見ると，2023年3月時点では，小動物の住み着きや蚊の発生については健康福祉部生活衛生課（中野区保健所），ごみの不法投棄については環境部清掃事務所の説明ページへリンクされている。

興味深い事例は，新宿区である。「新宿区空き家等の適正管理に関する条例」や「新宿区空き家等適正管理審査会」の担当は危機管理担当部，空き家については都市計画部，管理不全な土地やごみ屋敷については環境清掃部と分かれているが，空家等相談会の申し込み窓口は，都市計画部と環境清掃部と危機管理担当部の3部署になっており，役割分担しながら自治体内の連携も行われているようである。

空き家は，倒壊の危険や防犯上の問題，野生動物の侵入や樹木の管理がされないことによる環境衛生上の問題，さらにはごみの不法投棄を助長し，まちの景観を損なうといった多岐にわたる問題を引き起こす。このような様々な領域に及ぶというのが環境問題の特徴であり，対応には自治体内の複数の部署による連携が必要である。場合によっては自治体外のアクターとの連携も求められる。

環境政策の総合性を一言で説明するのは難しいが，空き家問題は，その一端を表しているといえる。

(2)　職員や組織の専門性

第2に，職員や組織の専門性である。行政組織は人事異動や担当の変更が多く，2，3年で担当する業務が変わるのは当たり前であり，場合によっては毎年変わることもある。昨今は，科学技術の進展が著しく社会状況も目まぐるしく変わる。環境分野は国際的な動きにも着目する必要がある。従来の組織・人事運営にとらわれず，**専門職制***の導入等，環境政策の専門的知識と能力を高度化する人材配置や組織運営が望まれる。

＊専門職制
特定の分野に精通したスペシャリストを配置する人事制度のこと。一般行政職は，定期的な人事異動により，様々な職場を経験させるジェネラリスト養成が一般的であるが，税務，情報処理等の専門知識や経験のある職員をスペシャリストとして配置することもある。

2　環境ガバナンスの機能化

(1)　広域的な環境問題への対応

さらに，環境問題は自治体の区域に限定されない。これまでも自動車排出ガス，河川等の水質汚濁，生態系の保全，廃棄物や建設残土の処理等，広域的に対処すべき課題に対して，関係自治体が同一内容を規制するなど，１つの自治体の領域を越えた対応がなされてきた（北村 2021：261-271）。自治体間の調整に困難が多いことは容易に推測されるが，環境負荷を生じさせない対策の実効性を考えると，広域的な対応は今後ともますます求められるだろう。また，温室効果ガス削減や海洋プラスチック問題といった国際的に影響が生じる取組についても同様である。

(2)　様々な関係者との対話と実践

現代の自治体環境政策は，規制，誘導といった様々な手法の組み合わせにより，市民，企業，NPO，行政機関等といった多様な人々と連携しあって取り組んでいくことが不可欠である。市民と自治体とが対等な立場であることや「パートナー」の関係であることを謳った事業も多い。このようなステークホルダーとの連携を効果的に実施していくためには，「③民間活動や行政活動を連携させる環境整備」に関する取組，すなわち市民，企業，NPO 等との相互コミュニケーションに基づく意思決定と実践が鍵となる。

これは自治体側の問題だけではない。「住民のレベルを超える行政はない」（北村 2021：309）といわれる。環境ガバナンスの強化は，自治体の取組に加え，私たち市民の意識と行動にかかっている。

（前田智子）

第11章

廃棄物政策と住民

人々の営みによって生じたごみは，分別排出したものが収集・運搬され，焼却等中間処理が行われた後，最終処分場にたどり着く。生産から消費，そして廃棄に至るモノの流れのなかで，家庭から排出される廃棄物の処理は自治体の事務である。それゆえ廃棄物行政は，ごみ分別や施設の建設をめぐる住民自治の場であり，施設の立地選定をめぐる自治体どうしの外交の場であり，施設整備をめぐる中央地方関係が現れる場でもある。

1 廃棄物政策の沿革と法体系

1 公衆衛生のための廃棄物処理

近代的な廃棄物行政のはじまりは，1900年に制定された「汚物清掃法」にさかのぼる。同法制定以前は，民間業者によって汚物（ごみ・し尿）の処理が行われていた。しかし，公衆衛生の向上を目的とする同法の制定で，ごみの収集・処分は地方（市）の義務とされ，廃棄物処理が行政の管理下に置かれるようになったのである。やがて戦後に市町村の権能が充実するなかで，この廃棄物行政の仕組みは都市部だけでなく町村まで拡大され現在に至っている。

戦後の高度経済成長期における都市化・過密化は都市部におけるごみの急増をもたらしたが，当時のごみ処理体制は急増したごみを処理するに十分ではなく，とくに埋立処分場周辺の環境問題は深刻さを増していた。この問題を解決すべく「汚物清掃法」に代わって1954年「清掃法」が制定された。同法は，国，自治体，国民の役割分担と連携の仕組みを定めるとともに，市町村のごみ収集・処分を支えるために国と都道府県が財政的・技術的援助を行うことを定めた。その結果，都市におけるごみの焼却施設等の処理施設の整備が一気に進められ，1963年度末に39％であった焼却等によるごみの衛生的処理率は1970年度末には64％まで改善された。

このように家庭ごみの処理体制は徐々に整備されてはいたものの，事業場から排出される廃棄物に関する特別の規制はなく，ほとんどが市町村の家庭ごみの処理に任されていた。だが，事業場から排出される廃棄物は大量かつ家庭ごみとは性質が異なる等，清掃法で規定する市町村の廃棄物処理体制だけでは対応が困難となっていた。そこで1970年の「廃棄物の処理及び清掃に関する法律」（以下，「廃棄物処理法」）は，廃棄物を「産業廃棄物」と「一般廃棄物」の２つに区分し，家庭ごみなど一般廃棄物については従来どおり市町村に，産業廃棄物についてはそれを排出する事業者がそれぞれ処理責任を負うよう，処理主体を区分することとした。

また，廃棄物処理法は，清掃法の目的だった「公衆衛生の向上」に加え，1970年代前後の大きな社会課題であった公害問題に対応すべく「生活環境の保全」をも目的として据えた。その背景には，1970年代は廃棄物の量的な増加，**新たな有害廃棄物***による汚染問題への対応が必要だったことがある。同法制定により，廃棄物の適正処理のための廃棄物処理施設の構造基準や，維持管理基準等が策定された。

＊新たな有害廃棄物
水銀，カドミウム，PCB など。

他方，自治体レベルにおいては，増加傾向の廃棄物量を圧縮するため，処理計画のなかに分別収集を位置づける取組が始まっていた。例えば，ごみに対する住民の意識を高めた先駆的な取組である「**沼津方式***」が導入されたのもこの時期である。沼津方式によりごみ問題に取り組む住民と行政との協働が注目され，ごみ分別収集が一般化していった。

＊沼津方式
1975年沼津市ではじまった家庭から排出されるごみを可燃ごみ・不燃ごみ・資源ごみに分別・収集する方式。

2　大量生産・大量消費・大量焼却社会から循環型社会へ

バブル期にあたる1990年代前半にかけ，大量生産・大量消費・大量廃棄の社会経済システムが定着して，廃棄物は増加し続けた。とくに家電製品の大型化・多様化やペットボトルなど容器包装の使用拡大は廃棄物最終処分場の不足とひっ迫をもたらした。この状況を踏まえ，廃棄物処理法は1991年改正で新たに廃棄物の排出抑制と分別・再生を法の目的に加えた。同年の「資源の有効な利用の促進に関する法律」も，資源の有効な利用の確保と廃棄物の発生抑制及び環境の保全が目的とされ，廃棄物の抑制と資源の循環は重要な課題として社会に認識されるようになった。

また，1993年に制定された「環境基本法」の下，2000年には循環型社会形成に向けた基本的な理念・考え方を定めた「循環型社会形成推進基本法」（以下，「循環基本法」）が制定された。循環基本法は，従来の大量生産・大量消費・大量廃棄型社会経済システムから脱却し，3R*の実施と廃棄物の適正処分が確保される循環型社会形成を推進することを目的としている。同法では，**循環資源***の処理について，①発生抑制，②再使用，③再生利用，④熱回収，⑤適正処分の順に優先順位を決め，国，自治体，事業者，国民の役割を明確化した。なかでも，廃棄物を排出する国民や事業者が廃棄物処理やリサイクルに対して責任をもつ「排出者責任」と，生産者が製品について製造・設計から使用後の処理まで一定の責任を負う「拡大生産者責任」の考え方が明示されたことは，ごみ政策にとっての画期となった。

現在の日本における循環型社会形成に関する法体系は，環境基本法の下の循環基本法を出発点とし，廃棄物の適正処理のための廃棄物処理法と再生利用の推進のための資源有効利用促進法を２つの柱として位置づけている。その下に，特性に応じて**6つのリサイクル関連法***が位置づけられ，全体として循環型社会の形成に取り組んでいる。そうして生産された再生品を公的機関が率先して調達・購入する仕組みとして「国等による環境物品等の調達の推進等に関する法律」（2000年）が制定され，循環型社会の構築を支えている。

＊3R
発生抑制（Reduce），再使用（Reuse），再生利用（Recycle）の頭文字をとって3Rという。

＊循環資源
廃棄物等のうち有用なものをいう（循環型社会形成推進基本法第２条第３項）。

＊6つのリサイクル関連法
容器包装リサイクル法（1995年），家電リサイクル法（1998年），食品リサイクル法（2000年），建設リサイクル法（2000年），自動車リサイクル法(2002年)，小型家電リサイクル法（2012年）の６つを指す。

2　廃棄物処理をめぐる政府間関係

1　市町村，都道府県の役割

循環型社会の形成のためには，廃棄物処理法が定める主体である国，自治体，事業者，住民の廃棄物処理に関する役割認識と3R推進のための努力が欠かせない。

廃棄物処理法は一般廃棄物の処理について市町村にその区域の処理責任があるとしている。同法は，市町村が一般廃棄物処理計画を策定し，処理を実施し，区域内の住民に対して廃棄物の減量を促すともに，一般廃棄物の適正な処理に必要な措置を講ずることを定めている。また，都道府県に対しては，一般廃棄物の処理責任を負う市町村がその責務を十分に果たせるように必要な技術的援助を行うことを定める。

産業廃棄物の処理については，事業者みずからの責任において行うと定めている。実際には，事業場から排出される大部分の産業廃棄物は，都道府県や政令市の許可を受けた許可業者が事業者から委託を受け，廃棄物の性質に応じ処理している。また同法は，都道府県に対して，区域内における産業廃棄物の状況を把握し，廃棄物処理計画の策定，排出事業者や処理業者に対する指導・監督など，必要な措置を講ずることを定めている。

ただ，許認可権者は都道府県であったとしても，これら産業廃棄物処理関連施設はいわゆる「迷惑施設」であり，必ずどこかの市町村に所在し，その住民が受苦住民となることから，都道府県と市町村の協力・連携が廃棄物の適正な処理において重要である。この協力・連携が疎かになると，香川県の**豊島***や静岡県**熱海市***で生じたような不法・脱法的投棄につながる。そのツケはつねに地域住民が被ることになる。

2　国の役割

廃棄物に関する情報の収集・整理および廃棄物の処理に関する技術開発の推進を図るとともに，法律の制定，基本方針の策定，処理基準・施設基準・委託基準などを策定することによりほかの主体がその責務を果たせるように必要な技術的および財政的援助を与えること並びに広域的な見地から調整を行うことに努めるのが，国の役割である。

これに基づき，例えば，国は**循環型社会形成推進交付金***制度を設けている。自治体の一般廃棄物処理施設の建設は莫大な費用を要する。これを自力で捻出できない自治体は，国の行政・財政的方針に従ってごみ処理方法を選ばざるを得ない。環境省が2005年にこの交付金を廃棄物処理施設建設等に利用するため計上した予算額は230億円だったが，施設のダイオキシン削減対策や老朽化対策，そして東日本大震災などによる施設の新設も相まって2020年には予算規模は1186億円まで膨れ上がった。2022年の**プラ新法***の施行に伴っては，さらにプラスチックごみの分別収集・リサイクルも交付要件に加わることになった。

循環型社会形成推進交付金制度をみても，市町村の自主財源が不十分であることを背景として，自治体の廃棄物処理施設整備計画は，自治事務でありながら，国の廃棄物処理政策に追随する形になっているともいえる。

3　自治体における廃棄物処理

1　自区内処理の原則

市町村がみずからの区域の家庭から排出されるごみの処理責任を負っていることに関連して，「自区内処理の原則」が廃棄物行政の規範観念として定着している。

＊豊島（てしま）における産業廃棄物不法投棄事件
1975年12月に豊島総合観光開発という業者が香川県に対して有害廃棄物処理場建設の申請を行ったことから始まる。豊島の住民はこの施設の建設に対して署名を集め激しい反対運動を行ったが，当時の香川県知事が同社の申請について事業許可を出した。その後，同社は1975年から16年間にもわたって豊島に大量の産業廃棄物を不法投棄した。この事件は1990年に発覚し，廃棄物処理施設の設置に関する規制が強化されたが，その後も産業廃棄物の不法投棄が発生している。

＊熱海市における産業廃棄物不法投棄事件
➡第17章「林業の活性化」*Column* 18

＊循環型社会形成推進交付金
自治体が廃棄物処理施設などの建設をするために策定した循環型社会形成推進地域計画が国の基準を満たしている場合には，整備にかかる費用の２分１から３分の１を国からの補助で賄うことができるようにする交付金のこと。

＊プラ新法
近年では海洋プラスチック問題が浮上し国際的な課題として認識されつつあるが，日本においては廃プラスチック問題に対応するためレジ袋の有料化の導入（2020年７月実施）と「プラスチックに関わる資源循環の促進等に関する法律」（プラ新法）が制定された（2022年４月施行）。

自区内処理の原則は，1970年代に起きた「**東京ごみ戦争**[*]」で提唱された原則である。当時，東京特別区のごみの最終処分地として長年苦しんできた江東区は，他の22区に対し，各区内で発生したごみの処理はみずからの区内で行うよう，ごみ処理の責任を訴えた。当時の江東区議会議長は，「自区内処理の原則は，迷惑の公平な負担の原則であり，23区のごみの終末処理を江東区のみに押し付けている不合理を解消する必要から求めてきたもの」であるとした（東京都 2000：237）。

この自区内処理の原則は，ごみ問題をわがまちの問題として当該自治体で解決すべき課題であることを住民に認識させると同時に，他の自治体で発生したごみをみずからの自治体の区域に持ち込ませないための原理として全国的に定着した。施設の維持・建設コストの都合等から一部事務組合等による市町村どうしでの共同処理にあたることが多くなった現在においても，構成自治体内で受苦・受益を分かち合うこの原則は廃棄物行政を支えている。廃棄物発生者である住民と，処理主体である市町村とを結びつけるこの規範概念は，「清掃現場に自治あり」といわれる所以でもある。

＊東京ごみ戦争
各区で施設の建設が進むなか，杉並区では清掃工場の建設が住民の激しい反対運動によりとん挫。この動きに不満をもった江東区は，杉並区のごみ搬入を実力阻止するに至り，杉並区はごみが搬出されず街頭に山積みされる事態に発展した。これについて当時の美濃部都知事が「東京ごみ戦争」を宣言し，収拾に乗り出した。一方，杉並区の反対運動の背景には東京都が清掃工場建設を強権的に進めようとしたことがある。

2　廃棄物処理の現状

(1)　ごみの分別

ここからは，廃棄物処理の現場である自治体の現況をみてみよう。環境省が市町村および一部事務組合に対して行っている調査結果によると，2021年度のごみ総排出量は4095万トン（東京ドーム約110杯分）で，１人１日あたりのごみ排出量は890グラムである。2000年度のごみ総排出量4669万トン，１人１日あたりのごみ排出量1132グラムであったことに比べると，ごみ総排出量と１人１日あたりのごみ排出量ともに減少傾向である。その要因は市町村の取組から見出すことができる。

清掃事業は自治事務であるため，個々の自治体はその区域内のごみの分別種類をみずから決めることができる。**表11－1**が示すように，ごみを２種類に分別する自治体もあれば，26種類以上分別する市町村もあるなど，ごみの分別は自治体によって異なる。ごみの分別種類と住民によるごみ分別への協力は，上記のようにごみ排出量の減少につながっている。

廃棄物処理は自治体の事務である一方で，廃棄物の原責任

表11－1　ごみの分別の状況（2021年度実績）

分別数	分別なし	2種類	3種類	4種類	5種類	6種類	7種類	8種類	9種類	10種類	11～15種類	16～20種類	21～25種類	26種類以上
市町村数	0	5	11	11	36	59	62	91	111	110	638	412	141	32
1人1日あたり排出量（グラム／人日）	0	952	1095	993	926	1013	981	922	896	910	901	895	839	868

（注）　1：1人1日あたりの排出量は各市町村の1人1日あたりの排出量の単純平均値。
　　　2：東京都23区は1市とし，分別数の最も多い種類で集計。
（出所）　環境省（2023）「日本の廃棄物処理」。

者である住民は，廃棄物の排出抑制や分別などをして減量に取り組み，責任をもって市町村の政策に協力しなければならない。廃棄物処理は政府による住民へのサービス提供ではなく，住民の共同事務を持ち寄って共同で管理するというプリミティブな自治体の姿を残している部門であることが認識できよう。

⑵　ごみ有料化

＊ごみ有料化
市町村が一般廃棄物処理について手数料を上乗せされた有料の指定ごみ袋を販売したり，ごみ袋に貼るシールを販売したりして手数料を徴収する施策。

ごみ減量のため，多くの自治体は**ごみ有料化**＊制度を導入している。市町村は「生活系ごみ」だけでなく，例えば，商店や飲食店などから排出される紙くずや残飯類など事業活動に伴って排出されるごみであっても一般廃棄物に該当するものを「事業系ごみ」と呼び，市町村が処理している実態がある。事業系ごみについては，無料で収集する自治体，手数料を取って収集する自治体など，その対応は様々である。

環境省は，ごみ有料化を市町村の一般廃棄物事業を循環型社会に向けて転換していくための施策手段と位置づける（環境省「循環型交付金ガイドライン」）。環境省資料（2021年度実績）によると，生活系ごみの場合，1741の市区町村のうち，ごみの収集手数料を徴収している自治体は1419で8割以上の自治体が有料化制度を導入している。また，事業系ごみについては，手数料を取る市区町村は1509（86.7％）で生活系ごみより有料化制度の導入が進んでいる。この値には粗大ごみの収集事業が含まれているので，これを除くと，生活系ごみは1154市区町村（66.3％），事業系ごみは1504市区町村（86.4％）が有料化制度を導入している。粗大ごみを含むか否かに関係なく，市区町村における事業系ごみの有料化制度は広く使われていることがわかる。

⑶　市町村のごみ収集運搬の実態

住民により分別排出されたごみは誰が処理しているのか。

廃棄物の収集運搬事業は，市町村の直営（自治体職員），委託業者（民間業者），許可業者（民間業者），一部事務組合（複数自治体の共同処理）のいずれかの形態によって行われている。

環境省によると，市町村または一部事務組合の直営の割合は2011年には25.9％だったが，2021年には19.4％まで減っている。また，ごみの約８割が委託業者や許可業者などの民間業者に収集運搬されている。1989年における市町村または一部事務組合の直営によるごみ収集量の割合が50.3％であったことからすると，自治体のごみ収集運搬に関する民営化が進んでいることは明らかである。

⑷　焼却処理の現況

日本には世界にある焼却施設の３分の２があるといわれるほど，実は焼却処理は日本に特異な処理方法である。OECDのデータによると，ほかの国に比べ，日本における都市のごみ焼却量は最も多く，２位であるドイツの２倍以上である。また，（エネルギー回収を伴う）焼却の割合においても日本の焼却率は74.6％で最も高い（OECD 2020）。

なぜ焼却中心のごみ処理を行っているのか。そこには，廃棄物量の増加に反して，国土面積が狭いが故に最終処分場を建設する場所が少ないという事情がある。ごみ量を減らして衛生的に処理するには，焼却が最も適しているとされたのである。そのため，汚物掃除法で公衆衛生を目的として焼却処理が推奨され，高度経済成長期である1960年代から70年代には全国の自治体でごみ焼却施設の建設が進んだ。

環境省によると，2021年度のごみの総処理量4095万トンのうち，**中間処理***量は3719万トンである。中間処理量のうち，直接焼却された量は3149万トンで，ごみの処理方法のうち焼却処理の割合が約８割近く占めている。このことから，循環型社会形成推進法が制定されてからも，依然として焼却中心でごみ処理が行われていることがわかる。

日本のごみ焼却施設の数は1989年1941施設から2021年1028施設まで減っているものの，施設の規模は大規模化されている。大規模化の要因には，ダイオキシン削減対策として**ごみ処理の広域化計画***が推進されたことが挙げられる。

資源が乏しい国におけるこのような焼却中心のごみ処理に対しては国内外から批判の声があげられている。これに対し，国は自治体における**エネルギー回収***型廃棄物処理施設の

＊中間処理
最終処分の前に，焼却，破砕・選別等による処理を施し，その量を圧縮すること。

＊ごみ処理の広域化計画
ごみ焼却施設からのダイオキシン類の排出が施設周辺住民に不安を与えているという市町村から報告を受けた旧厚生省は，1997年に新たなガイドラインを策定した。その内容の１つが，隣接市町村が連携して，焼却施設を100トン／日以上の全連続炉への集約化（広域化）を総合的・計画的に進めることであった。このガイドラインに基づき，都道府県に対して策定させたのが「ごみ処理広域化計画」である。当計画の推進により，廃棄物をめぐる自区内処理の原則はその実現が棚上げされることになった。

＊エネルギー回収
廃棄物を焼却する際，廃棄物を単に焼却処理せず，焼却の際に生じる熱エネルギーや蒸気，生ごみを発酵させた際に生じるメタンガス等を回収・利用すること。とくに焼却熱を発電や温水等に利用するほか，プラスチックについては燃焼させて熱回収することをサーマルリサイクルと呼び，日本ではプラスチックの再製品化と並んで盛んに行われている。

建設を促しているが，資源となりうるものを燃やしていることに変わりはなく，焼却による二酸化炭素の排出や施設のエネルギー回収率などについても課題が残っている。また，ごみ処理量を減らすための市区町村等による資源化と住民団体等による集団回収も定着しているが，2021年度のリサイクル率は19.9％で，近年10年間ではリサイクル率は横ばい状況がつづいている。

(5)　ごみ処理の広域化

日本のごみ総排出量は年々減少しているが，ごみ処理事業経費は少しずつ増えている。ごみ処理をめぐっては，上述どおり自治体の財源の不足や事業規模の確保などのために複数の市町村が共同で一部事務組合を設置してごみ処理を行うことが多い。平成の市町村合併以後，一部事務組合は減少傾向であるものの，一部事務組合のなかではごみに関する事務が389件（関係団体数1365）で最も多く，多くの自治体がこの仕組みを用いてごみ処理を行っている（総務省 2022）。この仕組みは一方で住民の排出者としての原責任と絡んで，自区内処理原則との整合性が問われることになる。

(6)　事業経費の増加傾向

2018年度のごみ処理事業経費は２兆円を超え，2021年度は２兆1449億円に達し，国民１人あたりに換算すると，１万7000円にもなる。ごみ処理事業経費は増加傾向にある。

これについて自治体はどのように受け止めているだろうか。例えば名古屋市はごみ最終処分地問題で2009年２月に「ごみ非常事態宣言」を発出して以降，住民・事業者の協力を得て容器包装関連ごみの分別・リサイクルに取り組み，ごみ減量を行ってきた。また，同市はごみ処理に関する住民の関心を促すため，「名古屋ごみレポート‘21年版」を出している。このなかで，ごみ処理コストが減らない理由について，処理段階のうち「最も手間とコストのかかる収集・選別が自治体負担であり，拡大生産者責任が不徹底なため，自治体のコスト負担の増大という状況を招きました。ごみと資源をあわせた処理経費は，ごみ非常事態宣言当時に比べて一旦は増加しましたが（1998年度439億円⇒2000年度474億円），その後，収集体制の効率化などコストの圧縮に努め，当時より約15％（66億円）経費を削減することができました（1998年度439億円⇒2020年度373億円）」としている。ごみ減量にもまたコストがかかるものだが，ごみ処理の終端に位置する市町村に負担が

▶▶ Column 12　科学の発展とごみ ◀◀

科学の発展は私たちの暮らしを便利で豊かなものとしている。新しいものに接するとき，これはいつまで使えて使い終わったときどのように処理されるのかを考えることがどれくらいあるだろうか。世の中に存在する便利なものや豊かさを象徴するもののほとんどは，程度の差こそあれどれもごみになるものであり，当然処理責任を負わせる仕組みが必要になる。この発想に立たない限り，ごみ問題の前進はないだろう。

ところで夜空に輝く星は美しい。科学の発展に伴って，宇宙への人類の憧れは宇宙開発の名目で次々と新しいものを打ち上げている。ロケット，衛星，宇宙船など，各国は打ち上げ成功数を競っているわけだが，それらによって発生した宇宙ごみを誰が回収しどのように処理するのか，枠組みに関する議論はまだ十分ではない。

近年よくみかける携帯扇風機や加熱式たばこ，コードレス掃除機，スマートフォンなどは便利なものであろう。これらの製品には充電池としてリチウムイオン電池が使われている場合があり，これらが燃やさないごみに混入されたことが原因で，破砕処理施設での火花発生や発煙，出火が増えている。自治体を対象に行った環境省の調査によると，その件数は2020年には１万1174件にも上った（『北海道新聞』2022年６月29日付）。

充電池使用の製品についてはメーカーに表示義務を負わせているが，自治体によって異なるからという理由でごみの出し方の明示はなく，輸入品については表示義務もない。環境省は自治体対して小型家電リサイクル法に基づきこれらの製品の分別回収を促しているが，現状は自治体任せである。分別回収は住民と行政の協働の見せ場であるともいえようが，出口だけを取り締まっても入ってくるものが多くなればいずれ廃棄物処理の仕組みは破綻してしまう。

科学技術がますます発展し，設計者・生産者しかわからない物はこれからもさらに増えていくであろう。ならば設計者・生産者に処理責任を負わせて流通システムに乗せる仕組みがない限り，ごみ問題は今より複雑・深刻化するのが必至であろう。未知への憧れによる行動には責任を求めなくてよいのか，綺麗な夜空の輝くものが実は宇宙ごみだったという流れにならないように考えてみてほしい。

集中することになっている。

4　廃棄物処理をめぐる課題

ごみの場合，住民の関心は処理主体の正当性の源泉となる。科学の発展は私たちに便利な暮らしをもたらしたが，これに伴い生産され消費されてきたものについて，私たちは多くの場合それらがごみとなったときの処理方法を考えず，議論せず，日々暮らしてきている。

わがまちの廃棄物処理施設の立地から気づくことがあるだ

ろう。廃棄物処理施設は，市町村の単独処理の場合でも，自治体の中心部から遠い市町村境近くに建設され，辛うじて自区内処理という要件を満たしていることが多い。市町村が廃棄物を共同処理するために設立した一部事務組合の場合，廃棄物処理施設はわがまちではなく，ほかの自治体に立地することも多い。その場合，立地自治体より多額の処理コストを払うこと（公平な負担）で自区内処理の原則を満たしていることにされるが，ごみの現場は原責任者である住民の目から離れていくことになり，関心も次第に薄れていく。

また，近年ごみ問題は自治体の区域内で処理できる課題で終わらないことを自覚させる出来事が増えている。例えば，漂着ごみは区域内の住民によるごみではないものの，住民の生活環境や安全な暮らしを守る自治体の役割に鑑みれば放置するわけにはいかない課題である。また，日本のような自然災害が多い国においては，災害による廃棄物は自治体の区域を超え，国境を超えてしまう。なかでも東日本大震災で発生した放射性廃棄物の処理は，処理方法についての政府間の合意および住民との合意形成も容易ではなく，難しい課題に直面している。これらの解決策を考える上で，ごみ処理責任の所在と人々の関心が鍵となる。

近年の動向からすると，マイクロプラスチック問題からみるようにごみ問題は，国際的課題となっていて，これにどのように向き合えるのか問われている。これ以上廃棄物を社会経済システムの下流の問題に押し留めることをやめ，上下流一体でみられる位置まで俯瞰して眺める必要がある。私たちが直面している問題を解決するためには，ごみの出口である自治体にだけ処理責任・許可監督責任を負わせるのは不十分である。生産されたものについては，どのようなものが使われ，どのような工程を経ているのかを最も熟知しているアクターは生産者であり，とくにごみ発生抑制と資源循環についての責任が問われるべきである。政策の転換が求められる。

（鄭　智允）

第12章

住宅サービス

本章では「住宅サービス」について議論する。住宅は，よく「衣食住」といわれるように関心が非常に高い。しかし，自治体の行政サービスとしての住宅サービスは，大半が公営住宅業務であり，肝心の公営住宅ですら縮小傾向にある。本章は，「住宅と自治体」「自治体住宅サービスのあゆみ」「住宅サービスの課題」から構成されている。とくに民間経済による荒波のなかの小舟と化した住宅サービスの変遷と今後の課題について追う。

1 住宅と自治体

1 自治体にとっての住宅

(1) 自治体業務としての住宅サービス

自治体による住宅サービスは，現在では主として公営住宅の運営を通じて，低所得者対応や高齢化社会への対応を目的として行われるとともに，これに付随して都市インフラの整備などとして行われている。それに伴い，公営住宅業務以外のサービスについては脆弱な自治体が多い。独自の住宅サービスを行っている自治体は，全体の３分の１程度である（太田 2018）。具体的には耐震や高齢化対策に伴うリフォームや空き家対策程度がほとんどである。

そのため全体的には，公営住宅の量的な供給は，**災害復興住宅***などを除き増加していない。自治体の住宅サービスは，住宅を供給する業務ではなく，入居者の厳格化に対する業務が増えている。

＊災害復興住宅
災害公営住宅ともいう。災害などで自宅を失った被災者向けに，地方自治体が整備する賃貸住宅のことである。

(2) 住宅サービスに関する法令

住生活に関する基本的な法令は，2006年に制定された「住生活基本法」である。

住生活基本法で注目すべきこととして，自治体においても住生活基本計画の策定と長期にわたる住宅政策が求められていることが挙げられる。しかし，その根幹となる住生活基本計画は，12県（国土交通省 HP 2023）においてはそもそも策定されていない。

2　社会保障としての住宅サービス

(1)　公営住宅

公営住宅は，政府が定めた法令等のルールによる縛りが多い。そのため，自治体独自の制度を設けようとしても公平性という観点から横並びになるなど独自の制度がつくりにくい分野である。また，公営住宅の建替え等については，公益施設併設などのまちづくりの視点から検討が行われるが，管理運営は社会保障の観点から実施される。

(2)　セーフティネットとしての住宅

公営住宅発足当初は，建築物の不燃化などが本来の目的であり，戦後まもなくは入居者審査のルールがなく，高所得者層も入居していたが，徐々に低所得者向けへと厳格化された。

しかし，現在でも低所得者がすべて公営住宅に入居できるわけではなく，生活保護世帯では**無料低額宿泊所**[*]などの活用も数多く見受けられる。実際には生活保護世帯では，現金給付により，家賃相当額の補助を受ける方式となっているが，その金額に見合った民間賃貸住宅に入居することが多いのが現状である。しかし，なかには劣悪な民間住宅を斡旋するなどの事例もみられ，社会問題化している。

＊無料低額宿泊所
社会福祉法（昭和26年法律第45号）第２条第３項第８号に規定する「生計困難者のために無料又は低額な料金で宿泊所を利用させる事業」を行う施設である。

厚生労働省によれば，生活保護受給者数は205万人で，うち176万人が住宅扶助を受けている（厚生労働省 2021）。公営住宅の入居については，同居親族要件を条件としている自治体が多いことが生活保護世帯入居を厳しくしている一因となっている。

震災等災害時において建設される災害復興住宅は，公営住宅法に規定された制度であり自治体が被災地に設置する住宅である。ただし，通常の公営住宅と異なり入居時において収入等の基準がなく，災害復旧に応じて収入基準等が徐々に復活する制度である。そのため，入居者は収入によっては将来立退く必要が出てくる。このため仮住まいのようになる状況があり，災害後のコミュニティ継続の点から考えると一律退去させたりするとコミュニティが崩壊するなどの問題があるため，永住を目的として住宅の居住者への払い下げをするなどの対策をとっている自治体も多い。ただし，これは支払い能力の問題もあり部分的な解決策でしかない。

3　都市，住環境政策としての住宅サービス

(1)　都市景観と住宅サービス

日本の街並み景観が整っていないことが，長い間，欧米と比較されてきた。日本の住宅は，戦前から住宅供給が民間主導であったことや，市場を重視し私権が強いという特徴があった。したがって，都市景観や住環境は後回しの時代が長く続いていた。これらの課題の解決としては，高度経済成長期頃から木造密集地の改善などの観点から徐々に行われるようになったが，権利関係の問題などのために限定的であった。現在では**住宅の耐震化***や**空き家***施策など，自治体独自の施策も増えつつある。

(2)　OECD からの勧告

土地や建物の所有権の強さや市場中心のあり方に対して，OECD は2000年11月に「OECD 対日都市政策勧告」を出し，日本に対して次のように勧告を出し警鐘を鳴らしている。勧告の項目数は8項目であり，細目は，

- 都市デザインの質は都市の魅力ひいては都市の競争力維持に不可欠（「規制の再構築」）
- 適切な規制は強化すべき（「規制の再構築」）
- 都市開発事業によってもたらされる公共の利益の実現のために私権が制限されるのは許容されるべき（「個人の権利と公共の利益との調和」）

など，20にも及んでいる（括弧内は項目名）。

都市景観に関しては，1996年の東京都国立市で起きた**国立マンション訴訟***が有名である。これを契機に2005年には景観法が公布され，自治体が定める景観条例に強制力が与えられることとなった。しかし，都道府県レベルではともかく，市町村レベルでは，依然として多くの自治体で条例は制定されていない。

4　高齢化や少子化に向けた住宅サービスの誘導

介護施設については，1997年の介護保険法に定められた介護保険事業計画により，特別養護老人ホーム等について，行政判断により新規建設を抑制する**総量規制***がかかるようになるが，増加する行政需要に応えるため，2011年に「高齢者の居住の安定確保に関する法律」（高齢者住まい法）が改正され，**サービス付高齢者向け住宅***の登録制度ができた。

また，子育て世帯に対する公営住宅の優遇処置や，建替え

＊住宅の耐震化
住宅の耐震化率については，2003年では75％であったものが2018年には87％（国土交通省）となっており，徐々にではあるが耐震化率は進展している。

＊空き屋
空き家等対策の推進に関する特別措置法と国土交通省から示された指針（2015年5月26日）によると，1年以上電気等の使用実績がないことなどと示されている。地方と大都市では前提条件や課題にばらつきがあることから例外的に各自治体で独自の施策が多い。➡第10章「環境と SDGs」❶ 1

＊国立マンション訴訟
国立市では1998年に美しい並木で有名な通りの高層マンション建設計画を機に「都市景観形成条例」を制定し，事業者と協議をしたが，高層マンションの建設をめぐって裁判となった。この裁判では景観権が争われた。1審判決では原告主張が認められ，竣工済みの高層マンションの20m以上の部分の撤去が認められたが，2008年の最高裁判決では認められず，事業者側に有利な判決が確定した。このなかで景観条例をはじめとした自治体活動の限界が明らかとなった。

＊総量規制
介護保険法第70条第4項および第5項において，都道府県の計画供給量を超える施設の申請があった場合は，事業者の指定をしないことができるとされている。

＊サービス付高齢者向け住

宅
いわゆる「サ高住」。高齢者仕様の賃貸住宅に高齢者支援施設が併設されている。

の際の公営住宅の併設等の推進が行われている。

2　自治体住宅サービスのあゆみ

1　戦前戦後の住宅サービスの変遷から

(1)　戦前の住宅サービス

戦前は，自治体による住宅サービスは，重要視されなかった。「家屋ハ末ナリ」（本間 1995）とあるように，産業育成などに行政サービスの重点は置かれ，住宅サービスは二の次であった。

わずかな動きとして，1911年に過去の大火義捐金を元に東京都浅草区に建てられた「玉姫町住宅」という貸し長屋が後に，公営住宅（東京市営住宅）第1号となった。また，1918年の米騒動後に各地で**住宅組合***等が設立された。

その後，内務省の諮問機関である**救済事業調査会***から「小住宅改良要項」が答申され，公的な住宅の建設指針などが初めて国より示された。これは主に災害対策やスラム対策などを主眼に置かれたものであり，これを契機として大都市に住宅掛（係）などの組織ができた。

しかし，供給面からは圧倒的に民間や企業の社宅が多く，とくに都会に流入する労働者の多くを社宅が受け入れた。その後社宅は，日本の終身雇用制度を支える柱の1つとなった。

有名なのは，1923年の関東大震災の復興住宅とその基金（義捐金）を元にして発足した**同潤会住宅***であり，本格的な住宅政策の始まりとして紹介されることが多い。だが，恒久的な施策として定着することはなかった。同潤会は第二次世界大戦が勃発したことにより，資材不足などから組織改編（住宅営団）された。最終的に，住宅営団はGHQにより1946年に解散した。

(2)　戦後の住宅サービス

戦後，焼け野原になった日本には，そもそも十分な住宅サービスを行う資金がなかった。そのため，当初はバスを改造した住宅が供給されるなど，仮設的な住宅を少数供給する程度に過ぎず，多くのバラックが発生した。これは後に，駅前スラム街を形成する元となり，その解消のため自治体は多くの時間と資産をつぎ込むこととなった。

自治体では，すでに所有していた公的な住宅を居住者に売却するためまず予算確保に追われた。こうした売却は後に，

＊住宅組合
住宅組合法（1921年）により成立。住宅組合員に公的機関が低利融資や物件のあっせん等を行った。1971年に廃止された。

＊救済事業調査会
1918年，内務省に設けられた社会政策一般を調査審議する諮問機関である。

＊同潤会住宅
同潤会は内務省により，関東大震災の義捐金を元に，1924年に設立された財団法人である。東京と横浜において住宅供給を行った。実質的な公的な住宅供給の最初の事業主体といわれる。住宅供給の面以外では，鉄筋コンクリート造など耐震耐火などでも当時の先駆的な役割を果たした。供給は2800戸にとどまる。

公営住宅の建替えなどで資金を**等価交換***で賄うなど，公的な資金だけに頼らなくなる先駆けともなった。

1950年代には，戦後の住宅サービスの法体系の骨格となる住宅サービスの三本柱となる法律が形成され，後の高度経済成長を牽引した。

三本柱の第１は，1950年の住宅金融公庫法であった。

第２は，1951年の**公営住宅法***であった。同法が公布されたことにより，ようやく本格的な住宅サービスが始まった。ただし，当初の公営住宅は今の公営住宅と異なり，必ずしも低所得者等を対象としたものではなく，**入居収入基準***が**標準勤労者世帯***の80％であり，一般の居住者層が対象であった。また，入居後に収入基準を超過した場合でも退去等の措置はされないままであった。

第３は，1955年の日本住宅公団法であった。

(3)　高度経済成長期の住宅サービス

1958年の**首都圏整備基本計画***は，市街地の無秩序な拡大と深刻な住宅不足に悩まされている過密問題に対し，秩序ある発展を図るべく策定されたものである。しかし，実際には激しい社会経済の変動に伴い，この計画は幾度かの軌道修正を余儀なくされた。結局，あまり効果はなく急激な市街化はその後も続くこととなった。

この時期には建設コストが急騰し，公的住宅の大量供給が難しくなっていった。その結果必然的に**持ち家政策***に頼らざるを得なくなった。

住宅供給については，1965年に**住宅建設五箇年計画***が策定された。都心では土地代高騰等のため，公団・公営などの公的賃貸住宅は郊外のニュータウンなど都心から離れた地域での供給に頼ることとなった。

これら郊外の自治体は，学校不足やインフラの整備負担などが重くのしかかり，行財政を圧迫することとなった。また，新旧住民のトラブルなども多発し，自治体からは「団地お断り」の風潮が広まった。このようななか，1967年に兵庫県川西市で「**宅地開発指導要綱***」が初めて制定され，開発者に一定のインフラ整備等に関する要請（行政指導）を行うようになった。これを契機に全国のほとんどの自治体で同様の要綱が制定されるようになった。

その後，建設コスト高騰し，公的な住宅を安価に供給することはより難しくなっていった。

＊等価交換
開発業者が土地所有者の土地上に建物を建て，竣工後に土地の一部と建物の一部を等価で交換する建築方式のことである。土地所有者が建築費を負担することなく土地活用を始められる利点があるが，土地所有者の土地資産の持分は減少する。

＊公営住宅法
憲法第25条に則り，公営住宅を住宅に困窮する低所得者に供給するため，国が地方自治体と協力して整備するための法。ただし，当初は低所得者の規定がなく，そもそも全所得階層で住宅が不足していたため，低所得者向けとはならなかった。

＊入居収入基準
公営住宅に入居するための収入の基準。家族構成等により異なる。

＊標準勤労者世帯
夫が働いて収入を得て，妻は専業主婦，子どもは２人の４人世帯のことをいう。

＊首都圏整備基本計画
「首都圏の建設とその秩序ある発展を図るため必要な首都圏の整備に関する計画」（首都圏整備法第２条）である。

＊持ち家政策
個人に対し住宅取得を促す政策。現在でも全国での持ち家の割合は８割，東京都でも５割である（総務省統計局 2018）。

＊住宅建設五箇年計画
住宅建設を計画的に遂行するための住宅建設計画法に基づいた政策。５年を１期として公営・公庫・公団の

建設戸数を策定した。1966年から８期続いたが，住宅供給の充足等により2006年に終了した。

＊宅地開発指導要綱
一定規模の宅地開発業者などに対して，道路や駐車場の設置基準，公園や保育園・学校などの公共施設の整備，建物に関する規制，開発者負担金を課すことなど，自治体が宅地開発業者に対して定めた開発規制をいう。

＊応能家賃制度
収入等の支払い能力により，家賃を決定すること。

＊最低居住水準
最低居住面積水準は，世帯人数に応じて健康で文化的な住生活の基礎として必要不可欠な住宅の面積に関する水準で，現在は，単身者で25㎡，２人以上の世帯で10㎡×世帯人数＋10㎡となっている。

＊採光
公営住宅では居室等に４時間以上の採光があるようにする設計基準があるが，法律ではないので，民間では守られていない。

＊高齢者や低所得者層
➡第８章「福祉のサービス」

⑷　バブル期の住宅サービス

1975年にようやく「一世帯一住宅」が実現するが，その後も建設コストの高騰が続き，1999年には東京都は都営住宅の新規建設を中止した。

当然のことながら公営住宅の供給数が伸びない（公営住宅の割合は住宅総数の約3.6％にすぎず，借家に対しても10.1％である（住宅・土地統計調査：総務省 2018））ことから，入居者審査が厳格となり，1996年には**応能家賃制度***が導入された。また，その後も幾度となく公営住宅法の改正が行われ，入居者に対する基準が厳格化された。

ただし，高齢者や身体障害者などに対しては，入居基準が緩和され，生活弱者への取組はより手厚くなっていった。

住宅建設五箇年計画の「一世帯一住宅」の目標が達成されると第３期からは「量」から「質」への転換が目標にされた。「質」への転換について，最初は「**最低居住水準***」を設け，居住面積確保に重点が置かれていた。居住水準が満たされるようなると，公営住宅においては，採光や通風などに関し，一定水準以上の住宅となることが求められた。一方，民間住宅では，これらのコンセンサスがなく，公営住宅のほうが，**採光***等の住環境はかえって良好なケースが多かった。民間住宅の質はもっぱら建物の設備や内装等に向けられていた。

⑸　バブル崩壊後の住宅サービス

バブル崩壊後の1995年頃から日本の住宅政策は，住宅市場や住宅ストックを重視した政策目標へと大きく変更された。ポイントは，「官から民へ」「国から地方へ」であった。

具体的には，日本住宅公団は幾度かの変遷の上，都市再生機構へと2004年に組織替し，民間再開発事業の基盤整備が中心となった。公的住宅の直接供給からは撤退していった。

公営住宅は，1996年に公営住宅法が改正され，前述のとおり入居者は**高齢者や低所得者層***に限定された。

住宅金融公庫をはじめとした各種の変革により，戦後の住宅サービスの三本柱は大きな転換期を迎えた。また，バブル崩壊とも重なり，公共住宅はスリム化・重点化され，高度経済成長期に建設された住宅のリニューアルなど限定的なものとなった。その結果，公的な住宅政策についての事業規模は縮小の一途をたどることとなった。

2005年には地域住宅特措法が制定され，地域における住宅政策を自主性と創意工夫を活かしながら総合的に推進するため，「地域住宅交付金」制度が創設された。この制度により，自治体が策定する地域住宅計画に基づき公的賃貸住宅の整備などに国からの交付金が交付された。しかし，この制度はあまり活用されなかった。他方，人口減少や高齢化・貧富の格差に伴う住宅困難など住宅問題だけでは解決できない課題も多くなってきた。

公共住宅を民間の市場政策への転換を見据えた制度改革としてみておきたいのが，1993年の**特定優良賃貸住宅制度***である。これは，従来の公的住宅の供給は，公的セクターが供給主体であったため供給量に限りがあったが，民間活力の活用により供給量増を期待したものであった。居住者層は公的住宅より上位の所得層をターゲットとしたものであった。しかし，都心では家賃と入居者のバランスが取れず，地方では需給バランスがうまく取れず空き家が増加するなど，地域ごとの課題に適合しないことなどにより，制度の利用は長続きしなかった。

日本全体でみてみると，バブル崩壊によりそれまで郊外に広がっていた住宅は，都心の住宅価格の値下がりや団地の建替えと相まって都心回帰に向かうようになった。また，過疎地だけでなく，郊外の交通不便な団地などでも過疎化が発生し，今に続く郊外エリアの高齢化や空き家問題が発生することとなった。

NPO などの団体でも既存ストックを活用した様々なビジネスの取組が始まっており，今後の自治体の住宅サービスを考える際には重要な論点となっている。

こうした動きにもみられるように，自治体の財政やマンパワーの不足などから住宅政策では官民連携の動きが顕著となっている。

元来，住宅サービスは多くの民間活動を取り入れてきた。同時につねに予算不足とともに市場に翻弄されてきたという歴史もある。自治体が所有する土地建物の効率的な利用と不要な資産売却の動きも注目される。

1999年には **PFI*** が登場したことにより，公有財産の再編，とくに建替えが行われるようになった。なかでも多くの採用実績がある **BTO*** 方式などで，分散する公的住宅を1か所に集約し，跡地を事業収益用地として活用する取組などが進んでいる。しかし，もともと住宅政策分野は民間活力の導

＊特定優良賃貸住宅制度
主に中程度の所得階層のファミリー向けに供給される賃貸住宅。自治体・三セク等が建設する場合と，自治体等の補助を受けて民間事業者が建設する場合がある。

＊ PFI（Private Finance Initiative）
1999年に PFI 法（民間資金等の活用による公共施設等の整備等の促進に関する法律）が制定された。公共サービスの提供に際して公共施設が必要な場合に，従来のように公共が直接施設を整備せずに民間資金を利用して民間に施設整備と公共サービスの提供を委ねる手法。

＊ BTO（Build Transfer Operate）
プロジェクト事業主体が自ら資金調達し，施設を建設した後，施設の所有権を当該公共体に引き渡すが，引き続き施設を運営するプロジェクト推進形態。

入が進んでいる領域でもあるため，事業採算性を重視してPFIの導入を決定することが多く，サービスの面での目新しさがあまり出せないでいる。

建設後の維持管理についても指定管理者制度など民間活力に依存する動きがある。しかし，そもそも公的住宅サービスは従前から民間依存が大きく，法律や制度の制約があるなかで行われてきたものであるから目新しさに乏しい。他方で財政難やマンパワー不足は今後も厳しさが増すことが予想されるため，指定管理者制度を活用せざるを得ないとする向きもある。

3　自治体住宅サービスの課題

(1)　土地神話

不動産は2001年に**REIT***（不動産投資信託）が制度化され，本格的な投資対象となったが，戦前も投資の対象にならなかったわけではない。明治時代にも住宅ローンなど土地担保の金融商品はあった。しかし，本格的に不動産が投資対象となったのは戦後の混乱期がきっかけである。また，行政も土地や建物を福祉や環境の道具としてではなく資産形成の道具とすることで融資等を行い産業振興などに力を入れた。それは戦後の混乱期であることなどやむをえない事情もあったが，その結果として，都市の景観は損なわれ，公営住宅もセーフティネットとしての最低限の機能しか有していないようである。

* **REIT**（Real Estate Investment Trust）
投資家から集めた資金で不動産への投資を行い，そこから得られる賃料収入や不動産売買益を原資として，投資者に配当する金融商品で，一般的には「不動産投資信託」と呼ばれる。

公営住宅は，都心部ではもはや新規供給はされなくなっており，地方では人口減少と入居条件などから行政が住宅サービスにかける労力は一番多いにもかかわらず行政課題解決の主軸ではなくなっている。

住宅サービスのメニューはいろいろあるが，市場という大きな波の前に根本的な解決に至らないでいる。

1993年に神奈川県真鶴町で「**美の条例***」が制定され注目を浴びたが，これが全国に広がることはなかった。不動産等の市場活性化は自治体にとっては税収増となる利点もあるため難しい判断が必要であるが，住宅を取り巻く市場の動きに関して今一度どう向き合うのかについての自治体なりの検討が必要であろう。

* **美の条例**
リゾートマンション建設をきっかけに市民参画により神奈川県真鶴町で1993年に「美の条例」（真鶴町まちづくり条例）が制定された。建築物に規制を与える条例であるが，デザインコードを重視し，数値による制限はほとんどないのが特徴である。

なお，ヨーロッパでも戦乱はあったが，イギリスを除き公的部門が住宅供給の主軸であり続けた。しかし，1980年代か

▶▶ Column 13　海外の住宅サービス事情 ◀◀

最新の新築マンションの販売価格は首都圏で平均6000万円を超えバブル時期よりも高い水準にある（NHK 2022）。年収平均の中央値が400万円（厚生労働省国民生活基礎調査 2020）であることから庶民にはすでに高嶺の花だが，まだ上昇するともいわれている（ダイワアセットマネジメント 2023）。これが，日本国内だけの事情なら市場のメカニズムで給料が上がるか，マンション価格が下がるかで調整される（事実バブル経済は崩壊のなかで調整が行われた）のだが，今回はなかなか調整されないといわれている。理由は日本の不動産が相対的に格安（東京はニューヨークの半額以下）であることや土地資産運用の表面利回りがよいことや日本人の所得が相対的に低くなったことなどが理由といわれている。

OECD 加盟国の平均給与が580万円程度であるが，日本は安く（450万円）（OECD 2021），全般的に物価安の国である。また，投資目的での住宅の高騰は，ニューヨークや香港・ソウルなどでも起きており，今後，東京でも住宅が高騰する場合と逆にバブル崩壊のように急落する場合の両方の懸念が存在する。

ドイツでは賃貸住宅が６割超で，かつては公的セクターの借家が主流であったが，1980年代に次々解体される。しかし，2008年以降公的介入が復活し，民間賃貸住宅に対して，家賃ブレーキ制度など国民全体へサービスが行き届く制度が復活した。イギリスは，公営住宅の割合がまだ高く，ロンドンを除いた地方は，家賃は比較的抑制されている。

中国では，土地は自治体のもので，定期借地権として民間事業者を通して分譲する。その借地権料が自治体収入として大きな割合を占める。そのため，自治体によっては住宅を過剰供給し，その結果不良債権化をおこし，社会問題化している。純粋に市場が解決する国ではないが，今後の動向を注目しておく必要がある。日本はアメリカと公営住宅の割合や持ち家率など類似点があるが，ニューヨークでは賃貸家賃は上昇し続けて平均家賃が約70万円と日本では考えられない家賃となっている（『日本経済新聞』2022年７月21日付）。市場に流されていくなら日本も同じような運命をたどる可能性がある。

このような経済の流れなどを読み解きつつ，政策を立案し実行しなくてはならない難しさが，住宅サービスにはある。

それだけに広い視点で自治体行政を見直す必要があるのかもしれない。

ら払い下げが進み，持ち家政策にシフトしている。そのこともあってロンドンなどでは住宅の市場化が進みつつある。

⑵　民間活力の期待と限界

PFI 導入の効果としては，行政の経費削減には寄与したが，民間活力などの効果はあまりなかった。また，等価交換などは自治体の貴重な資産を切売りすることにもつながり，安易な運用を考えるべき時代がきている。

自治体が民間をうまく制御し，新たなサービスを育てるためには，自治体が民間や市場と向き合う覚悟をもつことが必要である。

⑶　公平性の再定義

住生活基本法によって，自治体は独自の計画を立ててサービスを行うことができるようになっている。しかし，実際は公営住宅では入居基準が厳然として存在している。その結果，各自治体の計画も類似性の高いものとなっており独自の施策が極めて少ない。とくに公営住宅では公平性が求められるため，自治体側も近隣自治体とのサービスの差をなくすように努めている。だがそれであるがゆえに住宅サービスの自治体ごとの独自性はみえにくくなっている。

⑷　住宅サービスの未来

住宅サービスは，現実的には日本経済の仕組みの土台に組み込まれている。このため市場からの脱却はできない。一方で，セーフティネットとしての住宅サービスや住環境整備としての住宅サービスの必要性は重要視されている。とはいえ，現在の公営住宅の運営では心もとない。

また，2020年から蔓延した新型コロナ感染症の影響で，一部に**人口の郊外移動***もみられるが，地方の過疎化や人口減少社会のさらなる進展を見据えれば，都心と地方の格差が根本的になくなることはないと見込まれている。

このように，住宅サービスは自治体の力量だけでは制御が難しく，他の公共サービスの影響も受けやすい。そうであるがゆえに公営住宅の最低限のサービスのみを提供している自治体も多数存在する。これまでのような等価交換などによる再開発ではなく，ストックの多くを再利用するなど，コストをかけない方法で住宅サービスの幅を広げるなど，資源循環型社会にみあったサービスのあり方が求められている。

（渡邉　修）

＊人口の郊外移動
2021年の財務省関東財務局の報告によると転出超過の傾向があるとしているが，2023年の日本経済新聞（2023年１月30日付）では東京への転入が戻ってきていると報道されている。

Ⅳ 地域社会の活性化

第13章 人口減少社会と地方創生

日本では，世界的にみても著しい速度で少子高齢化が進んでおり，人口減少社会が到来している。2013年にはいわゆる「増田レポート」が登場し，約半数の自治体が具体的な市区町村名とともに「消滅可能性都市」であるとされ，大きな衝撃を与えた。本章では，日本の人口減少および少子高齢化の現状とその要因を踏まえた上で，急速な少子高齢化に的確に対応し，人口減少に歯止めをかけるとともに，それぞれの地域で住みよい環境を確保し，将来にわたって活力ある日本社会を維持していくために，2010年代から国・自治体が一丸となって取り組まれてきた地方創生政策について，その成立過程と成果や課題を検証する。

1 人口減少社会の到来

1 日本の現状

(1) 人口減少・少子高齢化の実態

2020年国勢調査における外国人を含む日本の総人口は1億2615万人であったが，国立社会保障・人口問題研究所（通称「社人研」）による日本の**将来推計人口***（2023年推計）における**出生中位推計***の結果によれば，2045年の1億880万人を経て，2056年には1億人を割って9965万人，2070年には8700万人になるとされている（社人研「日本の将来推計人口（令和5年推計）」）。

上記資料の年齢3区分別人口（生産年齢人口，老年人口，年少人口）をみると，生産年齢人口（15～64歳）については，戦後一貫して増加傾向にあったが，総人口よりも早く減少傾向に転じ，2020年国勢調査では7509万人になった。出生中位推計の結果によれば，2045年には5832万人，2070年には約4535万人になるとされている。

老年人口（65歳以上）については，2020年国勢調査の3603万人から増加し，**第2次ベビーブーム***世代が老年になった後の2043年に3953万人でピークを迎え，2070年には3367万人，割合として38.7%になると推計されている。

年少人口（0～14歳）については，1955年頃から減少傾向

＊将来推計人口
国勢調査をもとに，全国の将来の出生・死亡および国際人口移動について複数の仮定を設け，これらに基づいて日本の将来の人口規模，男女・年齢構成の推移について推計を行ったもの。対象は外国人を含めた日本に在住する総人口となる。

＊出生中位推計
将来人口推計では，将来の出生推移・死亡推移についてそれぞれ中位，高位，低位の3仮定を設け，それらの組み合わせにより9通りの推計を行っている。このうち，出生について中位の仮定で推計したもの。

＊第2次ベビーブーム
1971年から1974年までに出生数200万人を超えた時期を指すことが多い。この期間に生まれた世代は，「団

塊ジュニア」と呼ばれる。なお，1947年から1949年までに起きたベビーブームを第１次ベビーブームと呼び，この期間に生まれた世代は，「団塊の世代」（堺屋太一）と呼ばれる。

にあり，2020年国勢調査では1503万になった。今後も減少傾向が続き2070年には797万人，割合として9.2％になると推測されている。

(2)　人口とは何か

そもそも「人口」とは何であろうか。人口とは「一定地域における人間集団の数」と定義できる。重要となるのはその規模と構造であるが，これらを明らかにするためにはルールに基づく集計が必要である。人口を集計する手法として代表的なのは，国勢調査と住民基本台帳である。これらに基づいて算出される人口をそれぞれ国勢調査人口と住民基本台帳人口という。

国勢調査は，自治体単位で５年ごとに日本国内に居住しているすべての人と世帯を対象とした**悉皆調査**（しっかい）*として実施されるものである。国勢調査は調査時点において居住している自治体を基準として実施される。

住民基本台帳人口は，自治体に**住所***を有する住民で，自治体に備えつけられている住民基本台帳に登録されている人の数である。

国勢調査人口と住民基本台帳人口は，ぞれぞれの地域に居住している人の数であるが，それらの数は一致せず，居住を前提とした人の把握は容易ではない。

また，居住を基本とした人口としては，移住等による定住者の数を示す「定住人口」がある。その他，観光等により自治体を訪れた「交流人口」，定住人口や交流人口でもない，地域と多様にかかわる人々による「関係人口」など，人口の概念はその定義により様々である。

＊悉皆調査
総務省統計局によれば，悉皆調査とは調査対象となるものをすべて調べる全数調査のことであり，誤差なく正確な結果が得られる反面，膨大な費用や手間がかかるという欠点もある。

＊住所
民法第22条に規定されており，各人の「生活の本拠」をいう。住所は，生活の実質的居住実態に基づいて具体的に決定するものであり，客観的な事実に基づき判断することを前提とし，本人の居住の意思は，他の諸般の事情とともに考慮すべき一要素とされている。

2　人口減少の要因

(1)　人口転換理論

近代社会における人口動態の変化は多くの国に共通するものとされており，「人口転換理論」として説明されている。人口転換理論は18世紀後半から20世紀前半までのヨーロッパの経験をもとに構築されたものであり，この理論では，経済社会の発展に伴い，「多産多死」から「多産少死」を経て，「少産少死」へと至るとされている（佐藤・金子 2015：67）。

日本では，1870年頃までが「多産多死」，1960年頃までが「多産少死」，1960年以降が「少産少死」の段階であると考えられている。「多産多死」の段階は，明治維新以前の高出生率・高死亡率の時代であり，人口増加の変動は大きいものの，平均的には人口増加率は低い状態である。「多産少死」の段階では，高出生率の一方で死亡率は急速に低下し，人口増加がもたらされる。「少産少死」の段階では，出生率も死亡率に追随して急速に低下し，低水準の状態で安定するとされている（阿藤 2000：89-90）。

これまでの人口転換理論では，人口転換後の少産少死の時代において出生率と死亡率は均衡を取り戻し低い水準で安定し，人口が静止状態に落ち着くとされていた。しかし，現在の日本の出生率は人口維持に必要な水準をはるかに下回っており，**平均寿命***も世界最高水準にある。すなわち，超人口減少・超少子高齢化社会の到来が確実とされている（佐藤・金子 2015：70）。

＊平均寿命
0歳の乳幼児が生存するだろうと考えられる平均年数のことを意味する。単純に高齢者の寿命が伸びたことを示すものではなく，子どもや成人の生存率も考慮した指標であることに注意が必要である。

⑵　人口減少・少子高齢化の要因

人口変動の要素としては「出生」「死亡」の自然増減があり，自治体レベルでは「転入」「転出」の社会増減が加わる。日本国内における「転入」「転出」は，基本的に国内の人口移動であり，日本全体の人口に影響しない。

日本における人口減少・少子高齢化の最も大きな要因は，出生率の低下にある。人口が世代を超えて維持されるためには，**合計特殊出生率***が**人口置換水準***を上回っていなければならない。合計特殊出生率は，1930年の4.72から，1970年には2.13となり，2005年は最低の1.26となった。その後，若干の増加傾向がみられつつ2021年には1.30となっている。

＊合計特殊出生率
出産が可能とされる年齢（15～49歳）における女性の年齢別出生率を合計したものであり，１人の女性が一生の間に産む子どもの数に相当する。ただし，結婚した女性１人あたりの子どもの数ではないことに注意が必要である。

＊人口置換水準
人口の再生産に必要な合計特殊出生率のこと。人口が増加も減少もしない均衡した状態となる水準を意味する。

⑶　人口減少社会への対応

人口減少は日本だけの問題ではなく，ヨーロッパでは19世紀後半から出生率が低下し，その結果として人口停滞が問題になっていた。しかしながら，様々な政策展開により，出生率の回復が図られた。例えば，フランスでは長期にわたり人口問題について国民的な議論や取組が重ねられており，手厚い支援策により，2006年以降2.00前後の出生率で推移し，2014年以降は減少傾向にある。2021年現在のフランスの合計特殊出生率は1.83となっている。また，スウェーデンでは家族給付や育児休業保障の拡充など子育てと仕事の両立支援策により，2010年に1.98を記録し，その後漸減傾向にある。2021年のスウェーデンの合計特殊出生率は1.66となっている（The World Bank Data）。

戦後世界における人口問題は急速な人口増加であった。日本においても明治維新以降，1970年代の初頭までは人口増加による様々な問題が発生していた。今日では人口減少時代を迎え，日本全体として起こりうる課題に対処し，みずからが住みたいと思う地域に住み続けられるための政策展開が急務となっている。

さらに自治体の問題意識としては，日本全体の少子高齢化・人口減少社会を踏まえ，それぞれの地域社会における課題を明確にした上での各種政策が求められている。

2　地方創生政策の展開

1　地方創生政策の歴史的経過

(1)　増田レポート

少子高齢化と人口減少社会への対策は，これまでも**過疎法***などにより国や自治体において様々な政策が展開されてきたが，現実的に有効な対策が打ち出されることはなかった。こうしたなか，2013年『中央公論』に掲載された論文をきっかけに，人口急減社会への警鐘として，いわゆる「増田レポート」が「地方消滅」を謳い，世間に衝撃を与えた。その概要は，大きく２点に集約される。

１点目は，「**消滅可能性都市***」を示したことである。「増田レポート」は，人口が減り続け，やがて人が住まなくなればその地域は消滅するとして，地域の消滅可能性を図る指標を「2010年から2040年までの間に20～39歳の女性人口が５割以上減少すること」とし，896の自治体を「消滅可能性都市」とした。また，そのうち，2040年時点で人口が１万人を切る523自治体について「消滅可能性が高い」と指摘した（増田2014：22-31）。

２点目は，東京一極集中に歯止めをかけるため，地方において人口流出を食い止める「ダム機能」として，若者に魅力のある「**地方中核都市***」を軸とした新たな集積構造の構築を提案したことである。すなわち，中山間地域も含めたすべての地域に人口減抑制のエネルギーをつぎ込むのではなく，地方中核都市に資源を集中し，そこを最後の砦にして再生を図っていくとしたのである（同上：47-48；150）。

(2)　まち・ひと・しごと創生

「増田レポート」で示された内容は，「経済財政運営と改革の基本方針2014」（「骨太2014」）に取り入れられた。その直後，第２次安倍晋三内閣（改造内閣）により，**地方創生担当**

＊過疎法
1970年に「過疎地域対策緊急措置法」が10年の時限立法として制定されて以来，これまで４次にわたり，いわゆる「過疎法」が制定されてきた。2021年４月１日に第５次となる「過疎地域持続的発展の支援に関する特別措置法」が施行された。

＊消滅可能性都市
増田による「消滅可能性都市」の定義には様々な批判がある。一例を挙げると，小田切徳美は，①なぜ30年後に若年女性人口が半減すると「消滅可能性」といえるのか，②なぜ人口１万人以下になると「消滅可能性」が「消滅」に変わるのか明確にされていない，と指摘する（小田切 2014：44-45）。

＊地方中核都市
政府による「地方中核拠点都市（三大都市圏（東京・名古屋・大阪）以外の都市で，人口20万人以上，昼夜間人口比率１以上など地方都市圏において相当規模の人口と中核性を有する政令指定都市や中核市）」とは，重なるところはあるものの必ずしも一致しないとしている。地方中核都市を拠点としつつ，それに接する各地域の生活経済圏が有機的に結びつき，経済社会面で互いに支え合う「有機的な集積体」の構築をめざすとしている（増田2014：49-53）。

大臣*が任命され，「骨太2014」に掲げられた少子化対策や地方対策を担当する「まち・ひと・しごと創生本部」が総理大臣を本部長として立ち上がった。

2014年11月には「まち・ひと・しごと創生法」が制定され，同年12月には人口の現状と将来の姿を示し，今後めざすべき将来の方向性を提示する「まち・ひと・しごと創生長期ビジョン」とあわせ，2015～2019年度の５年間を対象とし，今後の目標，基本的方向性や具体的な施策をまとめた「まち・ひと・しごと創生総合戦略」が閣議決定された。その上で国は，自治体の自主的・主体的な取組のなかから先導的なものを支援するとし，国の「まち・ひと・しごと創生長期ビジョン」を踏まえた「地方人口ビジョン」と国の総合戦略を踏まえた「地方版総合戦略」の策定を自治体に求めた。

また，国では，第１期の５年間の成果を検証した上で，第２期（2020～2024年度）に向けて，「まち・ひと・しごと創生長期ビジョン」の改訂と第２期総合戦略の策定を行った。さらに，デジタルの力を活用して地方創生を加速化・深化させるとして「デジタル田園都市国家構想・総合戦略」を策定し，地方創生の取組を展開している。

＊地方創生担当大臣
内閣府に置かれる内閣府特命担当大臣の１つであり，主として地方創生にかかわる行政を所管する国務大臣である。

2　地方創生政策の枠組みと内容

(1)　地方創生政策の目的

まち・ひと・しごと創生法第１条では，「急速な少子高齢化の進展に的確に対応し，人口の減少に歯止めをかけるとともに，**東京圏***への人口の過度の集中を是正し，それぞれの地域で住みよい環境を確保して，将来にわたって活力ある日本社会を維持していくため」に，「国民一人一人が夢や希望を持ち，潤いのある豊かな生活を安心して営むことができる地域社会の形成」（まち），「地域社会を担う個性豊かで多様な人材の確保」（ひと），「地域における魅力ある多様な就業機会の創出」（しごと）を「一体的に推進すること」を「まち・ひと・しごと創生」と呼び，この「まち・ひと・しごと創生」が重要となっているという認識を示した上で，「まち・ひと・しごと創生に関する施策を総合的かつ計画的に実施すること」を目的として掲げている。

なお，当初の「まち・ひと・しごと創生総合戦略」で**４つの基本目標***として掲げられていたのは，①「地方における安定した雇用を創出する」，②「地方への新しいひとの流れを

＊東京圏
東京都，埼玉県，千葉県，神奈川県の４都県を指し，人口規模では3561万人（2022年），日本の全人口の約３割を占める。国際的にみても人口比率は高く，上昇が続いている。

＊４つの基本目標
後述のとおり，これらの文言は2020改訂の総合戦略においては，①「稼ぐ地域をつくるとともに，安心して働けるようにする」，②「地方とのつながりを築き，地方への新しいひとの流れをつくる」，③「結婚・出産・子育ての希望をかなえる」，④「ひとが集う，安心して暮らすことができる魅力的な地域をつくる」へと改められている。

つくる」，③「若い世代の結婚・出産・子育ての希望をかなえる」，④「時代に合った地域をつくり，安心なくらしを守るとともに，地域と地域を連携する」であった。

(2)　**地方創生政策の手段**

具体的な地方創生政策の手段としては，国で策定した総合戦略を踏まえ，都道府県と市町村に「地方版総合戦略」を定めることを努力義務とし，自治体を地方創生の実行部隊として位置付けている。これらの計画は努力義務であり，法的拘束力を有するものではないが，国の交付金を受けるためには地方版総合戦略に当該事業を位置づけることが必要であり，実質的には国で定めた指針に基づく事業展開が求められている。さらに「地方版総合戦略」では，**KPI（重要業績評価指標）***の設定とPDCAサイクルを組み込むことが必須とされており，計画の実効性担保が求められている。

＊ **KPI**（Key Performance Indicator）
➡第4章「自治体と計画」❷ 6

＊**非正規雇用**
「正社員の雇用」を意味する正規雇用に対するものであり，正規雇用以外のパートタイマー，アルバイト，契約社員，派遣社員など様々なタイプがある。正規雇用と比較して，雇用の安定性，人材育成，労働条件などで大きな格差がある。

3　地方創生政策の課題

1　第2期地方創生政策の展開

(1)　**第1期地方創生政策の成果**

第1期地方創生にかかわる全体的状況は，第2期総合戦略のなかで以下のとおり整理されている。

①総人口は，2008年をピークに減少局面に入っており，2015年から2018年までに66万人減少した。65歳以上の老年人口は3557万人となり，高齢化率は28.1％と過去最高値となっている。

②合計特殊出生率は，2015年には1.45まで上昇したが，2018年には1.42となり微減している。年間出生者数も減少が続いている。

③生産年齢人口の減少が進むなかで，就業者数は増加傾向にあり，2018年時点で，2015年と比較して263万人増加した。正規雇用労働者数が増加しているが，**非正規雇用***労働者数も増加している。

④東京圏への転入超過数は，バブル経済の崩壊後の15万5000人（2007年）に比べて下回っているものの，一極集中の状況は続いている。2015年からの状況をみると増加傾向にあり，2018年には日本人移動者で13万6000人の転入超過（23年連続）を記録した。その大半は若年層（15～29歳）である。

上記にもあるように，雇用・経済状況については改善の傾向がみられるものの，少子高齢化と東京一極集中の状況は悪化している。また，第１期総合戦略に掲げるKPIの検証として，基本目標①については地方における若者雇用創出数や女性（25～44歳）の就業率など，基本目標④については**立地適正化計画***を作成する市町村数や**居住誘導地区***内の人口に占める割合が増加している市町村数などが目標達成に向けて進捗していると評価された。

他方で，基本目標②については東京圏から地方への転出入均衡など，基本目標③については安心して結婚・妊娠・出産・子育てできる社会を達成していると考える人の割合など，各施策の進捗の効果が現時点では十分に発現するまでに至っていないと評価された。

以上のように第１期における地方創生政策では，十分な成果を挙げることができなかったと総括されていたのである。

⑵　第１期地方創生による自治体の取組の成果

第２期総合戦略では，自治体の取組の成果についても言及された。

「まちの創生」については，例として，①近隣の自治体どうしが連携し，民間とも協働した上で，国の補助金等も活用しながら圏域内の交通の統合，最適化を図った結果，利便性が向上し，交通利用率の改善等が図られた地域があること，②空き家を活用した多世代交流施設等の整備や廃校舎を利用した大学誘致，公園や遊休公共施設の民間活用等を推進し，地域の魅力向上を実現している地域があることが評価された。

「ひとの創生」については，例として，①自治体が主体となり移住，子育て等の支援制度の整備・PR活動を行うことで移住者を呼び込んだ地域があること，②民泊事業や地域の特徴を活かした教育プログラム等の実施を通じて移住者や交流人口を大幅に増加させた地域があることが評価された。

「しごとの創生」については，自治体が商工会議所，金融機関，地元の事業者や外部専門人材等とともにNPO法人の設立等を通して地域で創業を希望するUJIターン者等に対し，年度ごとに切れることのない継続的かつワンストップの創業支援や移住支援を行ったことにより新しい事業が創出され，就業者数が増加した地域があることが評価された。

⑶　第２期地方創生政策の特徴

第１期の検証を踏まえた第２期における全体の枠組みとし

＊立地適正化計画
人口減少や高齢化社会に対応した持続可能なまちづくりとしてコンパクトシティの形成を市町村に促すために，都市再生特別措置法に基づき，基本的な方針や居住，医療施設や福祉施設，商業施設など都市機能の立地の適正化を図るための計画のこと。

＊居住誘導地区
自治体が定める都市計画のなかでとくに住宅が集まるように促す地域のこと。国は都市機能を集約するコンパクトシティ政策を推進しており，自治体は「立地適正化計画」を策定し，そのなかで「居住誘導地区」も設定している。居住誘導地区は，人口減少のなかにあって一定のエリアにおいて人口密度を維持することにより，生活サービスやコミュニティを持続的に確保すべき区域とされる。

ては，「継続を力にする」という姿勢で長期ビジョンと総合戦略の枠組みを引き続き維持するとともに，４つの基本目標についても現行の枠組みを維持しつつ必要な強化を行うとした。他方で，基本目標②について「地方とのつながりを築く」観点を追加し，副業・兼業で週末に地域の企業・NPOで働くなど，その地域や地域の人々に多様な形でかかわる「関係人口」を地域の力にしてくことを掲げるとともに，基本目標①，基本目標④については「ひとが集う，魅力を育む」観点を追加し，単に雇用を創出することにとどまらず，稼げる地域をつくり地域における所得の向上を実現すること，質の高い暮らしのための町の機能充実に取り組み，その地域に訪れ，住み続けたいと思えるような地域をつくることが示された。また，第１期における企業誘致や新たな産業の創出といった「しごと」を基点としたアプローチに加え，「まち」「ひと」「しごと」という多様なアプローチを柔軟に実施するとした。

第２期ではさらに以下の２つの横断的な目標が設定された。１点目は「多様な人材の活用を推進する」として，多様な人材が活用できる環境を積極的に進めるため，若者，高齢者，女性，障害者，外国人など誰もが居場所と役割をもち活躍できる社会をめざすことが掲げられた。２点目は「新しい時代の流れを力にする」として，デジタル技術の活用と**持続可能な開発目標（SDGs）***を原動力とした地方創生を推進するとされた。

＊持続可能な開発目標（SDGs）
➡第10章「環境と SDGs」

⑷　新型コロナウイルス感染症対策と地方創生

新型コロナウイルス感染症の感染拡大は，地方においても飲食店や観光業などへの打撃や地域コミュニティの弱体化等，地域経済や住民生活に大きな影響を及ぼすこととなった。他方で，感染症の影響によりオンラインの活用が進み，時間と場所にとらわれない働き方として，**テレワーク***や**ワーケーション***が普及した。国は，2022年12月に**「第２期総合戦略」を改訂***し，デジタルの力で地方の個性を活かしながら社会課題の解決と魅力の向上を図り，「地方に都市の利便性を，都市に地方の豊かさを」を実現して，全国どこでも誰もが便利で快適に暮らせる社会をめざすとして「デジタル田園都市国家構想総合戦略」（2023～2027年度）を策定した。

＊テレワーク
情報通信技術（ICT）を活用した，時間や場所にとらわれない柔軟な働き方のこと。自宅利用型テレワーク（在宅勤務），移動中や移動の合間に行うモバイルワーク，サテライトオフィスやコワーキングスペースといった施設利用型テレワークを含めてテレワークと総称する（一般社団法人日本テレワーク協会 HP)。

施策の方向性としては，「地方に仕事をつくる」「人の流れをつくる」「結婚・出産・子育ての希望をかなえる」「魅力的な地域をつくる」の4点を示し，地域が抱える社会課題などを踏まえ，地方自治体を中心として十分に議論，認識した上で，デジタル技術を活用し，地域の個性や魅力を活かした地域ビジョンとして「地方版総合戦略」の改訂を求めた。さらに，地方を後押しするデジタル実装の基礎条件整備として，「デジタル基盤の整備」「デジタル人材の育成・確保」「誰一人取り残されないための取組」を国が推進するとし，地方と国の役割分担と施策間・地域間連携の強化を掲げている。

＊ワーケーション
Work（仕事）と Vacation（休暇）を組み合わせた造語。テレワーク等を活用し，普段の職場や自宅とは異なる場所で仕事をしつつ，自分の時間も過ごすこと（国土交通省観光庁 HP「新たな旅のスタイル ワーケーション&プレジャー」）。

＊「第2期総合戦略」を改訂
この地方創生総合戦略の改訂により，名称が「まち・ひと・しごと創生総合戦略」から「デジタル田園都市国家構想総合戦略」に変更された。デジタル活用に限定することなく，これまでの地方創生の各種取組で蓄積された成果や知見に基づき，改善を加えながら推進していくとしている。

2　地方創生政策の課題

(1)　地方創生の意義

各自治体においては，総合戦略に基づき地方創生に向けた様々な政策を展開しているが，一部の自治体において人口減少に歯止めがかかった例はあるものの，日本全体を見渡した場合，十分な成果が上がっているとは言い難い。

人口減少対策として地方創生をみた場合，日本全体の出生・死亡による自然増減の問題と地域における転入・転出による社会増減の問題が混同されている。例えば今井（2017：237-238）は，日本の人口減少という問題を解決する方策と地域の人口減少問題への対応は別次元の課題であると指摘している。

少子高齢化や人口減少に歯止めをかける施策も重要ではあるが，真の地方創生として自治体に求められるのは，地域住民の幸せのため，その生活実態を踏まえ，生活共同体として自治の原点である集落を起点とした地域のあり方を創生することである。人口減少社会を見据え，地域住民の視点で，いかにして地域社会を維持していくかが重要であり，そのために自治体は，創意工夫を凝らしながら，地域住民とともに政策を展開していく必要がある。

(2)　地方創生政策の今後の展望

本章で紹介した地方創生政策は，国が司令塔となり，実行部隊である自治体に地方版総合戦略の策定を義務づけ，KPIを設定し，数値化により成果を検証することを必須とするものであった。

その検証は重要であるが，個々の成功事例や数値目標の達成にばかり目を向けると，地域における現実がみえなくなる。仮に，まち・ひと・しごと創生法の目的の1つである「東京圏への人口の過度の集中」が是正されたとしても，地

▶▶ Column 14　人口減少社会における複数居住の可能性 ◀◀

新型コロナウイルス感染症により顕在化したリスクとして「都市一極集中」が挙げられる。東京圏をはじめとする人口集中地域において感染者の増加が顕著であった。また，人の移動が制限された結果，多くの職場において在宅勤務が導入され，職住近接は生活における必須要件ではなくなった。

NTT グループでは，「住む場所」の自由度を高め，働き方を自由に選択・設計可能とすることでワークインライフ（健康経営）をより一層推進していくために，日本全国どこからでもリモートワークにより働くことを可能とする制度（リモートスタンダード）の導入を発表した。こうした取組により，転勤や単身赴任の解消にもつながり，家族とともにみずからが希望する地域での暮らしが可能となる。

デジタル田園都市国家構想総合戦略では，地方へのひとの流れの強化として，関係人口の創出・拡大と二地域居住の推進を掲げており，「住む地域」を自由に選べるこのような仕組みは地方創生の切り札となりうる可能性がある。

他方で，日本全体の人口減少が進むなかで，自治体間での「住民獲得競争」を行っても地方創生は実現されないだろう。仮に，ある地域が住民獲得に成功し人口が増加しても，その結果として，いずれかの地域の住民は減ることになる。このジレンマを解決する方法として，複数自治体での居住を前提とした制度設計が考えられる。

複数地域での居住の場合，多様な主体が地域社会とかかわりながら暮らすことができる。さらに人口流動を政策的に促すことにより，最も自分らしく過ごせる「居場所」を求めて，週末や季節ごと，あるいはライフステージといった時間軸のなかで，様々なコミュニティに溶け込んで時間を過ごしながら様々な地域で生活することが可能となる。複数居住により社会が実質的に拡大すれば，人口減少に対応し，地域社会を持続させることができる。

住民を多元的にとらえ，複数居住により多様な住民が様々な地域社会で生活できる制度は，人口減少を踏まえた地方創生に向けた有効な手段と考えられるのではないだろうか。

方の暮らしが変わるわけではない。自治体に求められるのは，地域の実情を踏まえ，国の政策に踊らされない取組である。

地方の農山村集落に目を向けると，集落内人口の激減により数多くの空き家が発生し，農地や山林はもとより，集落機能そのものが維持できない多数の事例が発生している。このような状況を「消滅」と結びつけるのは短絡的である。自治の原点を踏まえ，住民起点の真の地方創生について，改めて考えていく必要がある。

（渡部朋宏）

第14章

産業の振興

日本における戦後の産業政策は，国の主導により成長産業の育成，産業構造の調整，産業立地政策などが実施されてきた。地域における産業政策も，国の産業政策の一環として実施され，多くの自治体は国に追随した産業振興の取組を行ってきた。1990年代に入る頃から地方分権の機運が高まり，自治体は産業政策の主体として積極的な取組を行うようになった。本章では，主に都道府県が主体となる，産業立地政策を中心とした地域産業政策と，主に市区町村が主体となる，まちづくりとも関係する地域商業振興政策について記述する。

1 自治体による産業振興

1 自治体が産業振興を行う目的

自治体が産業振興を行う目的は，地域の活性化である。地域の産業が繁栄すると，住民の働く場と所得が確保される。その結果，当該自治体の人口が増加し，税収も増加する。逆に，地域の産業が衰退すると，住民の働く場が失われ，住民は働く場を求めて他の地域へ流出し，自治体の税収も減少する。そのため，自治体は既存事業者の成長支援，新しい産業の育成，企業の誘致など様々な産業振興施策を実施してきた。

このように，地域産業の振興は，本来ならば自治体がみずから創意工夫を凝らして行うべきものである。

一方，「国土の均衡ある発展」「地域間格差の是正」という観点から，ヒト・モノ・カネ・情報の東京一極集中の是正，地方への分散を目的に，国はその時々の成長産業を地方に適切に分散させるための施策を実施してきた。

自治体は国の施策を活用して成長産業を誘致育成しつつ，みずからの施策により地域の活性化を図ってきた。

＊商工会議所
商工会議所法に基づき，原則として市の区域に設置される経済団体。地域の総合経済団体として，中小企業支援のみならず，国際的な活動を含めた幅広い事業を実施する。

＊商工会
商工会法に基づき，主として町村の区域に設置される経済団体。中小企業施策，とくに小規模事業施策に重点を置いている。

2 自治体が行う産業振興施策

国の施策を活用するか否かに関係なく，自治体が行う産業振興施策としては，自治体内の既存事業者への支援と，新たに自治体内で事業を始める者への支援がある。支援方法としては，補助金の支給，地方税の減免，低利融資のあっせん，経営相談会の開催，情報提供など様々である。また，自治体が行う産業振興施策は，自治体単独で行うこともあるが，多くの場合，自治体内にある**商工会議所***，**商工会***などの**経済団体***と連携して行うことが多い。

2　戦後の地域産業政策のあゆみ

1　1960年代：大都市の過密是正をめざして

1950年代初めの**朝鮮特需***を契機として，太平洋戦争で荒廃した日本経済は急速に復興したが，戦前からの四大工業地帯に工場が集中し，新たに過密という弊害が生じた。

1950年に制定された**国土総合開発法***に基づき，５次にわたり**全国総合開発計画***が策定された。1962年に「全国総合開発計画」(全総) が閣議決定され，「都市の過大化の防止と地域格差の是正」が基本的課題として示された。

また，同年には「新産業都市建設促進法」が，1964年には「工業整備特別地域整備促進法」が制定された。両法は当時の主力産業であった重化学工業を，主に太平洋ベルト地帯以外の地方臨海部に再配置することをめざしていた。指定された地域においては，国庫補助などによる産業基盤のインフラ整備と，**政府系金融機関***による低利融資など立地企業への優遇措置が行われた。

これと前後して，1959年には「首都圏の既成市街地における工業等の制限に関する法律」(工業等制限法) が，1964年には「近畿圏の既成都市区域における工場等の制限に関する法律」(工場等制限法) が制定された。両法とも一定の制限区域内で，基準以上の床面積をもつ工場や大学を新増設する場合には，都道府県知事の許可を得ることを義務づけるもので，大都市への人口・産業の集中抑制と地方への分散を意図したものであった。

2　1970年代：工場の地方分散，移転をめざして

1960年代に日本は高度経済成長を実現したが，依然として人口・産業の大都市への集中を抑制することはできなかった。1969年に「新全国総合開発計画」(新全総) が閣議決定され，「開発可能性の全国土への拡大均衡化」が示された。さ

＊経済団体
商工会議所，商工会の他に業種別，地域別など様々な経済団体がある。また，都道府県レベルでも商工会議所連合会，商工会連合会，経営者協会など様々な経済団体がある。

＊朝鮮特需
1950年に勃発した朝鮮戦争によって，韓国を支援する米国から日本国内の様々な企業に対する発注が急増した。この受注によって輸出が伸び，日本経済は戦後の不況から脱することができた。

＊国土総合開発法
日本の国土開発の基本方向を示す「全国総合開発計画」の目的・内容・手続等を示した法律。2005年の改正によって「国土形成計画法」となった。

＊全国総合開発計画
国土総合開発法に基づき策定された，国土開発，社会資本整備の方向を示す基本的な計画。1962年に閣議決定された「全国総合開発計画」から，1998年に閣議決定された「21世紀の国土のグランドデザイン」まで５次にわたり策定された。

＊政府系金融機関
国内の経済発展や中小企業の活動支援といった目的を達成するため，政府によって設立された金融機関。出資金の多くを政府が出していることから政府系金融機関と呼ばれる。日本開発銀行，国民生活金融公庫，中小企業金融公庫など数多くの機関が存在したが，今世紀になり整理統合されている。

らに，1972年には田中角栄内閣により日本列島改造論に基づく諸政策が打ち出され，一層の過密・過疎問題の是正が唱えられ，「工業再配置促進法」が制定された。同法は全国を工業が過度に集積している移転促進地域と，工業の集積の程度が低い誘導地域に分け，移転促進地域から誘導地域への工場の移転と，誘導地域での新しい工場の立地や増設に対して，産業インフラの整備や税制，金融によって支援するものであった。

このように，1960～70年代においては，開発拠点地域の選定をはじめ，工業用地など産業インフラの整備も国主導で，主に重化学工業の工場を地方の臨海部に分散させることに重点を置いた地域産業立地政策が採られた。多くの自治体は格安な用地を誘致企業に提供することや，固定資産税の一定期間減免などを規定した工場誘致のための条例を制定した。

3　1980～90年代前半：東京一極集中是正をめざして

1973年にオイルショックが起こると，石油依存度の高い重化学工業を中心とする日本の産業は大きな打撃を受け，高度経済成長から安定成長の時代に入った。**産業のサービス化・ソフト化***，優れた科学技術を産業化する知識集約型産業への産業構造の転換の必要性が強く認識されるようになった。

1983年には「高度技術工業集積地域開発促進法」（テクノポリス法）が制定され，地方での高度技術産業の拠点整備が開始された。テクノポリスとは，産業，学術研究，住環境が調和した都市を実現し，1977年に閣議決定された「第三次全国総合開発計画」（三全総）で示された「定住構想」をめざしたものであった。テクノポリス地域は国土の内陸部を中心に指定され，先端技術産業に関する設備の**特別償却制度***などが設けられ，進出企業に対する税制，金融上の優遇措置を中心としたソフト面の支援に重点が置かれた。

1987年に「第四次全国総合開発計画」（四全総）が閣議決定され，人口，諸機能の東京一極集中の是正を目的とした「多極分散型国土の構築」が提示されると，1988年に「地域産業の高度化に寄与する特定事業の集積の促進に関する法律」（頭脳立地法）が制定された。同法は産業部門の頭脳を地方に分散立地させることを目的に，ソフトウェア業，情報処理サービス業などを特定事業に指定し，指定地域において，それら事業の発展を促進するために政府系金融機関からの融資

＊産業のサービス化・ソフト化
国内総生産に占めるサービス産業のシェアが高まるとともに，各産業においても技術開発，企画・デザインなど，直接生産にかかわらない部分の比重が高まること。

＊特別償却制度
通常の減価償却額とは別枠で特別に償却できる制度であり，設備投資を行った際の税負担を軽減し，投資額を早期に回収することができる。しかしながら，特別償却制度は非課税・免税措置ではなく，減価償却制度を利用した課税繰延措置に過ぎない。

や，税制上の優遇措置などが行われた。

1992年には「地方拠点都市地域の整備及び産業業務施設の再配置の促進に関する法律」（地方拠点法）が制定された。同法は，オフィスの地方分散を促進することを目的としていた。具体的には，地方拠点都市地域へのオフィス立地を促進するため，**地域振興整備公団***による産業業務団地の造成や，地方への企業立地を支援するための金融・税制面での支援を実施した。

このように，1980～90年代前半の地域産業政策において，政策展開の主体は，1960～70年代が国であったのに対して，都道府県が関係市町村と協議の上，地域の選定を行い，国からの指定を受ける形となった。また，1960年代の「新産業都市」や「工業整備特別地域」にみられた公共事業，インフラ整備に対する国の特別な財政支援はなく，各地域で民間資金を活用し，**第三セクター***を設置して事業を推進するなど，各自治体の主体性や，地域の産業や企業の特徴を活かした方法が採られた。

4　1990年代後半：地域の産業集積活性化をめざして

1980年代後半以降，グローバル経済の進展に伴う**産業空洞化***は工業全般に及び，1990年代には**バブル経済***の崩壊も加わって長期の不況が始まり，地域産業政策も大きな転換を迫られた。

国は産業空洞化に対する危機感から，地域の産業集積の有する機能を活用し，その活性化を促進するため，1997年に「特定産業集積の活性化に関する臨時措置法」（地域産業集積活性化法）を制定し，地域産業の自立的発展の基盤強化を進めることにした。同法が支援対象とするのは，日本の工業を支える部品や金型などを製造する事業者の集積である「基盤的技術産業集積」と，地場産業などの集積である「特定中小企業集積」である。これら２つの産業集積に関して，都道府県は国が策定する指針に沿って「集積活性化計画」を策定する。その計画に基づいて２つの産業集積に属する事業者・組合が計画を策定し，補助金や低利融資，債務保証などを受けることができるとされた。

また，産業空洞化やバブル経済の崩壊によって国内事業者の廃業率が上昇したのとは裏腹に，開業率が低下し続けていたことから，1999年に「新事業創出促進法」が施行された。

＊地域振興整備公団
国内の人口および産業の適正な配置などを目的として設立された特殊法人。1962年設立の「産炭地域振興事業団」が，1972年に業務拡大に伴い「工業再配置・産炭地域振興公団」へと改組。さらに，1974年に地方都市開発整備業務を加えたことで「地域振興整備公団」へと改組した。その業務は2004年に「都市再生機構」および「中小企業基盤整備機構」といった２つの独立行政法人に承継された。

＊第三セクター
公共部門（政府や自治体）である第一セクターと民間営利法人である企業としての第二セクターに対して，公的部門と民間企業が共同で出資・出捐を行っている企業，団体。

＊産業空洞化
日本の企業が人件費の安い海外に工場を移転した結果，国内の地域産業が衰退する現象。

＊バブル経済
バブルとは泡の意味であり，不動産や株式などの資産価格が実体経済とかけ離れて泡が膨らむように高騰する現象。日本では1980年代後半から1990年代初頭にかけて，銀行や企業の膨大な資金が土地や株の購入にまわり，地価や株価が急激に上昇した。

一方で，1998年に「21世紀の国土のグランドデザイン」が閣議決定され，そのなかで，経済のグローバル化に対応した日本の工業の将来展望を踏まえ，国土の均衡ある発展に加え，国際的な立地競争力の確保という観点にも配慮していくことが明記された。

このように，1990年代後半以降の国主導の地域産業政策は，これまでの「国土の均衡ある発展」を指向した産業の地方への移転・分散とは異なった，既存の産業集積の活性化や新産業の創出に重点が置かれることになった。同時に産業の空洞化は日本の地域経済に大きな影響を与え，全国の自治体にとっても税収のみならず，雇用の確保を含め深刻な問題となり，独自の地域産業振興施策が求められることになった。

5　2000年代：産業クラスターの形成をめざして

地域単位の競争力の源としての**産業クラスター**＊が国際的にも注目を集めるようになり，日本においても2001年に経済産業省の「産業クラスター計画」が，2002年には文部科学省の「知的クラスター創成事業」が開始され，地域における産業クラスターの形成を支援する事業が両省によって展開された。

「産業クラスター計画」は，各**経済産業局**＊が自治体と協働して産学官の広域的な人的ネットワークを形成し，地域の関連施策を総合的・効果的に投入することで，世界に通用する新事業が展開され，産業クラスターが形成されることを目的とした。

他方の「知的クラスター創成事業」は，自治体の主体性を重視し，地域において独自の研究開発テーマとポテンシャルを有する知的創造拠点である大学等公的研究機関を核として，関係研究機関，研究開発型企業などによる国際競争力のある技術革新のための集積を創成することが目的とされた。

「地域産業集積活性化法」が機械産業や繊維産業，地場産業など既存産業の集積基盤を強化することが目的であったのに対して，両クラスター計画・事業は，ＩＴ，バイオ，環境などの新しい産業や研究開発を重視することが特徴であり，産学官の連携や自治体の役割・主体性が重視された。また，産業クラスター形成による地域産業の国際競争力の強化や，地域経済の自立的発展が強調されていた。

2007年には「企業立地の促進等による地域における産業集

＊産業クラスター
クラスターとは，ぶどうなどの房の意味である。地域の企業，大学，研究機関，自治体などが特定地域に集積し，相互に連携しつつ新たな技術革新を創出することにより，そこから新産業が創出される地域の仕組みである。

＊経済産業局
経済産業省の出先機関で，北海道，東北，関東，中部，近畿，中国，四国および九州の８局がある。沖縄県は沖縄総合事務局経済産業部が所管する。

積の形成及び活性化に関する法律」(企業立地促進法)が制定された。この法律は地域の強みを活かして企業立地を促進するため，自治体が経済団体や大学などとともに組織した「地域産業活性化協議会」の検討に基づき策定する基本計画に国が同意するというスキームになっていた。

2002年に「工業等制限法」と「工場等制限法」が廃止されたことにより，それまでの工場や大学の立地制限を通した人口・産業の都市への集中の抑制，地方への分散政策が改められた。さらに，2005年には全国総合開発計画が，その歴史的な役割を終えたとして，事実上廃止されることになった。このことは，日本の社会や産業が成熟し，人口減少が予想されるなか，従来の全体的な成長志向の地域産業政策が大きく見直されたことを意味していた。

すなわち，1990年代央から2000年代初頭にかけて，日本の地域産業政策の基本コンセプトは，「地方への産業の分散・再配置」から「地域の自立・内発的成長支援」へとシフトしたのである。自治体は産業政策の主体として，積極的な取組が期待されるようになった。

6　2010年代：地域中核企業を中心とした地域産業政策

「産業クラスター計画」および「知的クラスター創成事業」については，民主党政権が2009年に設置した**行政刷新会議***による「**事業仕分け***」の結果，2010年以降は国からの直接的な支援は打ち切られた。

2012年に政権が自由民主党に戻り，2013年に「**日本再興戦略***」が閣議決定された。そのなかで産業クラスターについて言及され，有望な産業クラスター候補地を再定義した上で，地域中核企業を中心とした新たな産業クラスターを創出し，地域企業群の活性化を進めることとされた。

2017年に「企業立地促進法」は改正され，「地域経済牽引事業の促進による地域の成長発展の基盤強化に関する法律」(地域未来投資促進法)が制定された。地域経済に貢献し，地域外でも稼ぐ力がある地方の中堅企業を「地域未来牽引企業」として2000社を選定し，これら企業が中小企業と一緒になって進める研究開発や設備投資に国が支援する制度を創設した。この対象には，医療機器や航空機部品などの製造業のほか，観光・まちづくりなど成長性の高い非製造業も含まれている。スキームとしては，国が策定した基本方針に基づ

＊行政刷新会議
民主党政権の下で，国民的な観点から国の予算や制度など，国の行政全般のあり方を刷新するとともに，国，自治体および民間の役割のあり方の見直しを行うため，2009年9月から2012年12月まで内閣府に設置された。議長は内閣総理大臣が務めた。

＊事業仕分け
公開の場において，外部の視点も入れながら，事業ごとにその要否などを議論し判定すること。民主党政権の下で行われた事業仕分けについては，経済的視点のみに重点が置かれ，事業の要否が判定されたという批判もある。

＊日本再興戦略
第2次安倍晋三内閣による成長戦略であり，2013年に閣議決定された。同戦略は2014年，2015年，2016年と改定され，2017年には「未来投資戦略」が閣議決定された。

き，都道府県と市町村が共同で基本計画を作成した上で，主務大臣に協議し，同意を得る。事業者は「地域経済牽引事業計画」を作成し，この計画が都道府県知事に承認されると，当該計画に基づいて実施する事業は，各種支援措置が受けられる。

このように，現在では地域産業政策のフレームワークは国が策定するが，その実行は地域主導，とくにイニシアティブは都道府県に任されるようになった。また，地域産業政策は経済産業省のみならず，内閣府，総務省，文部科学省，国土交通省など，多様な省庁の政策として考えられるようになってきた。

3　戦後の地域商業振興政策のあゆみ

1　自治体が地域商業振興を行う目的

地域商業の場は，小売業や飲食業，サービス業を営む事業者が集積した商店街，さらに複数の商店街が集積した商業集積によって形成され，買物の場としての機能だけではなく，地域コミュニティ形成の場，地域文化の保護・承継・発展の場としての機能をもっている。

このように地域商業の場は，経済的機能に加えて社会的・文化的機能をもち，その地域の住民の生活に利便性と潤いをもたらす存在である。こうしたことから，自治体による地域商業振興の目的は，事業者の繁栄とともに，その先にある地域住民をはじめとした公共の福祉の増進である。

2　中小小売商業振興と大型店出店調整

地域の中小小売商業者にとって，大型店の新規出店は死活問題と考えられ，中小小売商業振興と大型店出店調整は，大型店問題に対応する施策の両輪であった。

1956年に施行された第2次百貨店法時代の許可制から，1974年に施行された「大規模小売店舗における小売業の事業活動の調整に関する法律」（大店法）での届出制へと規制が緩和されるなかで，1973年に商業振興政策の柱となる「中小小売商業振興法」が施行された。

1991年には支援策を拡大した改正中小小売商業振興法が施行され，その翌年には出店調整期間の短縮など大幅な規制緩和が進められた改正大店法が施行された。

すなわち，大店法によって大型店の出店に時間的な猶予を求め，その間に中小小売商業者による商店街整備計画（商店街の区域で店舗，アーケード，街路灯などを設置する事業），店舗集団化計画（新たな区画に店舗，アーケード，街路灯などを設置する事業），共同店舗等整備計画（中小小売商業者の共同店舗などを設置する事業）などに対する高度化事業としての無利子資金貸付などによる支援が行われた。

3　地域商業振興とまちづくり

中心市街地は商業，ビジネス，行政，居住機能など様々な都市機能をもち，長い歴史のなかで文化・伝統を育んできた「まちの顔」ともいうべき場である。しかし，大型店の撤退や郊外への出店，モータリゼーションへの対応の遅れ，居住人口の減少などにより，多くの地域で中心市街地の衰退が進んだ。

このような状況の下，1998年には「中心市街地における市街地の整備改善及び商業等の活性化の一体的推進に関する法律」（中心市街地活性化法），「改正都市計画法」および「大規模小売店舗立地法」（大店立地法）といった，いわゆる「まちづくり三法」が制定された。

中心市街地活性化法では，まず市町村が「中心市街地活性化基本計画」を策定する。この基本計画に記載された中小小売商業高度化事業について，商工会議所，商工会，第三セクターなどが「中小小売商業高度化事業構想」を策定する。策定された構想については，基本計画に照らして適切か否かを市町村が認定するスキームがあった。この認定を受けた者が，TMO*（認定構想推進事業者）である。そして，「市街地の整備改善」と「商業等の活性化」をめざす総合的・一体的な事業を，関係府省庁や民間事業者などが連携して推進することにより，中心市街地の活性化を図るものであった。しかし，中心市街地活性化の成果が得られた事例は少なかった。

*TMO（Town Management Organization）
中心市街地にかかわる官民の諸活動を総合的に企画・調整し，ときには事業主体となり，中心市街地の諸資源を活かして，その活性化を図ろうとする機関。

このような状況を受けて，2006年に中心市街地活性化法は改正された。まず，法律の名称が「中心市街地の活性化に関する法律」に変更され，地域商業振興とまちづくりを，より一体として推進することとされた。

具体的には，①中心市街地の活性化に関する基本理念および責務規定の創設，②内閣総理大臣を本部長，全閣僚を構成員とする中心市街地活性化本部の創設，③市町村が策定した「中心市街地活性化基本計画」を内閣総理大臣が認定する制

▶▶ Column 15　大店法にかかわる私の思い出 ◀◀

筆者は1985年に大学を卒業し，郷里である長野県の職員になった。最初に配属されたのが商業振興係という部署であり，商店街に対する補助金のほか，大店法の事務も担当した。

大店法の目的には，消費者の利益の保護もあったが，中小小売事業者の保護に重点を置いた運用がなされていた。

大店法に基づいて調整できる項目は，大型店に入居する小売事業者の開店日，店舗面積，閉店時刻，休業日数の４項目であった。当時は，店舗面積が1500㎡（政令市，特別区は3000㎡）以上の店舗（第一種大規模小売店舗）を設置しようとする者は通商産業大臣に届け出て，500㎡を超え，1500㎡（政令市，特別区は3000㎡）未満の店舗（第二種大規模小売店舗）を設置しようとする者は都道府県知事に届け出ることとされていた。なお，第一種大規模小売店舗の届出書類は，都道府県知事経由で通商産業大臣に届け出ることとされていた。

このように，大型店の出店は法律の規定上は届出制であり，書類さえ整っていれば都道府県は届出書類を受理しなければならなかった。しかし，届出書類受理後の調整期間が法令上限られていたこともあり，当時の通商産業省は通達により，届出前に商工会議所や商工会に設置する商業活動調整協議会（商調協）で事前調整を行うことを事実上義務づけていた。これは行政指導の一種であるが，都道府県をはじめ，市町村，商工会議所，商工会のほか大多数の小売事業者も，この行政指導に従っていた。

筆者が電話で話した当時の通商産業省の出先機関であった東京通商産業局の大店法の担当者が，「事前調整が整っていない届出書類を受理してはいけないが，弁護士が同伴した場合は受理せざるを得ないでしょう」と言ったことを今でも鮮明に記憶している。

1994年に行政手続法が施行される以前には，法令の規定以上の行為を国民に求める行政指導が，国の通達により当然のように行われていたのである。

度の創設とそれに伴う支援措置の拡充，④多様な民間主体が参画する「中心市街地活性化協議会」の法制化などが行われた。

その後も中心市街地の衰退に歯止めがかかったとは言い難い状況が続き，2013年に閣議決定された「日本再興戦略」に定められた地方都市における「**コンパクトシティ***の実現」に向けて，2014年に再び中心市街地活性化法は改正された。この改正法では，①中心市街地への来訪者や，小売業の売上高を相当程度増加させるなどの効果が高い事業を経済産業大臣が認定し，重点支援することで民間投資を喚起する新たな制度の創設，②中心市街地の活性化を進めるため，小売業の顧

＊コンパクトシティ
これまで拡大してきた居住エリアを，特定のエリアに集中させた都市。都市機能の集約と人口の集積により，暮らしやすさの向上，中心市街地の商業などの再活性化や，道路など公共施設の整備費用や自治体の各種行政サービス費用の節約を図ることを目的としている。

客の増加や小売事業者の経営効率化を支援するソフト事業を経済産業大臣が認定する制度，オープンカフェなどの設置に際しての道路占有の許可の特例，などを創設した。

以上のように，地域商業の振興のみという視点ではなく，地域商業は都市機能を構成する１つの要素であるという視点，言い換えれば，地域商業振興とまちづくりとのかかわりを求める視点が重要視されるようになってきている。

4　自治体による産業・商業振興，まちづくりの課題

1　自治体独自の施策の重要性

以上のように，1980年代以前においては，国が地域産業政策や，まちづくり政策を全国にわたり画一的に推進した面もあり，それらに追随した自治体の施策は，地域の実状から遊離した例もみられた。

1990年代以降，地域の産業・商業振興は，自治体がみずから創意工夫を凝らして施策を実施していくことが求められている。すなわち，自治体はみずからの地域の現状をみつめ直し，地域の事業者の意見に耳を傾け，国や世界の動向にも気を配りながら，産業やまちづくの未来のあり方をデザインし，その実現に向けた施策を立案・実施していくという姿勢をもたなければならない。

2　自治体間の連携による施策の展開

全国には2023年４月１日現在で1741市区町村が存在する。財政規模や職員数の問題から，単独の市町村のみでは産業・商業振興施策の実施が難しい場合もある。そこで，都道府県の市町村に対する支援体制を強化するとともに，複数の近隣市町村の連携による産業・商業振興施策の実施が必要である。

それぞれの施策の実施効果を考慮して，自治体独自の施策と，自治体間の連携による施策をベストミックスした取組により，自治体は主体的に地域の活性化をめざすべきである。

（青木　隆）

第15章

観光の振興

本章では国や自治体がどのように観光客誘致をしているのかを概観した上で，観光政策や観光広報などの自治体の観光振興政策について考える。これまで「観光」に行ったことがないという人はいないだろうし，多くの方にとって「観光」という言葉自体は聞き馴染みがあるだろう。他方，観光客を誘引するために国や自治体によって様々な政策や広報活動がされていることは十分に知られているといえるのだろうか。本章では観光の歴史を振り返るとともに，現在各自治体が観光客を誘客するために取り組んでいる観光マーケティングやシティプロモーションについて，実際の事例などを踏まえつつ紹介するとともに，観光振興の課題や今後の展望について述べるものである。

1 観光政策

1 観光政策の定義

「**観光***」とは一般的に国内外の「旅行」を指すことが多い。『広辞苑（第７版）』によれば「観光」とは，「他の土地を視察すること。また，その風光などを見物すること。」とされている。また観光の語源のひとつは「国の威光を観察する」であり，その観光を冠した「**観光丸***」の復元船が長崎県のハウステンボスにある。

現在の「観光」の定義としては，国土交通省の観光政策審議会の答申第39号（「今後の観光政策の基本的な方向について」）において，「余暇時間の中で，日常生活圏を離れて行う様々な活動であって，触れ合い，学び，遊ぶということを目的とするもの」とされている。すなわちここでいう「観光」とは，「自分自身が主に住んでいる地域以外に出かけ，当該地域の見聞を広めたり，遊んだりすること」である。この定義は日常感覚に近いのではないだろうか。

その上で，本章で扱う「観光政策」については，「地域外から旅行や遊びに来る人々を増加させるために企画・立案・推進すること」としておきたい。

＊観光
「観光」の語源については，「国の威『光』を『観』察する」であるとか，中国『易経』の「国の光を観る，もって王に賓たるに利し」という一節に由来するなどとされている。見知らぬ国や土地の「光」（威光）を「観」（観察）するので「観光」というのであろう。

＊観光丸
1855年，オランダから13代将軍徳川家定にスンビン号として贈呈され，日本初の木造蒸気船となり，スンビン号を「観光丸」と改名した。

2 観光政策の基本

国の観光政策については，2008年に制定された**観光圏整備法**[*]（「観光圏の整備による観光旅客の来訪及び滞在の促進に関する法律」）がある。同法は，観光立国の実現と個性豊かで活力に満ちた地域社会の実現に寄与することを目的とした法律であり，各自治体に「観光圏整備計画」を策定することを求めていた。国土交通省によれば，同法がめざすのは観光地の広域的連携による「観光圏」の整備であるとされる。なお，「観光圏」とは，観光客が２泊３日以上滞在できるエリアのことをいう。

＊観光圏整備法
2003年の小泉純一郎内閣総理大臣は第156回国会の施政方針演説で，海外旅行者が年間約1600万人を超えていること，これに対し日本を訪れる外国人旅行者が約500万人にとどまっていること，2010年にこれを倍増させることを目標とすることを提起した。2006年には議員立法による観光立国推進基本法が成立した。同法に基づき2007年には観光立国推進基本計画が閣議決定されるとともに2008年の観光庁の設置へとつながった。観光圏整備法が登場したのは観光庁設置の直前のタイミングである。

自治体が主体となる「観光政策」では，観光の中身である「観光資源」（コンテンツ）の開発と，その観光資源をどのように広く「観光広報」（PR）していくかという２つの大きな柱がある。

「観光資源」には，「ハード資源」（建築物などの耐久性のある資源）と「ソフト資源」（花火大会などの一過性のイベント的な資源）がある。また「広報」には，自治体がみずから編集・発行を行う「自媒体」（広報誌やパンフレットなど）と他のメディアが発行する「他媒体」（テレビや雑誌など）がある。これらを上手にミックスさせることで，コンテンツのPRを行い，観光客を誘致することが自治体観光政策となる（**図15－1**）。

2 観光政策のあゆみ

1 国による観光政策

(1) 観光の誕生

観光自体は古くから行われてきた。歴史を紐解けば平安時代に皇族や貴族などによって行われた「熊野詣」や，江戸時代に一般庶民を含めて流行した「伊勢参り」も観光の一形態といえる。ただ観光客を誘客する「観光政策」という観点からみれば，その歴史は明治時代までさかのぼることができる。

明治期の最初の観光に関する取組は，外国人観光客の誘致を目的に渋沢栄一が蜂須賀茂韶や増田孝らとともに1893年に設立した喜賓会とされる。「喜賓会」は「旅館の設備改善の勧告」や「観光施設観覧に際しての便宜提供」「ガイドブックの刊行」など現在の旅行代理店が担っている機能と，「観光客を対象とした案内業者の管理・斡旋」や「観光客と日本

図15－1　観光政策の概念図

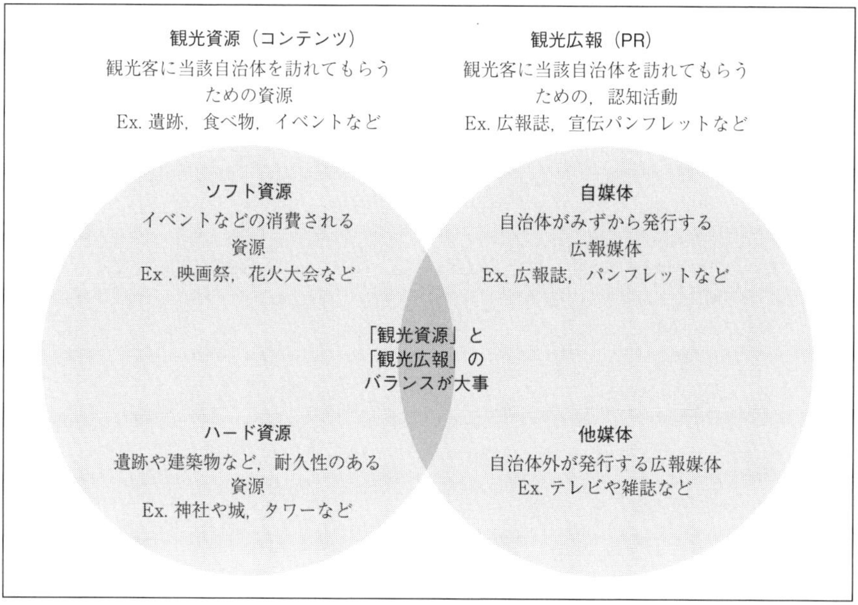

（出所）　筆者作成。

各界の人物との交流促進」など国が政策的に行っている機能の両面を併せもっていた。その後1905年には「日本旅行会」（現在の株式会社日本旅行の前身，略称「日本旅行」）が，1911年に，「ジャパン・ツーリスト・ビューロー」（現在の株式会社JTBなどの前身，略称「JTB」）が誕生し，喜賓会は1914年に解散している。

(2)　戦前・戦中の観光政策

「日本旅行」は南新助が創業し，神社仏閣の参詣や国内の団体旅行などを主な目的としていた。実際に1908年には国鉄の臨時列車を貸し切り，善光寺への参詣企画などを行なっている。一方の「JTB」は当初，外国人の日本への誘客を主な業務としていたが，第一次世界大戦以降は訪日客が減少し，邦人向けの旅行支援事業に舵を切っている。

つまり「日本旅行」がお遍路やお伊勢参りに代表される日本人が従来から行っている観光（国内の観光地である神社仏閣巡り）を旅行業として引き継ぎ，日本人を対象とした観光業であったのに対し，JTBは国外からの外国人誘客という国策を旅行業として引き継いで，外国人を対象にしたといえ

＊浜口雄幸内閣

浜口は若槻礼次郎内閣，加藤高明内閣を閣僚として支えた後，張作霖爆殺事件で総辞職した田中義一内閣の後を継いで第27代内閣総理大臣（1929-1931年）となった。首相在任中は金解禁を断行したことで知られる。外交面では国際協調路線をとった。この金解禁による経済困窮の打開と国際親善の推進に加え，鉄道を活用した外客誘致をめざして，国際観光を司る中央機関として設置したのが鉄道省国際観光局であった。先の日本旅行協会，自治体の日本観光地連合会（現在の社団法人日本観光振興協会）や国際観光協会，民間の日本ホテル協会や日本観

光通訳協会の設置はこの時期のことである（参照，砂本 2002）。

＊観光基本法
1963年に制定された。当時は旅行資金の余裕がなく，施設整備も十分ではなかったため，観光軽視の風潮が残っていた。他方，高度経済成長に伴い，所得水準の上昇，外国人旅行者を含めた観光旅行者の増加，地域経済への影響などの変化が起きており，これらの変化に対応することなどを背景として観光基本法が制定されることとなった。

＊観光立国推進基本法
旧観光基本法の全部改正法案として提案されたものであり，その基本的施策として，国際競争力の高い魅力ある観光地の形成，観光産業の国際競争力の強化や人材育成，国際観光の振興，観光旅行の促進のための環境整備の4点を掲げていた。成立は2006年12月，施行は2007年1月である。同法に基づき2017年3月には観光立国推進基本計画が策定された。

＊総合保養地整備法
国民が余暇等を利用して多様な活動に資することを目的とするものであった。2001年には国土交通省は同法の下の諸活動にかかる政策評価書を公表しているが，それによれば創意工夫を凝らした取組が成果を上げているなど一定の成果があったとしつつも，需要の見誤りによる巨大・豪華な投資が行われ経営上問題が生じた事例がみられたことなどを指摘している（国土

る。

一方1942年には戦時下に観光事業はふさわしくないとの理由から1930年に**浜口雄幸内閣***で設置されていた国際観光局が廃止され，1941年には「日本旅行」が廃業，1942年にJTBが「財団法人東亜旅行社」に組織変更，1943年に財団法人国際観光協会が解散となっている。（参照，JNTO HP「沿革」）

(3)　戦後の観光政策

戦後の観光政策の大きな転換点は，1963年の「**観光基本法***」の制定であった。同法は，国の観光政策に関する基本方針を示した法律であった（同法第1条）。また，国と自治体の役割として，外国人観光客の来訪の促進と接遇の向上，観光地や国際観光ルートの総合的形成，観光旅行の安全確保や観光客の利便性向上，国民大衆の観光旅行の容易化，観光地への過度の集中の緩和，低開発地域の観光開発，観光資源の保護・育成・開発，観光地の美観風致の維持の8つを掲げていた（同法第2条）。同法に基づき，1964年4月には『観光白書』が初めて発行されている。

「観光基本法」の理念は，名称変更・全面改訂された2007年の新法，「**観光立国推進基本法***」に受け継がれて現在に至っている。観光立国推進基本法では，「施策の基本理念」として，観光旅行を促進することが，将来にわたる豊かな国民生活の実現のためとくに重要であるという認識が強調されている。

また観光立国推進基本法の制定に前後し，2008年10月に国土交通省の外局として観光庁が設置された点も重要である。観光庁は，諸外国に対する対外的な発信力強化，観光にかかる官庁の縦割りの排除，観光行政に関するワンストップ的な窓口対応を目的として設置された。

国の観光政策においては主に国外に日本のことを広報すること，国外から国内に外国人を誘客すること，さらには国内において旅行客数や地域の観光資源の開発などの面で地域間のバランスの調整を図ることが主な目的である。

2　自治体による観光政策

(1)　自治体による観光政策の時代

これまで述べてきたように，観光政策は主に国の政策として展開してきたという経緯がある。これに対して自治体における観光政策は，1980年前後が大きな転機となった。ここで

は重要な出来事を２つ取り上げておきたい。

第１に，1987年に制定された「**総合保養地域整備法***（通称「リゾート法」）」である。同法はその目的として，「国民が余暇等を利用して滞在しつつ行うスポーツ，レクリエーション，教養文化活動，休養，集会等の多様な活動に資するための総合的な機能の整備」を掲げていた。同法制定後，税制面での優遇や資金面で援助（政府系金融機関からの低利融資）が得られることもあり，各地で保養施設（リゾート施設）の開発が進められた。

同法第１号指定には，「**宮崎・日南海岸リゾート構想***」「**三重サンベルトゾーン構想***」「**会津フレッシュリゾート構想***」の３地域が選ばれていた。他方でこのリゾート法に基づく開発による自然破壊や，リゾート施設の開発・運営に参加した企業の破綻など負の一面もみられた。

第２に，1988～1989年に竹下登内閣下で行われた地域活性化・振興策「**ふるさと創生事業***」（「自ら考え自ら行う地域づくり事業」）である。同事業は地方交付税から交付団体の市町村に対して一律で１億円を交付するというものであり，その使い道について，国は関与しないとした政策であった。各自治体はこの資金を活用して観光の目玉となるようなハコモノの建設やイベントの開催などを行った。

この1970年代後半から1980年代にかけては国民にも余暇を楽しむという意識が生まれ，1977年には「財団法人余暇開発センター」によって，全国調査をもとに需給双方の視点で余暇の実態をまとめた『レジャー白書』が発行された。

⑵　シティプロモーションとDMO

ここで，自治体の観光政策の広報の側面について考えよう。

従来の自治体の広報活動は住民を対象とした内向きのものであった。これに対し，大分県で始まった地元産品の県外移出の考え方（一村一品運動）や，自治体の観光客誘客のための観光広報などは，外向きの広報（政策広報）活動ととらえることができるものであり，従来型の広報とはその性格が異なるものであった。

1970年代の終わりから1980年代にかけて，こうした自治体の外部向け広報活動が始まっていった。1990年代に入ると自治体の外部向け広報活動は「シティプロモーション」と呼ばれるようになった。シティプロモーションとは，自治体全体

交通省 2003)。

＊宮崎・日南海岸リゾート構想

リゾート法第１号指定。中核施設は「宮崎シーガイア」。総事業費約2000億円で建設され，1994年に施設全体の開業に至った。しかし，初年度から目標入場者数250万の半分しか入らず毎年約200億円の赤字を計上していった。2001年には会社更生法の適用申請となり，第三セクターとして過去最大の負債総額3261億円となった。

＊三重サンベルトゾーン構想

リゾート法第１号指定。中核施設は「志摩スペイン村」。1994年に開業し，初年度は年間目標入場者数の300万人を超える427万人を記録した。しかし，1995年度には301万人，1996年度には246万人となり，2000年度には200万人を，2011年度には150万人を割り込んだ。

＊会津フレッシュリゾート構想

リゾート法第１号指定。磐梯清水平リゾート（現・星野リゾートアルツ磐梯），当時のスキー・スノーボードブームを反映したリゾート開発が行われた。磐梯清水平リゾートは2002年に民事再生法の適用を申請した（負債総額946億円）。

＊ふるさと創生事業

例えば，青森県黒石市の「純金こけし」や高知県中土佐町の「純金カツオ」，千葉県木更津市の「きみさらずタワー」，北海道夕張市の「ゆうばり国際ファン

のプロモーション活動として，**マーケティング***的な要素を強くした自治体の外部向けの広報活動のことである。

自治体の外部向け広報活動が発展してシティプロモーションにつながったことについては，自治体広報のもつ「先導機能」について触れておきたい。「先導」とは言葉のとおり，先に導くことであるが，広報で先導的に伝えることで，実際の政策を導いていくことを期待するのである。

シティプロモーションと同時期に，観光政策も「観光地マーケティング」（目的地マーケティング）へ役割を変化させていった。この観光地マーケティングを担う組織が必要となって誕生したのが，**DMO***である。DMOは，各自治体の従来からある観光協会などの観光誘致のための組織を置き換える形で整備されていった。その多くは一般社団法人である。観光庁では2015年11月よりDMOの登録を受け付けている。

この「観光地マーケティング」とDMOの誕生は自治体に大きなインパクトを与えた。2000年代に入ると自治体の都市間競争的な動きが活発化し，とくに交流人口などの増加を狙って，各自治体は対外的なシティプロモーション活動を本格化させた。このシティプロモーションは政令指定都市などの大規模自治体によって先駆的に着手されたが，他の自治体が追随したため，現在のように多くの自治体で観光広報やシティプロモーションなどが広がったと考えられる。

(3)　多様化する自治体の観光集客施策（フィルムコミッションと世界遺産）

もう1つ，自治体の観光集客として活用されているのが「**フィルムコミッション***」である。フィルムコミッションとは，地域活性化を目的に映画やドラマなどの撮影を誘致し，撮影をスムーズに進めるための協力を行う公的機関であり，多くが自治体内に組織されている。現在では約300を超えるフィルムコミッションが存在している（ジャパン・フィルムコミッション2021）。

自治体が撮影を誘致するメリットとしては，経済効果が挙げられる。撮影で地域に滞在する期間の宿泊費や飲食費，交通費などを含む「直接効果」はもちろん，その撮影された作品（ドラマや映画）などが公開された後は，「**ロケツーリズム***」として観光客の誘客の目玉としても活用が可能である。また類似の効果があるものとしては「アニメツーリズム」も

タスティック映画祭開催」などにこの資金は活用された。ただし，無駄遣いの典型との批判も少なくなかった。

＊マーケティング
「顧客に自社の商品やサービスを提供する仕組みづくり」といえ，一般的には，「商品戦略（Product）」「価格戦略（Price）」「流通戦略（Place）」「販促戦略（Promotion）」で語られることが多く，それぞれの頭文字を取って「マーケティングの4P」と呼ばれる。

＊DMO（Destination Management/Marketing Organization）
「観光地域づくり法人」などと訳される。全国の観光協会などが，自治体などと協力して地域の観光推進を行っていく組織である。19世紀のスイスで発祥し，日本では2014年頃から日本版DMOとしてスタート。観光庁は「観光地域づくりの舵取り役」と定義。

＊フィルムコミッション
ジャパン・フィルムコミッション（2021）によれば，フィルムコミッションは映像作品のロケーション撮影が円滑に行われるための支援を行う団体であるとされ，その要件は，①非営利の公的機関であること，②撮影支援の相談に対してワンストップのサービスを行っていること，③作品内容を選ばないことの3点であるとされている。

＊ロケツーリズム
映画・ドラマを観た人が実際のロケ地を訪ね，現地で風景や施設などを堪能する

ある。これはアニメ作品の舞台や作品に関連する地域（＝聖地）を巡る旅行のことであり，ファンなどの間では「聖地巡礼」とも呼ばれている。これらのドラマや映画，アニメをきっかけにその地域を訪れたファンが，地域に触れるなかで，地域そのもののファンになることを狙うのである。これら「ロケツーリズム」や「アニメツーリズム」は観光庁の「テーマ別観光による地方誘客事業」にも選定されている。

「ロケツーリズム」の代表的なものが「NHK 大河ドラマ」である。NHK 大河ドラマは１年間を通じて放映をされる時代劇ドラマだが，視聴者層の年代が幅広く，また影響度が大きいことから各自治体が官民共同で誘致活動に取り組んでいる。なぜ各自治体が誘致活動に取り組むかといえば経済効果が大きく，また自治体への誘客などの起爆剤となるからである。

例えば2022年に放映された「**鎌倉殿の13人***」では，日銀横浜支店（2021）の発表によると，神奈川県内において約260億円（直接効果173億円，間接効果86億円）の経済効果があったとされている。さらに，同試算によると宿泊効果で前年比約5.7%，日帰り効果で前年比約5.0%の押し上げ効果があるとされている。NHK の大河ドラマは交流人口を増加させたい自治体においては獲得したいコンテンツの１つとなっている。

毎年のコンテンンツである NHK 大河ドラマは前例も得やすく，前例主義，視察主義の自治体においては取り組みやすい活動の１つでもある。大河ドラマにおいては，大河ドラマの誘致，大河ドラマ館の設置，大河ドラマを主体とした観光施策などがある程度パッケージ化されている。

観光資源の開発という面では，地域資源の**世界遺産***化も重要である。世界遺産に登録されることで認知度が上がり，観光客の誘客にはプラスに働くからである。他方，多くの人が訪れることによる環境破壊や，施設や道路整備，遺産の保存などに多額のコスト（自治体の負担）がかかることから実際には賛否もある。

3　自治体における観光政策の課題と展望

1　観光政策において自治体が担う役割：観光振興政策の功罪

これまで述べてきたように自治体が行ってきた観光振興に

旅行のこと。

＊鎌倉殿の13人
2022年１月から12月までに放送された NHK 大河ドラマ。北条義時を主人公として平安時代の末期から鎌倉時代の初期を描いた作品。鎌倉市では同番組放送にあわせ，市民防災部に「大河ドラマ担当」（2022年大河ドラマ「鎌倉殿の13人」に関する調整を所掌）を設置した。また鎌倉文華館鶴岡ミュージアムには「鎌倉殿の13人：大河ドラマ館」（2022年３月～2023年１月）が設置された。

＊世界遺産
世界遺産は1972年第17回 UNESCO 総会にて「世界の文化遺産及び自然遺産の保護に関する条約」を採択したことによって誕生し，1978年に初めての世界遺産が登録されている。日本における世界遺産は1993年に初めて登録された「法隆寺地域の仏教建造物（奈良県）」「姫路城（兵庫県）」「屋久島（鹿児島県）」「白神山地（青森県，秋田県）」の４か所を皮切りに，2023年３月末時点で25か所が登録されている。

おいては負の側面があることも否定はできない。とくに日本の観光振興はこれまで公共物（ハコモノ）の開発も多く，結果としてそれらが自治体の負の資産として残り，北海道の夕張市など自治体の財政に大きなインパクトを与えてしまった事実もある。また観光客が増えることで，自治体内の渋滞の増加やゴミ問題などの新たな問題が発生していることもまた事実であろう。他方で，観光自体は裾野の広い産業であり，観光客を誘致することで，宿泊業や飲食業，土産物販売などを含めて地域のサービス業やメーカーが潤うことで地域にお金が流れ，そこから産業の発展や雇用の創出につながっているプラスの面も存在している。また一度訪れてもらい，その地域の文化や歴史を感じてもらうことでファンになってもらい，将来的に定住してもらいたい自治体側の狙いも理解ができるものであろう。

ただし，すべての自治体が観光振興を行えばよいわけではなく，どこまで自治体が関与するかの線引きが自治体ごとに異なるのもまた事実である。つまりすべての自治体が画一的に観光など1つの政策に偏るのではなく，自治体によっては，産業や農業振興など別の政策に資源を振り向けて観光に頼らないことも当然にしてあり得る。各自治体は，自治体の現状を分析した上で，必要な政策を進めることが求められるのではないのだろうか。

2　自治体間競争の激化

(1)　自治体が抱えるマーケティング活動の課題

観光振興が政策として必要な自治体が観光政策を進める上でも大きく2つの課題がある。第1の課題は，自治体が行っている観光広報（PR）に関する課題である。

2004年，千葉県流山市に日本初となる「マーケティング課」が誕生した。また，2013年には東京都足立区に東京23区では初となる専門組織「シティープロモーション課」が設立され，話題となった。

シティプロモーションは「その地域の魅力を自治体の内外に発信（プロモーション）すること」であり，シティプロモーション活動を行っている自治体の目的は大きく2つある。1つは**定住人口***の獲得であり，これは当該地域の魅力を発信することで，その地域に実際に定住してもらうことを目的としている。もう1つは**交流人口***（観光客など）や**関係人口***の増

＊定住人口・交流人口・関係人口
➡第13章「人口減少社会と地方創生」❶ 1 (1)

▶▶ Column 16　田んぼしかない人口8000人の村に年間40万人が来村 ◀◀

青森県津軽平野の南部に位置し，面積22.35平方キロメートル，人口約8000人の小さな田舎の村，南津軽郡田舎館村。主要産業は農業で，田園風景が広がる日本によくある地方の農村であり，歴史的な遺跡も名所も存在しないものの，実はこの村には年間約40万人の観光客が訪れている。

この村が観光客の誘致に成功している観光資源は「田んぼアート」である。「田んぼアート」とは，田んぼをキャンバスに見立て，色の異なる稲（古代米など）を植えることで巨大な絵や文字をつくる作品のことである。

この「田んぼアート」は1993年に田舎館村で村おこしとして開始され，25年以上にわたって続けられている観光事業である。田んぼアートが行われる場所は，村役場の東側にある約1.5haの水田で，田舎館村役場にある田舎館村展望台からその壮大なアートを眺めることが可能である。2012年には「第二田んぼアート」も制作され，こちらは道の駅いなかだて「弥生の里」にある「弥生の里展望所」から見学が可能。これらの展望台は登ることも可能で，入館料収入は2017年度では7278万円となっている（2017年度の同村の村税は約６億円）。同村での成功を受け，現在では全国25以上の自治体で「田んぼアート」の制作が行われている。2013年７月には，弘南鉄道弘南線の田んぼアート駅が開業し，「田んぼアート」を軸とした観光事業に取り組んでいる。田舎館村の事例は何もない村であっても，その村にある唯一の資源（田んぼ）を上手に活用することで観光資源化した好事例といえるのではないのだろうか。

（写真提供）　田舎館村。

加であり，当該地域の魅力を伝えることで，一時的に当該地域を訪れてもらうことをめざすものである。

シティプロモーションは主にこの２つの人口を獲得することを目的としているが，実際の定住人口と交流人口は異なるターゲットである。自治体のシティプロモーションではこれらを一様に取り扱っており，結果としてどちらも増加していない自治体が多い。そのような結果になっているのは，自治体にマーケティング発想のできる人材が不足しているためではないかと考えられる。このため，ターゲットも明確に絞れず，全包囲的なマーケティング活動になってしまい，結果として上手くいかない自治体も多いのではないだろうか。

(2) 交流人口の獲得競争

第2の課題は自治体間競争の激化である。現在多くの自治体がシティプロモーションを行っているが，日本の人口も観光地も限られている。これでは，各自治体による国内の観光需要の奪い合いとなる。この場合当然に，資金力のある都市自治体や，観光資源がある自治体が有利となる。例えば，自然豊かな北海道地域やリゾート気分を味わえる沖縄地域，世界遺産を含む歴史的な遺産が多い京都地域や奈良地域などは有利となるのである。

結果として各自治体からは，「わがまちには観光資源がないから」とか，「観光名所のあるような自治体が羨ましい」といった声が散見される。自然や歴史などの観光資源がある都市がない都市よりも観光客の誘客に有利であることは間違いないだろう。

しかし，そういった観光資源もあるだけでは資源としての役割を果たしていないのもまた事実である。光る原石ともいえるそういった資源をしっかり活かすための努力（政策）や，資源をもっていることの広報はいずれにしろ必要であり，しっかりと観光に注力して政策と広報をやってきたという蓄積が，当該自治体の観光地の認知や集客につながるのである。

自治体においては観光資源がないことを憂うのではなく，どのようにしたら観光資源を開発できるのか，またどのようにしたら自治体内にある観光資源を PR して観光客を誘致できるのかを検討していくことが求められている。例えば，青森県南津軽郡田舎館村は稲作中心の地方にある人口約8000人の小さな村ではあるものの，知恵を絞って観光資源の開発に成功し，年間約40万人の観光客を誘致することができている（*Column* 16 参照）。

これからの自治体は，前例主義や他自治体の成功事例を参考にする視察主義から脱却し，顧客をしっかり見据えた上で，ターゲティングを行い，自らの自治体内にある資源を開発して提供するマーケティング的な発想が必要である。このことはとくに自治体の観光政策において強く求められることなのではないだろうか。

（鈴木勇紀）

第16章 地域社会の復活と農業の活性化

農業は広大な耕地を利用し，地域の土地を面として使用しながら営まれる産業である。その農業生産を担ってきたのは，広く**中山間地域***と呼ばれる地域である。農業が機能不全に陥ると，経済的に脆弱な地域であるため日常の生活を支える雇用の場もなくなり，壊滅的な影響を受ける。その連鎖は生活の場を奪うことになる。農業の衰退は，地域全体の衰退であり，地域から人々が去り最終的に消滅へ向う危険性がある。戦後の農業制度の現在と歴史，今後の方向性を論じよう。

1 現代日本の農業政策

1 課題解決へ向かう日本の農政

世界情勢の緊迫化によって，食糧事情の問題が起ころうとしているが，それを考える前に日本の農業政策がどのようなものか分析しよう。

(1) 未利用地解消へ向けた政策

まず耕作放棄地である。耕作放棄地とは1年以上何も作付せず，今後も数年の間に再び耕作する意思表示がない農地を指している。地方都市が主要な発生場所で，山間部や離島などの耕作条件の悪い地域である。「**条件不利地域***」における耕作放棄地は，人口問題に直面する地方都市の根幹を揺るがす問題となっている。

高度経済成長時代，過疎化現象から地域崩壊が起こり，とくに農村では，集落を単位として生活基盤がつくられてきたが，過疎化によって集落の相互扶助的活動が破綻を迎えた。農業も兼業しながら都市部へ雇用を求め，集落が守ってきた力が非常に低下した。また，1970年から**水田の生産調整***が実施され，水田が復元されることなく耕作放棄された。

地域別にみると，近畿から中国・四国地域で耕作放棄の発生が増加している。北海道や東北は，日本では経営規模拡大が進んだ地域で耕作放棄の発生はわずかである。耕作放棄に最も影響を与えているのが，現在は農村に居住しない地主

＊中山間地域
農業地域類型区分では都市地域・平地地域・中間地域・山間地域の4分類で区分し，中間地域と山間地域を中山間地域と呼んでいる。区分けは傾斜度や人口密度を使用している。

＊条件不利地域
中山間地域や離島地域で気象条件や耕作条件に恵まれない地域を一般的に条件不利地域と呼び，支援対象の地域として認定している。

＊水田の生産調整
高度経済成長時代より豊作が継続して米の余剰の問題が発生し，1969年より生産調整が策定され，「減反（げんたん）」と呼ばれ各農家を指導した。その後は生産調整から転作への奨励に代わっている。

表16－1　新旧農地法の目的規定

旧農地法（この法律の目的）	改正農地法（目的）
第１条　この法律は，農地はその耕作者みずからが所有することを最も適当であると認めて，耕作者の農地の取得を促進し，及びその権利を保護し，並びに土地の農業上の効率的な利用を図るためその利用関係を調整し，もって耕作者の地位の安定と農業生産の増進とを図ることを目的とする。	第１条　この法律は，国内の農業生産の基盤である農地が現在及び将来における国民のための限られた資源であり，かつ，地域における貴重な資源であることにかんがみ，耕作者自らによる農地の所有が果たしてきている重要な役割を踏まえつつ，農地を農地以外のものにすることを規制するとともに，農地を効率的に利用する耕作者による地域との調和に配慮した農地についての権利の取得を促進し，及び農地の利用関係を調整し，並びに農地の農業上の利用を確保するための措置を講ずることにより，耕作者の地位の安定と国内の農業生産の増大を図り，もって国民に対する食料の安定供給の確保に資することを目的とする。

（出所）　筆者作成。

「**土地持ち非農家***」であり，大量の耕作放棄地を発生させている。

＊**土地持ち非農家**
統計の分類としては農家のカテゴリーに入るが，定義としては農家以外で耕地又は耕作放棄地を5a以上所有している世帯を指している。

⑵　行政の対応策

高度経済成長時代，地方都市での雇用創出のため**全国総合開発計画***が策定された。これは農村地域の労働力を地方へ配置した工場へ吸収しようというものである。これによって農村地域の過疎化に歯止めが掛かることが期待された。しかし一定の抑止効果もあったが，農村労働力が工場に吸収されることによって，農村では兼業が進み，農村家庭には高齢者と子どもたちが残され，一層過疎化が進展した。

＊**全国総合開発計画**
➡第14章「産業の振興」❷ 1

1970年に，政府は10年ごとの時限立法として**過疎法***を制定した。当初，最も重視された目的は人口の過度の減少防止であった。2000年に４度目の立法が行われ，一番重視された目的が過疎地域の自立促進である。現在では，2021年に延長された「過疎地域の持続的発展の支援に関する特別措置法」に引き継がれている。制定当初より地域格差の是正が重点目的とされたが現状では変化がみられない。

＊**過疎法**
➡第13章「人口減少と地方創生」❷ 1 ⑴

2　農地流動化政策の現状

2009年６月の衆議院予算委員会において農地法の改正が行われた。未利用農地の拡大に対応するため，1952年の農地法制定以来のシンボルであった，農地耕作者主義について抜本的改正が行われた。経営基盤を強化して強い農業をつくるため，農地流動化による新たな耕作者への集積促進を目的としている（**図16－1**）。

改正の焦点は，農地を所有する主体に関する改正である。

改正農地法では，原則として農業をしようとする者（個人・法人）の農地取得を可能にする内容である。

3　農地の所有と利用の分離

所有と利用の分離とは，「所有者の農地」を所有権という「権利の移動を伴わない方法」で，「農地を必要としているところ（農業生産者）へ集積」するものである。これを実行するため「所有者の所有権」と「利用者の耕作権」を分離する考え方である。

「所有と利用の分離」は，農地の流動化を促進をする上で議論された（原田 2008）。停滞した農地の流動化や未利用農地の利用促進とともに，企業などの農業参入を可能にするものであり，現在，農地の利用促進を図る上で主流となる考え方である。

⑴　農地の農業外利用の規制

近年，農地の農業外利用が問題になっており，これについての提案として，「**自作農主義***（耕作者主義）に完全に別れを告げ利用本位の農地制度に転換」することが求められており（生源寺 2006），農業生産現場も大きく変貌しようとしている。

＊自作農主義
農地改革によって大土地所有制から自作農創設が行われた。耕作者みずからが農地を所有し耕作することを指し，戦後農政の基本となっている。

現場では，規模にかかわらず生産性重視に取り組み始めている。また貸借による規模拡大が主流となり始め，現実的に所有と利用の分離が促進されている。

⑵　新しい農業制度への模索

農業の原点とは何か，国民の命の源である食糧生産を守り続けるためのものである。農地の所有権を利用して利益を得るべきものではない。よって農地の農業外利用は慎まなければならない。しかし残念ながら一部では，農地の転用が行われている。それゆえ所有と利用を分離し，農地を確保することがこれからの課題である。

2　戦後史のなかの農業政策

1　農地改革の背景

小作農が貧困層を形成した戦前の日本では貧困問題解決が社会的課題であったが，貧困層の農民に農地を与えることではなく，日本の将来に向けた緻密な設計図に基づいたのが農地改革であった。

(1) なぜ農地改革へ向かったか

農地改革は，GHQ の指導によって行われていたが，戦前には認められていなかった，小作の耕作権の保証へ導いている（関谷 1981）。農地改革の集大成として1952年に農地法が制定され，戦前の総括として「**耕作者の地位の安定***」の整備が要点となった。

戦前・戦中は，土地をもたない小作などの政治的な争議が頻発し，その抑止策が必須であった。戦時農政の特徴は，労働力政策として農村集落の**共同体的慣行***を利用し，食糧政策として自家保有米以外の米と米以外の食糧を国家管理に置き食糧供給を安定させた。農地改革は周到に準備され実行されたものであるが，戦前から戦中にかけて日本に根差した慣行を研究したものなのである。

＊耕作者の地位の安定
戦前の大地主制の下では小作人の権利は保証されておらず，耕作者の地位の安定は農地改革の最重要点として，所有する耕作者が安定的な農業経営を行うことを可能にした。これによって長期的な営農が可能になった。

＊共同体的慣行
「結い」という言葉に代表されるように，農村社会では集落内での祭礼から土木工事まですべての活動を集落の住民総出で行ってきた。現在，過疎化によって集落共同での事業ができなくなってきているところが問題になっている。

2　農地改革はどのように実行されたのか

改革の実行は，1945年12月から翌年の1946年に作成された第１次農地改革法案から始まった。この法案は地主制度の解体が不徹底だったため，国内の支持と占領軍の承認を得られず，GHQ から法案の再提出を命じられた。当時の米ソの冷戦構造は，日本の農地改革にも影響を与えている。ソ連案は第２次農地改革法案として，地主保有を一切認めない内容であった。最終的に農地改革はイギリス案で1946年10月に実施された。連合国の対日政策は，「非軍事化」「民主化」が基本であったが，農地改革はアジア地域の冷戦の砦として「防波堤の役目」を負わせるものとなった。

(1) もたらされた結果

全小作地の80％に及び農地が小作農に売り渡され，解放農地の６割は在村地主の所有地で４割は不在村（地域に非居住）の地主の所有地であった。

改革前には全農地の46％，水田の53％が地主保有だったが，改革後の1949年にはそれぞれ13%，14％に激減した。改革後も地主保有の残存小作地は，小作料が低く抑えられ耕作権も強化された。改革前は全農家の28％であった自作農は，改革後は55％と過半数を占め，農地を全くもたない小作農は28％から８％に激減した。

農地改革は，徹底した旧地主勢力の排除によって，小作農を自作農へ転換させ自立した農業経営者として育てることを目的として実行された。

⑵　生み出された効用

農地改革によって，借地を自作地にすることにより，農地に対する長期的投資の促進が行われることとなり，生産力回復が混乱なく行われた（大石 1975）。これは自由に耕作を行えるようになった農地が，農産物の生産拡大を可能にした結果である。「これが農地改革の効果としてその先進性を示すものとして確認された」とされている。農地改革は「耕作者の地位の安定」が何よりも優先されるものであった。農地改革が最も評価される点は，土地を持つことが無かった小作農が，農地を所有することによって農業生産に貢献できたことである（大内 1975）。

これによってほとんどの産業が安定体制へ入ることが可能となった。

⑶　農地改革の否定的側面

農地改革において経営規模の限界点が問われた。それは，「従来の零細農耕制をそのままにすることによって，むしろ従来よりも小粒の零細私的土地所有＝零細経営を一般的に形成し，それを固定化して資本主義の網の目のなかに裸で立たせることによって，一定の方向と限界を持った『解放』にとどまり，大経営を成立せしめることなく」に表されている（大石 1975）。農地改革は，農業経営の解決に至るものではなかった。

すなわち，改革によって生みだされた自作農が，どのような農業経営に向かうことができたのだろうか。「適正規模」とは，「自作農として農業に精進する見込みのあるもの」とされた（吉田 1975）。すでに零細農家が主流で，農業経営の零細化防止という前提は崩れ，そこを乗り越えるために導入されたのが，「**農地の交換分合***」（農家間の農地の交換）の推進であった。農業の現場では，**分散錯圃***など零細性が認識されていて，適正規模の追求の手段が農地の集団化のための交換分合であった。これによって拡大された圃場は，見かけの上では規模拡大への道を歩もうとしたが，「総じて，政府当局は，農地改革によって農業経営の零細性の問題は解決できないこと，この意味での農地改革の意義と限界を認識していたといってよい」のであった（吉田 1975）。これがその後の大きな問題の原点となる。

＊農地の交換分合
農業の作業効率を上げるため，土地改良が行われ，その際に零細な農地を集合して交換したりする方法。

＊分散錯圃
農家の所有農地があちこちに分散している状態で，もともとは自然災害を避けるために，方々に農地を分散させていたものであるが，現在では生産効率を上げるために集合させて広い農地に変えている。

3　農業制度の継続される矛盾

戦後，小作農は農地を得ている。「農地改革では耕作権よりも，土地を所有するという所有権中心主義の考え方を脱却することができず，耕作者に耕作権ではなく土地所有権を与えるという方式」を採ったからである。そのため，改革後まもなくして農地所有権に内在する矛盾が顕在化した。耕作権の保障手段として「耕作者に土地所有権を与えたのは，本来，耕作者の権利を確保するためであった。それゆえ農地改革の前提とした土地所有権とは，『耕作権ないし農業経営の基礎としての土地所有権』であった」が，「『商品所有権としての土地所有権』ではなかったはずである」が，実際には農地の移転は農地改革の方向から転換するに至っている（渡辺 1975）。

(1)　時代の転換点

時代とともに農地も例外なく高騰した。農地改革で行ったのは，自作農をめざすために土地を分け与える一環として農地の所有権を小作農に渡したものであったが，後に土地所有権（農地）が商品化していく。戦前までは小作人であった者が，土地を所有する地主となったとき，その農地は市場での交換（売買）になる。農業経営を通じて規模拡大を図りたい農家も，農地改革後の零細小規模の自作農も，高度経済成長時代の**地価高騰***によって新規の農地取得が困難となり規模拡大への志向が閉ざされた。逆にいうと商品として市場で農地を高値で売買することが可能になった。

(2)　農地法へ立ち返るべき日

戦前の**大土地所有制***の弊害について，自作農化によって経営の安定と社会秩序の安定を成立させた。農地耕作者主義は農地の所有者の適格を謳ったものである。ところが「所有権」によって農家は変貌してしまった。規模拡大，また農業からの撤退を考えた場合でも，農地（法）の存在が最終的に弊害となるのである。結局「農地法はそれ以前の法律を技術的に整理したにとどまり，何ら新しい積極的な提案をしたものではなかった」のである（渡辺 1975）。未利用問題（耕作放棄）ではさらに複雑な事情をつくりだす原因となった。

＊地価高騰
これまで数度の地価高騰があったが，とくに有名なものが60年代から70年代にかけての高騰とバブル経済と言われた80年代後半の高騰が記憶されている。地価の高騰は本来農業の生産に供される農地の高騰も招いている。

＊大土地所有制
太平洋戦争終結までは，農地は一部の地主が所有権をもっていて，大多数の農民は小作人として地主から借り受けて耕作をしていた。地代は収穫物の半分といわれていて，農地改革で改められた。日本一の大地主といわれたのが酒田の本間家である。当時3000町歩の農地を所有していた。

4　残された課題

現状では，規模拡大を図れている農家はわずかであり，専業での経営成立は困難になっている。

農業問題で必ず最初に登場するのが耕作放棄地問題である。耕作放棄地の発生は高度経済成長以来の問題であるが，これまで問題の先送りによって，耕作放棄の問題が1990年代以降に一挙に農業問題の中心課題となった。

農地改革当時より規模の零細性がいわれていたが，小規模農家を救ったのは皮肉にも日本の高度経済成長下で，**兼業化***へ向かうことによって農業外に所得の機会を得たという事実である。兼業化は，全総計画など当時の国土開発とリンクしながら全国の農山村地域にまで拡大され，その過程で農地の改廃が起こり，農業人口が減少し，現在では農業が全産業に占めるGDPは２％程度の状況である。これも農業政策が農地改革以来の問題に拘束されながら，特に農地問題の解決がいまだに遠い状況にあることを示している。

＊兼業化
日本の農家の割合では，大部分が他産業との兼業を行いながら生計を立てている農家が主流である。農業収入が主となっている兼業農家は第１種兼業農家で，農業外収入が主となっている農家を第２種兼業農家と規定している。

農地改革が行われ，終戦から70年以上が経過した現代日本の農業の歴史がたどってきた道はこのようなものである。

3　これからの農業政策の課題

1　食糧自給率をどう考えるか

食糧自給率とは，日本の食糧供給に対する国内生産の割合を表したものである。一般に用いられるのが，基礎的な栄養価であるエネルギーに着目して，国民に供給される熱量に対する国内生産の割合で示すカロリーベースでの自給率と，国民に供給される食糧の生産額に対する国内生産の割合を示した生産額ベースの自給率がある。

世界的には爆発的人口増加が問題となっている。一方で気候変動などによる旱魃の発生があり，必ずしも安定した供給が行われているとはいえない。**食糧安全保障***の観点から，不測の事態だけは抑えなければならない。

＊食糧安全保障
食糧は人間の生命維持にとって欠くことのできないものであり，生産・輸入および備蓄によって安定的な供給を確保し，需要の増大や気候変動などにも対処し，不測の事態に備えるというものである。

日本の国内で100％自給可能な作物は「米」のみである。それ以外では野菜類が自給可能な体制である。問題点はたんぱく源となる肉類を確保するため，畜産を支える飼料穀物の問題である。1965年当時の食糧自給率はカロリーベースでは73％，生産額ベースでは86％の自給率を維持していた。現在はどうだろうか。2021年の統計ではカロリーベースで38％，生産額ベースで63％である。現在，国民の食生活は肉食などを中心とするものに変化しているため，強力なたんぱく源の確保のための政策が課題となっている。

一部では米余り現象などが起こっているが，たんぱく源となる家畜の飼料用穀物が日本国内ではほとんど生産できていない。農業の現場では転作奨励策が行われているが追いついていない。

一方で耕作放棄地対策として注目すべき事例がいくつか動き出している。山間地の斜面に牛の放牧場が建設され，また，**採草地***として採草用の種をまき，家畜の飼料の生産が行われている。

＊採草地
主として耕作または畜産などの事業のための採草または家畜の放牧の目的に供されるものをいう。農地法上の土地の区分。

総力を結集して行われなければならない課題であろう。

2　農業の価値の多様性

日本では，中山間地域が農地の過半数の面積を占めている。最近の傾向として，経営面積や**借入面積***において新しい事業体への農地の集積が始まっている。

＊借入面積
総農家が経営を行っている農地の面積割合で，所有している面積に対して，借り入れて経営を行っている農地の面積。近年，借入面積が増大している。

これまで耕作放棄地に悩まされ続けてきた中山間地域であるが，農地の改廃傾向も鈍化し始めている。すでに空洞化している中山間地域での農業の再建は，容易いことではないが，地元の農家と農家以外の事業体との共同化も始まっている。南九州地域では，建設事業者による耕作放棄地を利用した農業参入が成功している。これは今後の中山間地域をめぐる政策として注目すべき点である。

⑴　農業における新しい価値観

近年，中山間地域の新しい見解が定着しつつある。それが「農業の多面的機能」である。農業の多面的機能とは，市場においては対価を支払われることのない外部経済効果であり，とくに農地が人々に与える様々な効果である。注目すべきは，農業生産だけではなく，国土保全に対する機能として「水源かん養」「土砂・土壌流出防止」「その他の防災機能」，環境の保全に対するものとして「生態系保全」「生物多様性の確保」「水質浄化機能」，そして農村がもつ機能として「景観・アメニティーの提供」「農村文化・伝統継承」などである。このように，中山間地域は食糧生産だけではなく，付加価値の高い地域であることが認められている。また，森林による温度の調整，二酸化炭素を吸収し酸素を供給することや，野生生物の住処も中山間地域の野山である。これらの付加価値が，現在では全国各地で**山村留学や離島留学***など体験型学習の場を提供している。これが中山間地域に対する新しい価値観なのである。

＊山村留学や離島留学
小中学生が１年単位で親元を離れて，自然豊かな山村や離島で下宿生活を行い，自然に触れあいながら生活と学習を行うもの。四季を通じて自然に触れあい，都市部での喧騒から離れて生活することによって，新しい人間関係などもでき，サポート体制も充実してきている。

(2) 中山間地域への注目度

中山間地域は人口減少から地域維持のため，多額の公費（税金）の投入を免れることができない。実際に中山間地域や離島地域では補助金なくして運営ができている自治体は一部の例外を除いて皆無だろう。農業の多面的機能論が登場することは中山間地域にとっては「注目度」が上昇し「資金の投入」（税の投入）が行われるため，追い風になっている。中山間地域に賦存する資源の利活用で**外部効果***も測定されている。山間の水田の例では，水田に貯められている水が治水機能を果たし，その効果がダムに匹敵している。治水などの事業は公共事業であるが，中山間地域では公共財として市場価値の計算できない「財」としての価値が存在している。その効果を発揮させるには，「米」の生産現場である水田を良好な環境に維持することで，一般に30cmの畔（水田を囲む土の道で高さは約30cm）の水田は，10a（約300坪）で１時間あたり100mm（気象では「猛烈な雨」）に耐える能力を有している。

＊外部効果
農業を行うことによって，市場では計ることのできない効果，例えば水田の保水による災害の防止や動植物の繁殖などによる自然界の良好な関係が生まれたりする。市場経済の外側に存在している。

限界集落化，そして耕作放棄地問題など，半世紀が経過するなかで絶えず政策的に賑わい続けてきたのが中山間地域である。日本全体で人口減少問題が起こっているが，地方の中山間地域は人口減少の洗礼を受けた地域である。しかし，これまでみてきたように多面的機能の登場は，日本の地理的特徴である山間の多くの地域で，地元住民が生き続けて行くための１つの道筋を示したものといえるだろう。

3　農村の過疎化抑止を検討しよう

地方都市の過疎化が止まらない。その解決策として考えられるのが，全国の自治体が行っている，**都市部からの移住者***の獲得である。自治体間では獲得競争の状況である。すでに人口減少が始まっている日本で，実際に移住者の数を満たすことができる自治体が一体いくつあるだろうか。移住者獲得から定住化だけが道筋ではないだろう。しかも，各自治体では移住者に対して様々な助成金を配布している。

＊都市部からの移住者
全国の自治体で行われていて，とくに人口減少の著しい地方都市で推進されている。この場合の移住者は，国内の都市部から若者や定年退職者を地方に誘致しようというものである。自治体間では助成金や税の優遇策などを行っている。

もう一度，移住政策を検討するべきときではないだろうか。

(1) 地域との新しいかかわり方を考えよう

各自治体では移住者獲得をめざしている。しかし，移住者獲得に頼らない新しい発想も生まれている。移住・定住として，地域に居住する形態ではないが，地方都市など様々な地

▶▶ *Column* 17　山間での出来事，人口減少でも地域再生は可能 ◀◀

徳島県の上勝町は人口約1500人の町であり，高齢化率は50％を超える限界集落である。1980年には3373人の町内人口があったが，2018年には1582人まで減少している。

異常気象などによって主要産品であった林業と温州ミカンの生産が不振となった。産業の不振は地域での雇用に影響を与え，労働力の流出も相次いだ。残った高齢者が行える作業は限定されたものである。しかも山間地域である。そこで山のなかを散歩しながら採集することができる草木の葉に目をつけた。地域の高齢女性が直接かかわるためには持ち運びが簡単なことも重要であった。全国的に上勝町の名を知らしめた「葉っぱビジネス」を運営する「彩」（いろどり）が生まれたのである。

この葉っぱビジネスも順風満帆に進んだものではなかった。初めは地域の高齢者から敬遠された。この状況を打開したのが横石知二氏である。

横石は当時上勝町農業協同組合の営農指導担当の職員であった。彼が着目したのが，当時未開拓の市場であった料理に添えるツマものとして使用する葉っぱである。未開拓市場のため，休日には全国の料理人に教えを乞いに通う日々を経験した。年少の職員が自費で全国を回ることは厳しいものである。地域おこしの成功事例には情熱を捧げるプレーヤーの存在がある。

高齢女性を応援する企業も現れた。NTT は，収穫した葉っぱをその日のうちに市場に伝えるために簡単に使えるタブレットを開発した。葉っぱビジネスには多くの人々の協力があった。

上勝の事例は，地域に賦存する資源に目をつけ，無駄を省いて収益を上げている。どこの自治体も地域に存在する資源の再確認が必要だろう。全国的に地域おこしに成功する自治体はいくつもある。共通点は地元の資源の有効利用であり決して助成金ありきではないということなのである。

域と多様なかかわり方で，人々と関係を構築しようとする生活様式が注目されている。移住者獲得もよいが，各自治体は自分の町に関心を寄せる人々に目を向けるべきだろう。

自分の居住地との往来をしながらも，地方都市にかかわる人々こそ「**関係人口***」として獲得すべき人口なのである。

(2)　もう１つのかかわり方「**交流人口***」

人口減少の著しい自治体であっても人口増加に対する努力は行われている。地域経済活性化のために，地域外からの人口増加をめざす方法として，旅行などによる滞在者を増やし，長期的な居住や二地域居住など，これまでにない形態の人口を増やす試みである。「交流人口」と呼ばれるものである。

＊関係人口
➡第13章「人口減少社会と地方創生」❶ 1 (2)
＊交流人口
➡第13章「人口減少社会と地方創生」❶ 1 (2)

今後，考えるべきこととして，交流人口などによる二地域居住の推進も有効である。国内外から訪れる人々が絶えず日本全国を観光する，日本の交通インフラや宿泊インフラはすでにできあがっている。欧米ではドイツの週末滞在の**クラインガルテン***やロシアの**ダーチャ***なども存在している。

日本の農業全体が大きな問題を抱えているが，地域政策の要となる自治体では農業の振興なくしてあり得ない。**未利用地***の利用の活性化から少しずつ進歩できるだろう。

（齋藤正己）

＊クラインガルテン
およそ200年前にドイツで始まった農地の賃借制度。一般に「週末滞在型農園付き別荘」と呼ばれている。ドイツでは全国に広がっていて，利用者数は50万人以上まで増加している。1戸あたりの面積は100坪ほどで賃借期間は30年。クラインガルテンは広大な土地につくられ，全体が緑豊かな空間になっている。

＊ダーチャ
旧ソ連時代，冬場に不足するビタミンを補うために，夏には国民が近郊で自給自足の一環として小屋を建てて野草を摘み週末は家族で過ごす形態ができた。広さは30坪ほどで別荘という言い方もされているが，富裕層と庶民では大きな差がある。

＊未利用地
未利用になっている農地として「不作付地」があり，数年後に耕作の再開の意志をもっているものと定義されている。

第17章

林業の活性化

山村を抱える自治体にとって森林は重要な資源である。一方，木材自給率の低下（外材の輸入増加）や木材に代わる代替材が開発されたことにより，木材価格は1980年をピークとして下落するようになった。長期に渡る木材価格の低迷は，山村地域の人口減少をもたらした。放置された森林は，荒廃して災害発生の原因となっている。このような森林・林業について主な論点を整理するとともに，今後，自治体が進むべき方向を考える。

1　自治体の林業活性化策

1　日本の森林

(1)　森林資源の現状

日本の森林面積は国土面積37.80万㎢の３分の２にあたる25.05万㎢であり，そのうちスギやヒノキなどの**人工林***は，約４割の10.20万㎢である。この人工林の約半数が植えてから51年以上経過する**主伐期***を迎えた。

また，日本の**森林蓄積***は約52億㎥であり，このうち人工林が約33億㎥と約６割を占めている（林野庁 2022）。

(2)　林業の現状

現在，森林荒廃が問題となっているのは，人工林である。この人工林10.20万㎢は，**国有林***2.29万㎢，**公有林***1.33万㎢，**私有林***6.58万㎢に分かれる（田畑 2021b）。このなかで，とくに問題となっているのが，人工林の６割以上（6.58万㎢）を占めている私有林人工林である。また，山村の過疎化は進み，林業に従事する労働者も高齢化と減少の一途をたどっている。

近年の林業の動向について，林野庁では，次のようにまとめている。

「我が国の林業は，……**施業の集約化***等を通じた林業経営の効率化……国産材の生産量の増加，**木材自給率***の上昇など，活力を回復しつつある。また，**林業産出額***約５割を占める特用林産物は……住民が林業を営む場として，地方創生に

＊人工林
人が苗木を植えて育てた森林。

＊主伐期
木材として利用できる太さに成長する樹木の年齢。

＊森林蓄積
森林を構成する樹木の幹の体積。

＊国有林，公有林，私有林
日本の森林には，林野庁などの国の機関が所有する国有林，都道府県や市町村が所有する公有林，個人や企業などが所有する私有林の３種類がある。

＊施業の集約化
林業機械と効率的な路網整備を通じて林業の低コスト化を図り，計画的な森林整備を進めること。

＊木材自給率
国内で消費する木材のうち国産材が占める割合。

＊林業産出額
林業産出額は，戦後の大量伐採に伴う国産材の生産量

それぞれ重要な役割を担っている。」（林野庁 2022：91）

生産性の向上や木材自給率の上昇など明るい兆しはあるものの，解決すべき問題が多いのが現状である（佐藤 2021）。

先述したように，特用林産物は，「林業産出額の約５割を占める」ことから林業活性化策には，この特用林産物が重要なのである。

(3)　環境問題，SDGs，地方創生

日本の森林は環境問題を解決するための多くの機能を備えている。この森林の多面的機能には，①生物多様性保全，②地球環境保全，③土砂災害防止機能（土壌保全機能），④水源涵養機能，⑤快適環境形成機能，⑥保健・リクリエーション機能，⑦文化機能，⑧物質生産機能がある（林野庁 2017）。

SDGs 目標15[*]には，「持続可能な森林の経営」が取り上げられている。この「持続可能な森林の経営」には，これから述べる「特用林産物」「森林経営管理制度」「森林環境税・森林環境譲与税」の３点が重要である。

このような取組による森林・林業の活性化＝地域の活性化は，地方創生にとって重要である。

2　林業経営における特用林産物の役割

特用林産物とは，森林を起源とする生産物のうち，木材を除くものの総称である。具体例は，食用のシイタケ，マイタケ，ナメコなどや非食用の漆，木ろう，竹材，木炭などである。

特用林産物は小規模な生産手段によって，森林資源を有効に利用し，短期間にしかも毎年現金収入をあげることができるという特性を有している。

また，行政上，農業政策と森林・林業政策の谷間に位置する**作目**[*]の多い特用林産物の所管は，農業と森林・林業の両方に関連して，その主管部課が多様かつ不明瞭である。

信玄堤[*]や**聖牛**[*]で有名な**武田信玄**[*]は領内が凶作のときは，年貢米の代わりにきのこ類や樹実類を納めさせたという（**写真17－1**）。

特用林産物は農林業が不況の時代に，その栽培・生産が盛んになり，農林業が好況時には忘れられてきた。

国内で林業が盛んだった地域では，特用林産物の栽培によって資本を蓄積して，その資本を林業に投資して林業の経営規模を拡大した事例がある（全国特殊林産振興会 1976）。

の減少や，木材価格の低下によって長期的に減少してきたため，2004年以降は4000億円前後で推移してきたが，2013年以降は増加傾向で推移している。2018年は，木材需要の回復を背景に国産材の需要が堅調なことなどから，前年に比べ156億円増加し，5026億円（対前年増減率3.2％増）と，2000年以来，18年ぶりに5000億円台を回復した。

＊SDGs 目標15
SDGs 目標15は，「陸域生態系の保護，回復，持続可能な利用の推進，持続可能な森林の経営，砂漠化への対処，土地の劣化の阻止・回復及び生物多様性の損失を阻止する」を掲げている。
➡第10章「環境と SDGs」

＊作目
農作物の種類。

＊信玄堤
武田信玄が甲斐国内（現在の山梨県）の人家や農地を水害から守るために造った堤防。

＊聖牛
洪水の流れを弱めるために考えられた河川工法であり，武田信玄の時代から昭和30年代まで造られていた。

＊武田信玄
甲斐国（現在の山梨県）の戦国大名（1521-1573年）。領民を河川の水害から守るため，信玄堤や聖牛などの治水事業を行ったことでも有名。

写真17－1　徳用林産物（シイタケ）の生産と信玄堤・聖牛

シイタケ原木の伐採

伐採されたシイタケ原木

シイタケの種駒

発生したシイタケ

山梨県南アルプス市を流れる御勅使川の信玄堤(将棋頭)

山梨県南アルプス市を流れる釜無川の聖牛

3　自治体による林業活性化策のための２つの制度

最近の林業活性化策として「森林経営管理制度」「森林環境税・森林環境譲与税」がある。

(1)　森林経営管理制度

天然資源の乏しい日本では，森林は循環利用できる数少ない貴重な資源であり，適正な管理がなされなければならない。しかし，私有林人工林の境界が不明なことや，森林所有者の経営意欲の低下など様々な問題が絡み合って，手入れが行き届かずに荒廃した私有林人工林が多くなっている（佐藤2021）。これらの問題を解決する１つの策として，2019年４月に新たな森林経営管理法が施行され，森林経営管理制度が始まった。この制度は，森林所有者が森林の手入れができない場合に，所有者に代わって林業経営者や市町村が森林の手入れを行う仕組みである（箕輪 2020，林野庁 HP「森林経営管理制度（森林経営管理法）について」）。市町村が森林所有者や林業経営者との橋渡し役となることで森林の手入れが進むことが期待されている。

しかし，市町村からは，「森林・林業の知見がなく，何から取り組んでよいのか分からない」などの声が聞こえる。

(2)　森林環境税・森林環境譲与税

森林環境税とは，2024年度から国内に住所のある個人に対して課税される国税であり，市町村において，**個人住民税均等割***とあわせて１人年額1000円が徴収される。その税収の全額が，国によって森林環境譲与税として都道府県・市町村へ譲与される。森林には，国土の保全，水源の維持，地球温暖化の防止，生物多様性の保全などの様々な機能があり，私たちの生活に恩恵をもたらした。しかし，林業の担い手不足および所有者や境界の不明な土地により，経営管理や整備に支障をきたしている。森林の機能を十分に発揮させるため，自治体による**間伐***などの適切な森林整備が課題となっている。

このような現状に加え，**パリ協定***における目標達成に必要な地方財源を安定的に確保する必要が生まれ，森林環境税および森林環境譲与税が創設された。

なお，森林整備が緊急の課題であることを踏まえ，森林環境譲与税は，2019年度から前倒しで譲与されることとなった。

森林環境譲与税は，市町村においては，「森林整備及びその促進に関する費用」に，また，都道府県においては「森林

＊個人住民税均等割
非課税限度額を上回る者に定額の負担を求めるものであり，負担分任の性格を有する個人住民税の基礎的なもの。

＊間伐
人工林のなかで木材の生産と環境を保全するために定期的に成長が悪い木を伐採すること。

＊パリ協定
2015年に開催された国連気候変動枠組条約締約国会議（COP21）において採択された協定。京都議定書に代わる，2020年以降の温室効果ガス排出削減等のための新たな国際枠組み。

整備を実施する市町村の支援等に関する費用」に充てることとされている。都道府県と市町村は，自治体のホームページなどを利用してその使い道を公表しなければならない（総務省 HP「森林環境税及び森林環境譲与税」）。

2　林業振興策のあゆみ

1　荒廃森林の復旧

戦後，森林・林業に課された課題は，戦災復興用材などの供給であった。戦時伐採に加えて戦後も伐採が強行されたので，森林は荒廃した。

戦後の森林・林業政策は，1945年に成立した「戦時森林資源造成法」を「森林資源造成法」に改正することから始まった。1946年からこれらに基づく事業が開始された。森林を造成する造林事業は，林道事業と治山事業とともに，国土保全や治山治水の観点から公共事業に組み込まれた。1951年に改正された森林法は，伐採跡地に対する造林の義務規定が設けられ，森林造成に大きな役割を果たした。戦後の重要課題であった森林の荒廃問題は，1956年にほとんど解決した（塩谷 1984）。

2　分収造林

＊拡大造林
天然林を伐採した跡地，原野などに人工造林を行うこと。

その後，**拡大造林**＊が始まることになった。戦後の復興等のため木材需要が急増し，政府は，広葉樹からなる天然林などを針葉樹中心の人工林に置き換える「拡大造林政策」を実施する必要に迫られた。拡大造林は，積極的な森林資源の造成である。しかし，山村や林道などの道路から離れた場所で行われたため困難を極めた。荒廃森林を解消するための造林は，国や自治体からの補助金を利用して民間が主体となって行ったが，拡大造林の対象となる森林は，条件が悪いため民間が行うことはできなかった。

そこで，拡大造林は国や自治体が分収造林で実施することになった。分収造林は「土地所有者と造林者が一定歩合（例えば，4対6など）の収益分収を約束して行う育林業」と定義されている。この拡大造林を実施するためには，「土地所有者と造林者が別個」と「両者による予め定めた利益分収」の2つの要件がある。分収造林には多くの種類があるが，分収造林面積の約9割を占めるのが，県行造林（民有林に都道府県が造林する），公団造林（民有林に森林開発公団（現，国立研究開発法人森林研究・整備機構森林整備センター）が造林する），公社造林（造林公社が私有林に造林する）である。

公団造林は，土地所有者が造林するのに費用を公団が負担して分収にあずかるという特殊な制度である。公社造林は造林公社が私有林に造林するものであり，都道府県が中心となっている点で県行造林と似ている。県行造林がその財政状況に左右されることや，都道府県は2008年に株式会社日本政策金融公庫に統合された農林漁業金融公庫の対象外であったことから公社造林が広まった。

この公社造林を実施する造林公社は，民法34条に基づく公益法人であり，都道府県，市町村，森林組合などの地域林業団体，電力会社などの出資で設立されたものである。地方林政の問題を解決するために独自に設立された造林公社により行われたものが公社造林である。また，公団造林は，奥地水源林地域に限定されていたため小廻りがきかない（田畑2021b）。

3　自治体林業の政策上の課題

1　森林・林業行政を担う市町村職員の不足

市町村の森林・林業行政を支える職員は全国で3000人程度にとどまっている。また，森林・林業のみを担当する職員が０人または１人という市町村が全体の３分の２を占めている。私有林人工林が10.00万㎢以上の市町村は1014市町村であり全国の私有林人工林面積の97％を占める。

この1014市町村のなかには一定の職員数を確保している市町村が多いが，職員数０人の市町村も12％存在する。また，森林・林業の専門教育を受けた職員が皆無に近く，森林・林業政策における市町村の役割強化に対しても否定的に捉えている市町村が多い。このように，新しい森林・林業の法制度を支える市町村の体制は極めて脆弱であるといえよう。

市町村を支援してこのような課題を解決するために，2011年の森林法改正により「森林総合監理士」が創設されたが，成果については不明である（田畑 2021b）。2021年７月に発生した死者と行方不明者27名などの被害を出した「熱海市伊豆山土石流災害」は，このような脆弱な市町村の森林・林業体制の弱点が露呈した事件であった（静岡県 HP「熱海市伊豆山地区土砂災害関連情報について」）。

写真17－2　シカによる被害木

写真17－3　シカの侵入を防止する柵

2　森林経営管理制度活用の課題

森林経営管理制度を活用して森林管理を進めるためには，対象とする森林をどのような森林に導くかという目標の設定が不可欠である。間伐方法の選択なども，森林の伐採時期や森林の状態をどのように想定するかで，その判断は変わる。また，対象とする森林の目標を設定するには，その森林の現状のみならず，周辺の森林も含む森林景観，流域全体の将来像をつねに意識することが重要である。森林経営管理制度を活用する主体は市町村であるので，市町村の職員がこのような課題を解決しなければならない（箕輪 2020，林野庁 2017）。

3　獣害（シカやクマ）による森林被害

獣害による森林被害は，植栽した苗や樹皮などを害獣が食べることや，樹皮をはがしてしまうことで，樹木を枯らしてしまう。

とくにシカは下草等も食べてしまうため，土壌の流出などにつながる。多くの森林が，獣害が原因で，防護柵等を設置しなければ植栽した木が育たないような状況である。自治体の緊急課題は，効果的な被害防止対策の実施である（**写真17－2**，**写真17－3**）。

4　放置竹林の拡大

竹は日本人にとって身近な資源であり，カゴやザルなどの日用品，和の文化である茶道の道具にも竹製品が利用されてきた。

竹林は戦国時代以前から1975年頃まで国や自治体によって積極的に造成され，特用林産物としての竹材，タケノコなど

写真17－4　水害防止のための竹林

写真17－5　放置された荒廃竹林

（注）　いずれも山口県岩国市を流れる錦川。

を産出した。また，河川の水害を防止する機能もあるので河川に沿って植栽されている場所がある（**写真17－4**）。

水害防備機能の具体的事例として，島根県内を流れる延長200km の江の川の水害防備竹林は，833年に造成され竹林の幅10m から100m，面積約２㎢である。1953年に発生した大水害では，竹林がない部分は大きな水害を受けたが，竹林がある場所は被害がなかったという。

当時，この竹林からは竹材が産出されて経済資源として有効に活用されていた。同様の記録は，山梨県の釜無川，京都府の木津川，四国４県を流れる吉野川，山口県の錦川など16か所ある。適切に管理された竹林に水害防備効果があることは，長い日本の歴史のなかで明らかである。

しかし，竹製品がプラスチック製品などで代替され，竹材や竹製品，タケノコの輸入が増加した。さらに，生産者が高齢化したため，竹材，タケノコの両方の生産が衰退し，竹林は放置されるようになった（**写真17－5**）。竹は短期間で成長するため，森林や農地などに侵入して分布範囲を急速に広げている。

多くの自治体は，この放置竹林への対応が求められている（田畑 2021a）。

5　宅地造成及び特定盛土等規制法

宅地造成及び特定盛土等規制法（以下，「盛土規制法」という）は，熱海市伊豆山土石流災害を契機として生まれた法律である（この災害の概要は，「*Column* 18　熱海市伊豆山土石流災害」で取り上げる）。国土交通省と農林水産省による共管法で

▶▶ *Column* 18　熱海市伊豆山土石流災害 ◀◀

2021年７月３日午前10時半頃発生した静岡県熱海市伊豆山地区の土石流災害は，土石流発生現場から約2km 離れた伊豆山港に達した。土石流による被害は，死者26名，行方不明者１名，被災した建物136棟となっている。

このような大きな被害が発生した事件であるが，原因となった盛土を止めることができる法律は，森林法しかなかった。

森林法は0.01㎢を超える森林を開発する場合，都道府県の許可を受けなければならない。0.01㎢に満たない森林を開発する場合には，市町村に「伐採届」を提出しなければならなかった。しかし，開発を行った神奈川県小田原市の不動産管理会社は，「伐採届」を未提出だったのである。

事故現場となった静岡県などの都道府県には，森林・林業行政を専門とする職員がいるが，市町村には，森林・林業行政を専門とする職員がほとんどいない。

事故現場は，複数箇所で0.01㎢未満の伐採をするなどし，無断で計0.015～0.030㎢が開発されていた。こうした事態に，５月31日静岡県は森林法に基づき作業の中止と植栽などによる復旧を指導し，盛り土造成の作業は中断された。

静岡県の内部資料には，「自社宅地造成事業により発生した残土を沢に盛りこぼしており，不安定なまま斜面に放置されているため，今後の降雨により流出する恐れがある」と記載されていた。都道府県と市町村の森林・林業行政の隙間で発生した事件であるが，今回の事故を契機として「盛土規制法案」が2022年５月に成立し，2023年５月から施行されている。

土石流の原因となった盛土造成の経緯

2006年９月	神奈川県小田原市の不動産会社が土地取得
2007年３月	森林法に基づく伐採届を熱海市役所に提出
４月	熱海市が必要事項未記入の伐採届を受理
	逢初川に「相当の濁り」を確認
	熱海市が静岡県に森林法違反を通報
５月	静岡県は不動産会社に森林法に基づき作業中止と復旧を文書指導
	不動産会社が土砂搬入を中止
2021年７月	土石流が発生

ある盛土規制法のポイントは，次の４点である。①スキマのない規制，②盛土等の安全性の確保，③責任の所在の明確化，④実効性のある罰則の措置（国土交通省 2023）である。

これまで，森林内での盛土の規制は，森林法第10条の８「伐採及び伐採後の造林の届出等」などの森林法の条文しかなかった。森林法第１条は,「森林の保続培養と森林生産力の増進」を法律の目的として掲げている。 このため, 森林法のみでは開発の規制が十分にできなかった。これに対して, 盛土規制法第１条は,「崖崩れ又は土砂の流出による災害の防止のため必要な規制を行う」ことを目的として掲げている。

盛土規制法を担当するのは, 主に都道府県の職員であるが, 同様の事件を発生させないことが期待される。

（田畑琢己）

第18章

コミュニティの活性化

コミュニティ政策は，自治体の最前線である地域で起きている課題を踏まえた内容となっており，その政策を通して，各時代の特徴に触れることができる。また，そのあゆみからは，そこで活動する主体の移り変わりが見て取れ，各主体による活動はもとより，それらを分野横断的に連携させることの重要性が理解できる。そして，コミュニティ自体の多様化に伴い，その政策課題も多様化しており，各種取組への関係者の主体的参加が求められる。

1　コミュニティ政策

1　コミュニティとは何か

(1)　コミュニティの定義

自治体のコミュニティ政策を考えていく上で，まずは，コミュニティとは何なのかについて，また，コミュニティ政策をめぐる歴史的経緯について触れておく必要がある。そもそもコミュニティという用語は，それ自体の定義が様々みられる。

コミュニティの概念をめぐっては多くの先行研究がある。そのなかでは，親や友人，隣近所としての村落共同体に代表される持続的な共同生活（ゲマインシャフト）と，人工的かつ一時的な外見上の共同生活（ゲゼルシャフト）とに分類するとらえ方（テンニエス 1957：37；51）や，村や町あるいは地方や国といった広い範囲の独自の特徴をもった共同生活（コミュニティ）のいずれかの領域と，社会的な存在がある共同の関心（利害）またはそうした関心を追求するため，共同目的に基づいてつくられる組織体（アソシエーション）とに分類するとらえ方（マッキーヴァー 2009：46）が代表的である。

また，コミュニティは温かく居心地がよい快適な場所であるが，残念なことに手元にはなく，心からそこに住みたいと願い，取り戻すことを望むような世界のことであり，その一員であるためには，自由を対価として支払わなければならず，コミュニティを失うことは安心を失うことを意味するという見解（バウマン 2017：8；10；12）もみられる。

そこで，これらの先行研究を踏まえ，本章では，コミュニティについて次のように定義しておきたい。コミュニティとは，特定の目的や利害関心によって組織されたアソシエーションとは異なり，人間個人が何らかの帰属意識をもつとともに，その構成員間で一定程度に支え合いの意識が働いている重層的な地域的まとまりのことである。

(2)　コミュニティ政策の定義

そうしたコミュニティに関する政策について，本章では**地方自治***の観点からとらえてみたい。先行研究のなかには，今日の自治体をめぐっては，日常生活の隅々にまで政策・制度のネットワークが浸透した都市型社会が中心であり，自治体の大規模化や広域化に伴い，人間個人と自治体との間に地域コミュニティという中間的存在が必要とされるようになり，その背景には自治体行政の限界がみられるとの指摘がなされている（今井 2017：153；157）。

＊地方自治
➡序章「自治体政策学の視座」

また，めざすべき新しいコミュニティと古い共同体とは，主権者である市民個人と政府との間に新しい地域コミュニティが挟み込まれる点において大きく異なり，その新しいコミュニティと市民個人の意見とが齟齬を生じた場合に問題が起きることから（同上：162-163），そこには，①参加や退会の自由，②民主的な役員選出，③自発的・自主的活動，④主として公共活動という4つの条件が求められるとする見解（同上：167）がみられる。

私たちにとって身近なコミュニティといわれた場合，通っている学校や働いている職場を思い浮かべる人もいるかもしれないが，厳密にいえばこれらはコミュニティとは異質なものであり，人工的かつ一時的な共同の関心や利害を追求する組織体であり，いうならば都市型社会の一種である。そこには，本章で取り上げるNPOや地域おこし協力隊が含まれる。他方で，普段何気なく過ごしている環境にある家族（家庭）や隣近所が，本来のコミュニティの姿であり，いうならば村落型社会の一種である。そこには，本章で取り上げる町内会自治会やそれらを核に複合化された地域運営組織が含まれる。

(3)　国民生活審議会と「人間性の回復」

コミュニティ政策の歴史的経緯について，まずは，1969年に国（総理府，現内閣府）の**第2次改造国民生活審議会の調査**

＊第2次改造国民生活審議会調査部会コミュニティ問題小委員会
1968年1月，当時の佐藤榮作内閣総理大臣から，経済社会の成長発展に伴う変化に対応した健全な国民生活の確保について諮問を受けた，第2次改造国民生活審議会の調査部会が，同年4月にコミュニティ問題を取り上げるために立ち上げた。

部会に設置されたコミュニティ問題小委員会[*]から提出された報告書に目を通しておく必要がある。生活の場における人間性の回復との副題が付された本報告書が提出された当時，コミュニティ行政は，そのほとんどすべての分野において見落とされており，そのためコミュニティに関する住民との接点が極めて少なかった。

本報告書では，近所にわずらわされない個人中心のマイホーム的な生活が一般化したことにより，近隣の人々との親睦，相互扶助の生活関係が疎遠になる等種々の問題が生じてきていると指摘されている（国民生活審議会 1969：157）。また，コミュニティの必要性は，人間生活に内在したものであり，それは都市化と産業の高度化，情報化社会への移行という急激な社会変化のなかで，生活の場を介して人間性ないし人間連帯の回復を求めようとする現代社会の期待と願望の表出であると指摘されている（同上：163）。

こうした国民生活審議会における人間性の回復をめぐる議論の背景には，都市型社会の進展に伴うコミュニティの衰退を懸念し，その再生に向けた取組が求められていた点が挙げられる。

(4)　孤立・孤独の深刻化と「人間性の回復」

これら1969年の第２次改造国民生活審議会による小委員会での議論に加え，それから30数年が経過した，2005年に内閣府の第19次国民生活審議会の総合企画部会から提出された報告書においても，人と人とのつながりに属さず，社会的に孤立した人々が増えていることが問題視されている（国民生活審議会 2005：４）。

こうした全世代をめぐる孤立や孤独感の増大は，2022年に内閣官房の孤独・孤立対策担当室が行った全国規模での調査結果でも明らかとなっている（内閣官房 2022）。そこからは，社会的つながりの必要性が読み取れる。こうした現状は決して今般の新型コロナウイルス感染症の蔓延（以下「コロナ禍」という）により問題化したのではなく，それを契機として鮮明化したに過ぎない。前述の国民生活審議会の小委員会が示した「人間性の回復」とは，まさに社会的なつながりによる孤立・孤独の解消にその最終的な目標があるのではないだろうか。

2　総務省による各種研究会の発足

(1)　平成期のコミュニティ政策

第2次改造国民生活審議会での議論から約半世紀を経た2000年代，国（総務省）は立て続けにコミュニティに関する研究会を立ち上げる。2007年に**コミュニティ研究会***が発足，同研究会は地域コミュニティの再生を念頭に，地域コミュニティ組織を地方公共団体の存立基盤と位置づけ，住民自治の重視のため，地域住民の声に耳を傾けることをうたっている（総務省 2007：3）。

＊コミュニティ研究会
2007年1月，地域におけるセーフティ・ネットの維持・強化，地域の活力の維持・向上の重要性等が指摘されているなか，これらに果たすコミュニティの役割を踏まえ，コミュニティの再生・発展について検討を行うことを目的に設置された。

そのために，決して行政からの押し付け的な制度構築ではなく，住民を積極的に地域コミュニティ活動にいざない，推進させる力は何かを分析し，地域コミュニティで活動する各種団体の意見調整・合意形成等（コーディネート）を行いながら，連携するための場であるプラットフォームの構築について検討している（同上：7－8）。

また，2009年に**新しいコミュニティのあり方に関する研究会***が発足し，同研究会は，一定の地域を前提として，そこに存在する住民が参画している多様な主体が，当該地域において必要とされる公共サービスの提供を協力して行う状態であり，地域協働による公共空間としての「新しい公共空間」の形成に向けた具体的な仕組みのあり方を検討している（総務省 2009：3－4）。

＊新しいコミュニティのあり方に関する研究会
2009年7月，コミュニティをめぐる環境が変化するなかにおける新しい人と人とのつながり方や付き合い方について，大都市，地方都市，農村等の地域に応じたモデルについて検討することを目的に設置された。

その他，2012年に今後の都市部におけるコミュニティのあり方に関する研究会，2014年に都市部におけるコミュニティの発展方策に関する研究会が発足した。両研究会は，都市部において，居住年数が浅い若い世代の単身世帯増加が顕著であり，それにより近所付き合いが希薄化し，結果的に地域活動の担い手不足に拍車を掛けている現状を指摘している（総務省 2014：44-45；総務省 2015：29-36）。

こうした現状に対し，研究会は，町内会自治会に求められる役割は自ずと多様化し，コミュニティ全体ではマンション管理組合等，それを構成する主体も多様化していると分析している（総務省 2014：37）。その上で，近所付き合いが希薄化しているだけに，既存の町内会自治会との間の信頼感の醸成のため，具体的に，町内会自治会自体への加入という方向性だけでなく，それを核として構成されるまちづくり協議会等に対し，コミュニティ相談員等のコーディネーターを介して，マンション管理組合を窓口とした関係性の構築等を提案している（総務省 2015：41）。

(2) 令和期のコミュニティ政策

そして，2021年に**地域コミュニティに関する研究会***が発足した。同研究会は，いまだ多くの地域においてコミュニティの中心的な存在である町内会自治会が抱える課題に対し，地域コミュニティで活動する各主体が相互に補完し，相乗効果をもつようにするため，町内会自治会にしかできないこと，それ以外の主体にしかできないことを分け，それぞれの強みを認識することが重要であると指摘する（総務省 2022a：52）。

＊地域コミュニティに関する研究会
2021年３月，自治会，地域運営組織，NPO など地域コミュニティの多様な主体が，地域社会において変化するニーズに的確に対応できるようにするための方策について，地域活動のデジタル化にも着目し，検討することを目的に設置された。

具体的には，今般のコロナ禍を受け，地域活動のデジタル化推進を図るとともに，地域福祉および地域防災の分野に着目し，地域コミュニティの情報をまとめ，分野横断的に「見える化」しておくことが重要であると指摘している（同上）。

こうした一連の研究会での議論の流れをみると，それがまさに各時代において自治体の最前線である地域コミュニティで起きている課題であることも読み取ることができる。

3　自治体の最前線である地域コミュニティで活動する行政職員

(1) 地域コミュニティと自治体職員との関係性

先に取り上げた総務省によるいくつかの研究会では，いずれも何らかの形で地域コミュニティと自治体職員との関係性について触れている。コミュニティ研究会が2007年６月に公表した中間とりまとめでは，行政の関与のあり方について，行政側の改革の一環として地域担当制の導入を一例として取り上げている（総務省 2007：14）。また，新しいコミュニティのあり方に関する研究会が2009年８月に示した報告書では，公務員による地域の公共活動への参加についての考え方が示されている（総務省 2009：63-64）。

(2) 地域担当職員制

国（内閣府）は，2018年に**第32次地方制度調査会***を設置しており，同調査会の諮問内容中の「公・共・私のベストミックス」という文言は，国（総務省）が2017年に立ち上げた**自治体戦略2040構想研究会***による第１次報告でも触れられている（総務省 2018：49）。同研究会では，自治体行政の課題として，2040年の想定人口を基に試算した職員数（参考値）の減少等を鑑みた場合，現在よりもさらに少ない職員数での自治体経営が必要となる可能性を示唆している（同上：36）。その

＊第32次地方制度調査会
2018年７月，当時の安倍晋三内閣総理大臣から，人口減少が深刻化し高齢者人口がピークを迎える2040年頃から逆算し顕在化する諸課題に対応する観点から，公・共・私のベストミックス等の必要な地方行政体制のあり方について諮問を受け，設置された。

＊自治体戦略2040構想研究会
2017年10月，多様な自治体行政の展開によりレジリエンス（社会構造の変化への強靭性）を向上させる観点から，高齢者人口が最大となる2040年頃の自治体が抱える行政課題を整理した上で，バックキャスティング（未来を起点に現在を捉える考え方）に今後の自治体行政のあり方を展望し，早急に取り組むべき対応策を検討することを目的に設置された。

上で，自治体行政に対し，単なる行政「サービス・プロバイダー」ではなく，その専門性を発揮し，住民の合意形成をコーディネートする「プラットフォーム・ビルダー」としての役割を求めている（同上：49）。

また，第32次地方制度調査会による答申では，ネットワーク型社会における多様な主体による協働を図るため，地域人材の確保・育成が必要となり，その例として「**地域担当職員制***」の導入を挙げている（第32次地方制度調査会 2020：13）。それは決して法令上位置づけられるような代表者（首長，議会・議員）の単なる補助者ではなく，自治体の最前線である地域コミュニティを現場として活動する職員のことである。

2　コミュニティ政策のあゆみ

1　旧来から地域コミュニティで活動する主体としての町内会自治会

自治体の最前線である地域コミュニティで活動している主体は様々みられる。以下，旧来から活動する主体と比較的新たに活動している主体とに分けてみていく。

地縁組織としての町内会自治会の歴史は古く，さかのぼれば江戸時代の**五人組***のような存在にその起源をもつものもある。その後，町内会自治会をめぐっては，日中戦争から太平洋戦争にかけて，国が全国津々浦々にその方針を伝達させるため，**部落会町内会等整備要領***が定められた。

町内会自治会は，戦後，GHQ の命令により一度は廃止の方針が示されたものの，その実態としては水面下での活動が続き，独立後はGHQ の命令が効力を失い，正式に活動を再開し現在に至る流れをたどっている。その名残の一部として，現在でも行政区長や行政連絡員という形で制度化されている自治体もみられる。その他，身近なところでは，「組（くみ）」という形で戦前・戦中期の仕組みを原型としたものが，今もなお日々の生活のなかで運用されている。

こうした町内会自治会については，長い間法律上に明確な根拠規定はなく，民法上の権利能力なき社団として扱われてきたが，1991年４月の地方自治法の一部改正により，**認可地縁団体***として法人格を取得することが可能となった。

また，最近の一例として，北海道札幌市において，2023年４月１日に施行された「札幌市未来へつなぐ町内会ささえあい条例」の前文には，「安全で安心な暮らしやすい地域コ

＊地域担当職員制
公務として継続的に特定の地域にかかわること。その他，第32次地方制度調査会の答申では，地方公務員やその退職者が知識・経験を活かし，公務以外で地域コミュニティ組織の事務局等の地域活動に従事することとされている。

＊五人組
その原型は，飛鳥時代から奈良時代にかけて制定された律令制下の五保の制にまで歴史をさかのぼることになるが，江戸時代に幕府が庶民の隣保組織として，相互監視や相互扶助等を目的に，隣り合う５軒を１組として組織し，連帯して責任を負わせた。

＊部落会町内会等整備要領
1940年９月，国（当時の内務省）が，戦時体制を支える行政の末端組織として部落会・町内会をはじめ，その下部組織として隣組（隣保班）を設置するために発令した。

＊認可地縁団体
地縁による団体が一定の要件を満たす場合に，市区町村長の認可・告示を受けるもので，2021年11月，さらに地方自治法が一部改正され，不動産等の資産の保有および保有の予定に関わらず，地域的な共同活動を円滑に行うために必要であれば，法人格の取得が可能となった。

ミュニティを将来にわたって維持していくためには，町内会が地域コミュニティの中核であり，今後も維持されるべき存在である」旨の文言が入れられている（札幌市 HP「町内会に関する条例の検討」）。

2　地域コミュニティで活動する比較的新しい主体

(1)　NPO 法人

様々な主体が活動する地域コミュニティにおいて，比較的最近になって注目され始めた主体もいくつかみられる。まずは，**NPO***の存在である。NPO の存在がとくに注目されたのは，1995年１月に発生した阪神・淡路大震災後のことである。同震災により行政をはじめコミュニティ全体が機能を停止した被災地において，全国各地からボランティアが集結し，その年はいわゆる「ボランティア元年」と名づけられるとともに，以後の特定非営利活動促進法の制定にもつながっている。

＊**NPO**（Non-Profit Organization）
様々な分野で社会貢献活動を行い，団体の構成員に対し，収益を目的としない団体。保健，医療または福祉の増進，まちづくりなど約20の分野に該当し，不特定かつ多数のものの利益に寄与することを目的に活動を行う場合，法律に基づき申請することで法人格を取得することもできる。

また，2011年３月に発生した東日本大震災を受け，当時の民主党政権は，被災者で構成されるコミュニティに対し，その維持・推進を図るため，NPO 法人を所管する内閣府において「新しい公共支援事業」を展開し，補助金を交付している。こうした NPO による活動は，決して災害発生後の被災地に限定されるものではない。自治体経営をめぐる現状は非常に厳しい一方で，住民から求められるサービスは複雑かつ多岐にわたってきている。そうしたなかで，限られた財源および人員により提供できる**行政サービス***には自ずと限界がある。そこで，福祉や防災，環境，まちづくり等の様々な政策分野にわたって活動する NPO の存在が注目され，今や私たちにとって身近な**公共サービス***の提供を行政に代わって NPO 法人が担っている場合も少なくない。

＊**行政サービス**
➡第１章「自治体再構築」❶ 3

＊**公共サービス**
➡第１章「自治体再構築」❶ 3

(2)　地域おこし協力隊

次に，地域コミュニティにおける比較的新しい活動主体として，**地域おこし協力隊***について取り上げる。とくにその配置状況については，2022年度の数値で，1116自治体で6447人が活動しており（総務省 2023：２），その活動は全国に広がっている。また，隊員の年齢構成であるが，運用開始当初の2009年度は，20代および30代で79.0％と全体の約８割を構成しており，2022年度でも68.4％と，比較的若い世代による活動が目立っている（同上：９）。

＊**地域おこし協力隊**
人口減少や高齢化等の進行が著しい地方において，地域外の人材を積極的に誘致し，その定住・定着を図るため，農林漁業の応援等の各種地域協力活動に従事する役割を担う。

そして，任期終了後の定住率については，隊員数が増加するなかでも60％前後を維持しており（同上：15），一見するとその目的はそのまま十分に果たしているものと思われるが，その実態としては，配置先の自治体での就職に結びついたり，新たに起業するまでには至らない事例もそれなりにみられ，元の居住地である都市自治体に帰ってしまう事例もみられる。

なお，任期終了後となるが，定住に至った隊員の約４割が飲食サービス業や宿泊業等を起業し，約４割が行政関係や観光業等に就業，約１割が就農・就林に至っている（同上：16-18）。

こうした地域コミュニティにおける比較的新しい主体の登場は，地域コミュニティの固定化を防ぐとともに，地域コミュニティを発展させるための努力として，つねに各時代の変化に対応した弾力性を保持していくためにも重要となる。

⑶　地域運営組織

そうした地域コミュニティにおいて活動する各組織がそれぞれに課題を抱えるなかでも，その特性を活かして様々な活動に取り組んでいる。しかし，各組織単体での取組では自ずと限界がある。そこで全国にその設立が広がり始めているのが，それら政策分野毎に活動している組織を横断的に集約した組織である。

主には２種類みられ，１つは，**地域自治組織***である。2003年11月に示された，国（内閣府）の**第27次地方制度調査会***による答申を踏まえて地方自治法が改正され，一般制度としての地域自治組織の仕組みとして**地域自治区制度***が導入されている。当初は合併後の**住民自治***の強化等を推進する観点から複数の自治体で取り組まれたものの，現在は大幅に減少している。

もう１つは，地域運営組織である。国（総務省）は，地域の生活を守るため，地域で暮らす人々が中心となって形成され，地域課題の解決に向けた取組を持続的に実践する組織であり，具体的には，従来の自治・相互扶助活動から一歩踏み出した活動を行っている組織であると位置づけている。

こうした組織は自治体によってその呼称が様々みられるが，いずれの組織もその活動自体は共通しており，地域コミュニティが抱える様々な政策分野の課題に対し，それらを横断した形での活動に取り組んでいる。また，それまで町内

＊地域自治組織
第27次地方制度調査会の答申では，基礎自治体内の一定の区域を単位とし，住民自治の強化や行政と住民との協働の推進等を目的とする組織と位置づけられている。

＊第27次地方制度調査会
2001年11月，当時の小泉純一郎内閣総理大臣から，社会経済情勢の変化に対応した地方行政制度の構造改革について諮問を受け設置された。

＊地域自治区制度
平成の市町村合併をめぐって，2004年５月の地方自治法の一部改正で，第202条の４以下に規定された。

＊住民自治
➡序章「自治体政策学の視座」❸ 2

会自治会が中心となって取り組んでいた地域の生活にとって基礎的に必要かつ重要な各種事業について，それをより充実させるため，より効果的かつ効率的な活動に取り組んでいることも特徴の１つである（名和田 2021：67）。

ここまで，NPO や地域おこし協力隊，従来の組織を横断した形で取り組む地域運営組織について取り上げてきた。こうした比較的新しい主体による活動は，まさにコミュニティ再生のための取組の１つといえるのではないだろうか。

3　コミュニティ政策の課題

1　担い手の高齢化に伴う若い世代を巻き込んだ新たな取組の必要性

地域コミュニティが抱える課題は実に様々で複雑である。先に取り上げた町内会自治会の会長をはじめとする役員については，社会全体の超高齢化に伴い，その高齢化と担い手の不足が大きな課題となっている。

その他，例えば，筆者が2021年から参与観察としてその活動にかかわっている，千葉県八千代市の自治会では，2022年４月１日現在で構成住民の平均年齢が29歳と比較的若い世代の住民が多く，祭りや防災訓練をはじめ，各種イベントに親子連れで参加できるよう工夫が図られており，その活動は一見活発に行われているため何ら問題がないようにみえる。しかし，市自治会連合会との関係性から，従来のやり方による縛りが同自治会による活動の展開と合わないこと等を理由に連合会から脱退し，同様に脱退した自治会と新たに**地域づくり協議会***を設立している。

＊地域づくり協議会
自治体によって，まちづくり協議会や自治協議会，地域協議会など，その呼称は様々みられるが，共通の特徴として，町内会自治会の連合組織の設置単位でもある小学校区を主な範囲として，既存の各種組織を分野横断的にまとめるために組織されている。

連合会組織そのものが一概に悪いということではないが，こうした地域コミュニティをめぐる様々な課題をみていくなかで，自治体全体をめぐる超高齢化や少子化に伴い，実際に活動している各種主体と比較的年齢層が若い世代との関係性も大きな課題の１つとなっていることがわかる。

本章冒頭で取り上げたコミュニティの定義に関する先行研究のなかには，そもそも都市型社会において人間個人はそれぞれ一人ぼっちであり，自分以外の人に対して緊張状態にある（テンニエス 1957：91）と指摘されている他，社会全体が友人や親戚，隣人たちとの結び付きを失いかけているなかで，若者には孤立という遺産が残されているとの指摘もみられる（オルデンバーグ 2013：417-418）。

▶▶ *Column* 19　町内会自治会の解散と住民による自主組織への支援 ◀◀

町内会自治会は，全国各地に遍在している活動主体であるが，役員をはじめその構成員の高齢化に伴い，活動の維持が困難となり，解散に至ってしまう事例が増加している（以下『山梨日日新聞』〔2020年11月22日および12月12日付〕を参照）。

例えば，筆者が居住している山梨県甲府市では，1960年頃には150軒ほどの会員がいた市の中央部に位置する自治会が，若い世代の郊外への転出に伴い，商店の店じまいや企業の撤退等で空洞化が進み，近年では事業所を含め約60軒の規模にまで縮小していた。

こうした状況に加え，さらに，県と市が進める周辺地域の整備事業で20軒近い会員が移転を余儀なくされることが判明し，整備後に残るのは多くが高齢者世帯になる見通しとなったことにより，会員の間で自治会の存続は難しいとの声が高まり，2018年春頃から自治会の存廃議論が本格化していた。その際，市側からは近隣自治会との合併が提案されたが，解散の道を選ぶとともに，会費等を集めない後継の自主組織を発足させている。

他方で，自治会の解散による弊害もあり，自治会時代は防犯街路灯の電気代として市から約10万円の補助金が出ていたが，それが打ち切りとなるとともに，自治会の指定場所に届いていた市の広報誌は，新たな自主組織の役員が市役所本庁舎まで取りに行くこととなった。そうした対応の変化について，市の担当課では，いずれも自治会を対象としている仕組みであり，脱会（解散）後も同じように続けることはできないと説明している。

こうした町内会自治会の解散は全国各地でも問題となっている。根本的な問題は会員の減少（加入率の低下）と役員の高齢化に伴う担い手不足にあるが，多くの自治体でコミュニティ政策の根幹をなしてきた町内会自治会がなくなるという事態は，コミュニティ側はもとより，行政側にとっても今後のコミュニティ政策のあり方を考えなければならない現実をつきつけている。

また，冒頭に取り上げた第２次改造国民生活審議会の小委員会でも示されているように，地域住民自体のコミュニティ活動に対する主体的な参加が不可欠の前提であり，とくに若い世代の住民が，従来の地縁組織による活動により積極的に参加することはもとより，それぞれが興味・関心を抱く新しいコミュニティ組織の活動への参加や，その立ち上げへの参画等，幅広い形での主体的な参加が必要となってくるのではないだろうか。

2　地方自治からのコミュニティ政策をめぐる課題

本章では，冒頭において，地方自治論の観点からのコミュニティ政策の定義について取り上げた。そうした地方自治論からコミュニティ政策をとらえた場合，そこにはいくつかの課題がみられる。様々な課題の根幹には，行政が地域コミュニティに抱く理想像と，実際に地域コミュニティが抱える現実との間に大きな乖離が存在することにあるのではないだろうか。その大きな要因としては，本来コミュニティそのものが，住民の日常生活に密着した自然発生的なものであるのに対し，自治体はコミュニティ行政としてその保護や管理を中心に行おうとしている点が挙げられる。

また，自治体行政が積極的に地域コミュニティにかかわることによる課題もある。それは地域コミュニティによる自治体行政への依存体質である。そうした体質を改善するためにも，自治体行政は地域コミュニティにどのような課題やニーズがあるのかを把握するとともに，地域コミュニティからの自発的・自主的な発意に基づいて，各種活動の支援にあたることが求められるのではないだろうか。そして，地域コミュニティで活動するアクターが多様化するなかで，その活動が本章冒頭で取り上げた人間性の回復までの効果を期待することは難しいとしても，それに多少なりとも寄与することはできるのではないだろうか。

（宇佐美 淳）

V

管理と改革

第19章 自治体の調達改革

自治体の調達は，自治体と企業の間で取り交わす契約（約束事）に係る一連の作業の集合体である。関与する行政職員や契約希望者を含む取引業者である企業は，地方自治法および地方自治法施行令で定められている事項に基づき，自治体独自で設けている条例や規則類，慣行に基づき活動を行う。したがって調達改革を実施するにあたって，こうした制約や決まり事に抵触する場合には，制約等自体の見直しが必要となってくる。

1 調達とは何か

1 調達改革

「購買」が代金を支払って欲しいモノを手に入れる行為を指すのに対し，「調達」とは**図19－1**に示すように，調達要求元が手に入れたいと望んでいるモノを調達元が手に入れて届けるという行為をいう。

自治体における調達も，自治体に属している様々な部署（調達要求元）の要求する資材，製品，工事，役務，サービスといったものを，調達を担う部署（調達元）が供給元である企業等と適正な価格で契約し，求められている時期までに調達要求元へ届けるという行為にほかならない。

改革というのは，全部ではなく一部を変化させる，見直すという行為であり，調達改革とは，調達の制度や仕組みの一部を見直すという行為を指している。

調達を改革するという行為は，これまで幾度となく行われてきたが，それらは取りも直さず，社会通念に照らし合わせ，調達に係る制度や運用基準を見直すことであった。なぜなら，調達業務を司る自治体職員の普遍的な思考や行動には，つねに前例・実績・横並びといった概念に縛られ，調達に係る制度や運用基準を根拠に，物事の是非を判断し，組織的に動かなければならないという明文化された取り決めや不文律が働いていたからである。

図19－1　調達のメカニズム

（出所）　筆者作成。

＊国民経済
国内で営まれる経済活動の総体を指す。経済活動とは社会生活を営むにおいて，通貨等を媒介とした商取引（金銭や物資の交換）をいう。

＊予算
自治体の政府支出で扱う予算には，歳出予算，継続費，繰越明許費，債務負担行為などがある。契約ごとにどのような支払いを行うかによって，どの予算をあてがうかが決定される。

＊見積徴取
予算要求や予算執行を行うにあたり，企業から参考とする見積書の提出を求める行為をいう。

＊意見招請
作成した仕様書案の内容について，技術的実現性や契約履行の観点から無理・矛盾・不足の有無など，企業に対して意見を求める行為をいう。

＊公序良俗
公の秩序，善良な日常生活の慣習や習わしなどをいう。公序良俗に反するような行いは，安定した社会や市民生活を維持できなくなる恐れがある。

＊信義誠実の原則
権利の行使や義務の履行は，互いに相手の信頼を裏切らないように誠意をもっ

2　政府収入と政府支出の目的

何らかの調達を行おうとすると，自治体は予算を準備し，調達実施計画を立て，供給元であり契約相手方である企業などと契約を取り交わす。契約には有償と無償とがあるが，有償契約を取り交わそうとするならば，契約に見合う原資が必要になってくる。以下では調達を計画的に実施していくために，官民ともつねに注視している予算の行方を左右する財政について取り上げる。

財政は，調達を含む自治体活動を実現する原資を確保し，運用する経済行動である。財政の主目的は，政府収入（歳入）と政府支出（歳出）の秩序を乱すことなく，きめ細かく制御して，**国民経済**[*]そのものを安定させることである。**図19－2**に示すように，政府は，この収入と支出をバランスよく制御することにより，国民経済に刺激を与え，その活性化を促し，また，過熱する景気の沈静化を図ろうとする。

調達は，議会で成立した**予算**[*]を契約品に置き換える行為である。契約品は，その形態から，物品，役務，工事，借上げ，サービスなどに分類することができる。自治体は，社会的問題を解決する機能を整備するために様々な企業と多種多様な契約を結んでいくが，様々な財政事情によって，予算執行金額は契約締結するまで変動するリスクを抱えている。

2　自治体と企業の役割

契約段階はもとより，予算確保（**見積徴取**[*]）や仕様書作成（**意見招請**[*]）など契約の前段階においても，自治体と企業が協業して事にあたらなければ，効率的・効果的な事務執行は実現しない。

官民は，それぞれが不足する部分を，それぞれのもつ力で補いあうことで，それぞれの活動目標を達成する。そして，**公序良俗**[*]に反することなく，**信義誠実の原則**[*]に従い，官民それぞれの仕事に取り組まなければ，それぞれの仕事の**予定調**

図19－2　政府収入と政府支出の関係

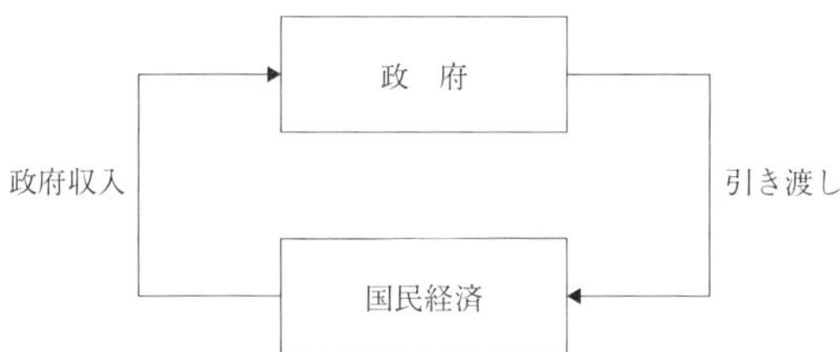

・個人消費の構造を考えた場合，**消費性向***の低い家計から，消費性向の高い家計に所得が移っていけば，国民の総需要は漸次増えていくことが期待できる。
・政府支出によって，新たな雇用を生み出せれば，失業率が低下する傾向を示すようになり，国民の生産・消費・付加価値の最大化をめざす経済活動を通じ，広く所得を行き渡らせることが期待できる。
・政府支出によって，新たな財やサービスを国民に提供できれば，その便益は国民経済への貢献となる。

（出所）筆者作成

和*が保てない構造となっている。

1　自治体の担うミッション

近年，科学技術が一層進歩し，社会・経済構造の複雑化が進むなかで，より費用対効果の高い契約を実現しようとすれば，自治体は要求を固めるために，様々な有力企業からの多様な技術・価格情報の提供が不可欠であるし，そうした企業の積極的な入札参加が目的達成のための必要条件となるだろう。職員はいかにすれば，有力企業の積極的な情報提供・提案や企業の強い参加意欲を引き出せるかに知恵を絞らなければならない。このため必要となる予算を確保し，法令や規則を整えていく。

2　企業の担うミッション

営利団体*である企業の役割は，契約を獲得するという目標を達成するために，契約につながる仕事を創り出す，あるいは考案して行動することになる。すなわち，自治体職員が契約に係る仕事を進めやすい環境を整え，必要な作業を後押し・支援するのである。その対価が契約代金となる。

企業は契約獲得（受注）につながる提案を自治体等に出していくが，自治体に受け入れられるようなソリューションが提案できない場合，不足する部分を補てんしてくれる企業との調整を行い，また競合会社との間で小さな闘争と和睦を繰

て行動しなければならないという，官民の間での，あらゆるやりとりにおいての基本原則である。

＊予定調和
当初立てたストーリーに従って事態が動き，結果も予想していたとおりに落ち着く様を指している。

＊消費性向
所得のうちどれだけを消費にあてるかを示す割合をいう。所得の低い世帯や子どものいる世帯は高く，高齢者のみの世帯は低くなる傾向にある。

＊営利団体
仕事で得た利益を，経営者・従業員・株主などに分配することを目的とした団体をいう。

り返す。

3　調達の３本柱と課題

調達の３本柱は，「予定価格の算定」「業者選定・契約手続」そして「監督・検査」である。

これらのうちまずは，「予定価格の算定」で想定される課題について考えてみたい。

人は高額な商品を購入しようと考える時，２つのことを考える。１つは，手持ちの資金がどの程度あるのだろうかと思い，手持ちの範囲で買おうとすることである。もう１つは，購入する商品の価格が適正な原価と利益で積算されているのかどうか，売り手である業者は不当に儲け，買い手である自分は損をしていないかどうかを考えることである。こうした２つの課題は，予定価格を算定する上でもつねに職員の頭の片隅にある。

1　予定価格の算定

(1)　積算

予算成立後に，予算要求した事業ごとの，構成する契約単位で，改めてどの程度の金額を割り当てるかを検討し，必要に応じて関係部門と調整を重ねて決定するのが，「調達要求金額」である。この調達要求金額と適用する仕様書，会社の提供する見積書等を照らし合わせながら算定するのが「予定価格」である。この予定価格を基準として，業者選定（競争入札あるいは随意契約）が行われ，結果として「契約代金」を決定することになる。

予定価格は適正価格で契約するための落札基準となる金額であるが，適切な方法で効率的に契約を履行した場合に，消費すると見積もられる原価に適切な利益を加算した金額であるということもできる。その算定の基礎となるのが，企業から提供される「見積書」である。自治体では企業に対し，見積書にも様々な積算基準や条件を課す場合がある。

企業は損益リスクを抑制し，目標としている受注金額を確保するため，希望する金額で落札（受注）したいと考えるものである。そのため，希望する金額で予定価格を算定してもらう必要がある。なぜなら，制度上，予定価格を超える金額では落札判定できないからである。企業は自身の望む金額で予定価格を算定してもらおうと，担当職員に受け入れられる積算をめざすのが一般的である。受け入れられるには，契約を履行するにあたり，どのような部材・作業工数・経費をどの程度消費するのか，合理的な予測で積算した上で，計上値を証明するエビデンスを揃えることになる。

⑵　市場価格方式と原価計算方式

人はモノやサービスの価格の妥当性を考える時，どういう思考を働かせるだろうか。まず考えられるのは，長く市場で揉まれながらも価格変動がほとんどなかった場合，その価格は市場に受入れられていると判断するというものである。次に考えられるのが，売り手が合理的な設計に基づいて正確に見積もった原価に適正とされる利益を加算していれば，適正な価格が設定されていると判断するというものであろう。

予定価格を算定する方式には，「市場価格方式」と「原価計算方式」の２つがある。市場価格方式による積算では，積算を担当する職員は**相場観***や市場価格調査能力が求められ，その上で市場に受入れられている価格を押さえなければならない。これに対して原価計算方式による積算では，仕様書や契約条項に基づいた契約を履行するのに，どの程度の費用がかかるのかを見積もる力が求められる。企業の提示する見積の妥当性を客観的に評価できる設計技量，部材の相場を押さえ，購入すべき価格を判断できる力，企業が適用してくる経費率の妥当性を見分けられる力が揃っていなければならない。

＊相場観
価格はつねに変動するものであるが，肌感覚で妥当であると判断できる見方をいう。

いずれの方式も高い専門性が必要不可欠であり，職員は企業よりも高い積算力が要求される。もちろん，算定された予定価格を受け入れる企業が存在しなければ契約は成立しないので，企業の立場や事情を理解し，予定価格を見直すなどの判断も求められるだろう。

2　業者選定・契約手続

次に，「業者選定・契約手続」で想定される課題について考えてみたい。業者選定は，契約を担当する業者（契約相手方）をどこにするかを決定する行為である。

⑴　競争入札と随意契約

業者選定の方法については，大きく分けて「競争入札」と「随意契約」がある。競争入札には，競争参加希望者が一定の条件をクリアすれば参加できる「一般競争入札」と，一定の実績や技術力があると自治体からみなされた業者だけが参加する「指名競争入札」がある。

競争入札は，原則として競争の原理を用いて，複数の企業が希望する契約金額を入札担当職員に提示し，契約相手方と契約代金を決定するという仕掛けである。対して，随意契約は，小規模（金額）の案件など一定の条件をクリア（客観的にその企業でなければ契約を履行できないことが判明）した企業と書面を用いて，契約代金や契約条件等を交渉する仕掛けである。

(2) 総合評価落札方式

一般競争入札にはさらに，「最低価格落札方式」と「総合評価落札方式」とがある。自治体や国は，低迷する日本経済の活性化・健全な成長を促すよう，多くの多様な企業が入札に参加できる機会を増やすため，随意契約や指名競争入札を極力減らし，一般競争入札へと移行してきた。他方，様々な企業が自由意志で参加する一般競争入札において，価格だけの指標で業者選定する最低価格落札方式では要求どおりの契約成果が得られるかどうかのリスクが高まってしまう。

したがって，近年，入札参加企業が自治体の要求をどこまで理解しているのか，どこまで優れた技術検討ができているのか，妥当な根拠や裏づけのある提案がなされているのかなど，様々な視点での評価指標を盛り込んだ総合評価落札方式の採用が多くなっている。

総合評価落札方式では，入札参加希望者に対し，入札書と提案書等の提出を求め，提出に応じた入札参加者に，今度は参考見積（相見積あるいは合見積ともいう）の提出を求めるというのが一般的であろう。この参考見積と過去の落札実績や市場価格の動きなどから，予定価格を算定する。この後に提案書の評価を行って，次いで開札を行い，落札者（契約相手方）を決定するのである。

評価自体は価格点（入札書の金額が対象）と技術点（提案書の回答内容が対象）のそれぞれで採点がなされ，その総合点で判定されるが，価格のみならず，契約履行力を裏づける実績の有無，要求事項に対する理解の程度，要求事項を実現する具現化策の考案力の程度，自治体の進めている基本政策に従っているかどうかなどが加点の対象となる。

近年，全国の自治体においては，契約における責務を明らかにし，適切な入札制度，労働者等の適正な労働環境を確保することにより，適正な契約の履行および良好な品質の確保を図ることで，行政サービスの向上および地域経済の活性化に寄与することを目的とした公契約条例の制定が活発である。

日本経済の喫緊の課題は，所得格差の拡大をどのように抑えていくかにある。所得格差の拡大は，富裕層と貧困層の両極化と，世代を超えた階層の固定化につながり，経済・社会に様々な弊害を生み出していく。自治体が公契約条例の導入に積極的なのは，まずは賃金格差の是正を図っていこうとするためであろう。賃金格差の是正に自治体が直接介入する理由は，市場の自由な取引に任せていても，その是正がなかなか進まないという事情が考えられる。

業者選定では，入札公告が公示され，企業は自治体から入札説明書や仕様書を受け取る。それらを基に短期間で**様々な書類***を準備し，組織として意思決定を行い，競争入札に臨まなければならない。企業にとって最善の対応を可能とする期間が確保できるのかどうか，問われるところであろう。

＊様々な書類
社内向けとして，契約することの是非を判断するための，要求分析・実現化方策の検討・所要経費の積算（原価見積）などの資料（設計見積や原価見積）が必要であり，自治体向けとして，入札参加証明資料，入札書のほか，総合評価落札方式であれば，提案書も必須となる。

3　監督・検査

最後に「監督・検査」で想定される課題について考えてみたい。監督・検査とは，契約履行が適切に行われているかどうか，契約品の品質や数量が確保されているかを監視・確認・評価する行為である。

⑴　行政の役割

監督とは，**請負契約***において，適正な履行を確保するため，履行途中段階における，企業が実施している生産活動に対する監視である。監督職員は大きく２つの確認を行う。

＊請負契約
顧客の示す具体的な要求事項（仕様書の記述）に従って，製造や作業を行う契約をいう。これに対し，売り手が定める仕様で取引する契約を売買契約と呼ぶ。

１つは，「品質要素確認」というものである。この確認では，契約相手方である企業が設定し，維持している品質管理プログラムの審査を行う。もう１つは，「製品確認」である。製品確認とは，契約品の部材の加工・組立・配線・調整・試験などがどのように行われているかを現物と記録で確認する。監督行為が終了すると，監督職員は監督調書の適合を選択する。そして，完成検査へと移っていく。

完成検査では，完成検査職員が登場し，監督調書と契約品，そして契約で求められているすべての行為が終了していることの証拠書類と契約品の確認を行う。完成検査が問題なく終了すると，完成検査職員は完成検査調書の合格を選択する。

最後は受領検査となる。受領検査では，受領検査職員が登場し，契約品の数量確認と完成検査が無事に終了しているかどうかの確認を行う。これで，請負契約における標準的な監督・検査は完了となる。

⑵　契約相手方である企業の役割と監督・検査の限界

監督・検査を考える上で，注意すべきことがある。契約の前段階で，企業は予定価格を算定するために会社見積を提出し，必要となる部材や作業，それぞれで消費する金額，数量，工数を説明する。企業は「これだけのものが必要になる」と訴えるわけであるが，将来予測なので，予定と実績が一致するわけではない。予定と実績が大きく変動する場合には，何らかの理由がある。仮に随意契約や１者入札となった場合，また，複数者の入札となった場合でも，企業は意図的に見積額や想定作業を膨らませ，予定価格を高めに設定するかも知れない。入札の段階で，何をさておいても受注するために相当低い（契約を健全に履行するには厳しい）価格で応札することもあるだろう。

予定価格を算定するために，企業の提出した会社見積において「必要である」と宣言した内容が，「確かに実行されたのか」「設計した結果，合理的な理由で見直しがなされたのか」「本来消費する見込みのない費用や作業が積み込まれていたのか」が問われる。会社の見積書と予定価格，契約履行の現場に，整合性が認められないとなれば問題となる。

4　調達改革への取組

めざすべき調達を考えてみると，実のある調達改革の実現はことのほか難しい。なぜなら，調達は自治体の思いだけで推し進めることができないからである。自治体が改革を強く要望しても，協業している企業が了解し，行動しなければ，素晴らしいアイデアであっても画餅に帰すことになる。個々の企業の抱えている事情も一様ではなく，それぞれの行動も市場の動きや経営都合に著しく影響を受けてしまう。

自治体が思案をめぐらし，汗をかき，どのような手立てを講じれば多くの優良な企業が競って事業参加に取り組もうとするのか，将来を見込んで積極的に先行投資しようとするのか。また，どのようにすればそういった意欲を掻き立てる状況を整えることができるだろうか。

このために必要なのは自治体の描く事業を進める理想の仕

▶▶ *Column* 20　入札談合（健全な自由競争の破壊）◀◀

よれよれのコート姿で，スクラップ寸前の車に乗り込み，いつも葉巻を咥えている。「うちのカミさんがね」が口癖の刑事コロンボは，1960年代〜2000年代にかけてアメリカで制作・放映（日本では1970年代〜）された刑事もののテレビドラマである。ロサンゼルス市警のコロンボが，社会的地位の高い犯人を追い詰め，トリックとアリバイを崩し，最後には逮捕するというストーリーとなっている。

この刑事コロンボの「ホリスター将軍のコレクション」の回において，調達の話が取り上げられている。アメリカ海兵隊を退役後，建設会社を経営するマーチン・J・ホリスター元将軍は，元部下で現調達部長のロジャー・ダットン大佐から，ここ数年，予定価格の情報を流してもらい，さらに価格交渉の段階で，予算増額の手心を受けていた。

ある日，ダットン大佐がホリスター宅を訪問する。そして総司令部から調達局へ検閲総監による特別監察があるという通達が突然発行されたと伝える。ホリスターの顔はにわかに曇り，覚悟はしていたが何もわかるものかと強がった。けれどもダットンは最悪の事態だと訴える。特別監察は明日実施されるが，ダットン自身は，明日から休暇をとってスイスに身を隠すという。監察が入れば，ホリスターの会社に多額の金が流れており，予定価格と予算の動きをみれば，不正がなされていたことは一目瞭然である。だから自分と同じようにホリスターもしばらく身を隠すよう進言した。ホリスターは防衛施設の建設には予想し難い困難が伴うのは常識ではないかと返すものの，ダットンは引き下がらない。ここで，ホリスターがダットンを射殺して事件が始まる。

業者選定をめぐる不正は繰り返されている。予定価格の漏洩や**官製談合***の裁判の話については，毎日のようにメディアで取り上げられ，深刻な社会問題となっている。確かに自由で平等な競争は，受注機会の公平性・公正性を確保するということにつながり，公共の観点からすれば欠くべからざるものである。他方，企業は継続して受注していかなければ，従業員に支払うべき給料の財源を確保できないし，従業員の雇用も維持できない。世界に伍するための先進的な発明や創作の先行投資もままならなくなる。そうなると，自由で平等な競争は，果たして**公益****につながるのだろうか。

*　官公庁の競争入札において，発注者側である職員が関与して，公平・公正ではない形で，落札業者が決まる仕組みをいう。法的根拠は「入札談合等関与行為の排除及び防止並びに職員による入札等の公正を害すべき行為の処罰に関する法律」（通称「入札談合等関与防止法」）である。

**　社会を構成するすべての個人や集団にかかわる共通の利益を指す。

組みを，対象となる企業に一様に理解させることだろう。次に，同じように対象とする事業に関する自治体における関連情報の保有状況や自治体の事業化の全体予定と進捗状況に関する情報を見える化させ，そして，自治体の調達プロセスについての実情を理解させる仕組みを整備することではないだ

＊案件
一般的には，対処すべき事柄や課題解決のテーマなどを意味するが，本章では将来契約する予定の物件を指している。入札予定の物件であれば，入札案件などと表現する。

ろうか（**案件**＊によっては，従来どおりで支障のないものも数多く存在するだろう。ケースバイケースで対応するのは言うまでもない）。

もちろん，契約に関する意思決定・行動選択のための設計や企業内の意思決定に時間を要する案件については，企業に十分な時間を与えなければならない。また，自治体の要求仕様に係る情報弱者をなくすため，自治体はどこまで透明化を図るべきか，透明化でどのような弊害がどの程度生じてくるのか，慎重な分析・検討が求められる。

（鈴木良祐）

第20章
危機管理

危機管理は，予防，応急対策および復旧復興に大きく分けることができる。本章では危機事態が発生して混乱する自治体業務の観点から，危機の発生後の対処，すなわち応急対策について，その準備や他の機関からの応援体制なども含めた危機管理を述べる。本章は，危機への対処としての基礎的な事項のみならず，自治体職員向けの実務的事項を多く含んでおり，自治体や企業の実務者の参考とされることに期待する。

1 危機管理の基本的枠組み

1 危機管理の基本的考え方

危機事態が発生すれば，多数の被害者の発生などで社会が混乱し，社会活動の弱体化を招き，深刻化すれば社会混乱の拡大や社会秩序が保てないという危険がある。

これを避けるため，危機管理の応急対策として，迅速な被害者の救助や被害拡大防止などの**応急の対処***を行い，住民に安心感を与え，社会活動の回復や，秩序維持のための一連の緊急的な活動を行う。応急の対処にあたっては，マニュアルなどを定め，想定した危機事態への準備が重要である。

＊応急の対処
被災自治体では，混乱した状況下で，迅速な判断と，最適・最良な方策の選択という，難しい業務遂行が強いられる。限られた職員，物資等を迅速かつ適切に配分する観点では，民主主義における資源配分の判断が問われる困難な課題である。

2 危機事態の種類

危機管理の定義は，内閣法第15条に，「国民の生命，身体又は財産に重大な被害が生じ，又は生じるおそれがある緊急の事態への対処及び当該事態の発生の防止」とある。

どのような事態が危機管理の対象となるかをみてみると，地震津波・風水害・火山災害などの「大規模自然災害」や航空・海上・鉄道，危険物・大規模火災，原子力災害などの「重大事故」に加え，ハイジャック，重要施設テロ，サイバーテロなどの「重大事件」や「武力攻撃事態」がある。近年では，新型インフルエンザ・鳥インフルエンザの「健康被害」や，邦人救出，大量避難民流入，ミサイル発射，核実験，海賊なども対象である。

これらに対しては，災害対策基本法をはじめとした危機管理に関する各法律など[*1]により，対策本部の設置，危機事態への対処など基本的枠組みが定められている。

＊1　石油コンビナート等災害防止法，新型インフルエンザ等対策特別措置法など多数の法律や，「重大テロ等発生時の政府の初動措置について」などの閣議決定がある。

3　改正され続ける危機管理の制度

危機管理の主要な制度である災害対策基本法（1961年）は，1959年の伊勢湾台風を契機に制定された。それに基づき1963年には「防災基本計画」が制定され，その後，阪神・淡路大震災を受けて，国，公共機関，自治体，事業者等の各主体それぞれの役割を明確にし，対策本部体制や情報収集体制などが強化され，1995年に全面改正された。

その後の主な改正として，1997年には事故災害を対象に加え，2000年にはウラン加工施設臨界事故及び原子力災害対策特別措置法の施行に伴う改正が行われた。東日本大震災を受けて，2012年には地震・津波対策や，大規模広域災害への対策の強化が行われた。2014年には原子力災害への対策強化や，震災時の放置車両対策の強化を，2016年には水害時の避難・応急対策の強化が行われた。2017年には熊本地震の教訓等を踏まえた受援体制等の改正や，2021年には避難勧告・避難指示の一本化等を踏まえた改正が行われている。

大災害や重大事故の教訓を踏まえ，これ以外にも各種要綱やガイドライン等も制定や改正が行われ続けている。これは，被災の経験を活かし，その教訓から，危機管理の制度をつねに見直し[*2]せざるを得ないという，危機事態への対処の宿命といえるのではないか。

＊2　危機管理の制度に限らず，法令の制度は具体的な必要性や現実的事例に即して制定・改廃されるため，予見できない危機事態の対処においては，後追い的に改正せざるを得ない。しかし，マニュアル等は，自治体内部の手引きでもあり，想定力や想像力を働かせて策定できるのではないか。

この災害対策基本法の自然災害や重大事故の危機管理を中心に，一体的対処，情報収集，対策本部，危機管理の広報，関係機関との連携などについて，これ以降に記述する。

4　一体的対処と自立的行動意識

(1)　一体となった危機管理の対処

大規模自然災害や，新型インフルエンザ等の緊急事態の発生では，国，地方自治体，民間組織等が一体となって連携し，その対処にあたる考え方が採用されている。

具体的には，大規模自然災害および重大事故では，関係省庁からなる中央防災会議が防災基本計画を定め，また対処にあたる行政機関（各省庁），地方行政機関（国の地方機関），**公共機関**[*]をあらかじめ指定している。指定されたこれらの機関

＊公共機関
独立行政法人国立病院機構，NHK，NTT，電力，ガス，JR，石油，物流，コンビニ，全国建設業協会，日本医師会等が公共機関に指定されている。都道府県においても，地域のライフライン等を担う民間企業が指定されている。

においては，あらかじめ業務計画等を定め，訓練を行うなどの危機事態に備えた準備が行われている。また，都道府県防災会議，市町村防災会議やこれらの協議会が都道府県または市町村，これらの相互間の地域防災計画を定めている。

このように，民間企業が運営するライフライン等であっても，公共機関として位置づけ，国の機関や地方自治体とともに，一体となった危機管理の対処を行っている。さらに，指定を受けない民間企業等にも協力を求める方向へと進化しつつある（本章❷ 3 (3)を参照）。

⑵　自立的行動意識

2019年には「**避難勧告等に関するガイドライン***」が改定され，一部の自然災害に関して，住民は「自らの命は自らが守る」意識をもち，みずからの判断で避難行動をとる方針が明確化されている。これは三陸地方で古くから伝わる「**津波てんでんこ***」，「津波起きたら命てんでんこだ」との教えに通じている。

さらに，東日本大震災で道路にあふれた帰宅困難者の教訓から，消火・救助救命の公益活動が阻害されないように，個人行動の影響と結果について各自が意識し，自立した判断が求められている（本章❷ 3 (3)を参照）。

＊避難勧告等に関するガイドライン
2021年3月に「避難情報に関するガイドライン」と名称改定され，避難勧告を廃止し，「緊急安全確保」「避難指示」「高齢者等避難」に整理された。

＊津波てんでんこ
津波が起きたら家族が一緒にいなくても，てんでばらばらに高所に逃げ，まずは自分の命を守れ，それほど「急いで避難」という意味でもある。

5　初動体制

⑴　初動情報収集

危機管理の応急対応の方針決定には，初動（初期）の情報収集が不可欠である。また，1995年に発生した阪神・淡路大震災を受けて情報収集体制などが見直され，事態の重大性に応じ，緊急災害対策本部，非常災害対策本部，官邸対策室の設置を行い，対処を行うものとなった。常設の内閣情報集約センター，官邸危機管理センターを設け，緊急事態の発生に備えているほか，とくに重大な事態が発生した場合には，内閣危機管理監や関係省庁局長による緊急参集チームが官邸に緊急参集し，政府の初動措置に関する情報の集約等が行われるようになった。

都道府県においても，消防の通信指令（119番通報），警察の通信指令（110番通報）のほか，危機管理センターや情報連絡室が初動情報・初動処置について，情報の集約等を24時間体制で行っている。

発生初動段階での都道府県の情報収集は，警察・消防の各機関からの連絡，企業や住民からの通報，マスコミやインターネット等による情報等が寄せられ，多様な情報の集約[*3]が行われるものとなる。これらの情報は，内閣情報集約センターに速報され，政府の危機管理の対応に結びついている。

自治体では国とは異なり，地域が限定され，発生頻度は大幅に少ないため，情報連絡体制，緊急参集体制，対策本部体制などについて，危機事態の種類・規模に応じたランク分けをすることが有効である。

(2)　緊急連絡体制および緊急参集体制

迅速な事態対処には，発生情報を24時間体制の緊急連絡網により迅速に連絡する必要がある。関係職員においては携帯電話やE-mailなどによる連絡網が，関係機関においては中央防災無線，専用通信回線，衛星携帯電話の連絡網が利用されている。

また，ある程度の予測が可能な災害等の発生では，住民や関係機関に対して，気象情報・警報のほか，緊急地震速報や**キキクル**[*]（危険度分布）といった通知サービスが行われている。さらに避難指示等に関しては，マスコミや防災無線，E-mail，災害情報共有システム（Lアラート），全国瞬時警報システム（Jアラート）を利用した情報伝達が幅広く行われている。

重大な危機事態の発生に際しては，あらかじめ指名された関係機関の職員は，緊急参集し，的確な情報収集，対策本部の設置により事態の対処にあたることになる。また，職員およびその家族が被災し，緊急参集できない場合があるため，安否確認連絡をシステム化し，参集の可否を集約している。

さらに，情報通信網が使用できない場合を想定し，大地震発生時には関係職員の緊急自動参集の体制が採られている。公共交通機関の被害や，主要道路・橋梁等が損壊して通行できない場合を想定した，緊急参集経路を準備し，自立した参集行動を基本としている。このため，指名された職員は勤務時間外であっても緊急参集できるよう行動制限を求められ，厳しい勤務が強いられている。

2016年に改定された「大規模災害発生時における地方公共団体の業務継続の手引き」では，災害発生等に膨大に発生する業務を，限られた職員で優先度に応じて行う，**事業継続計画**[*]（BCP：Business Continuity Plan）を定める方針が示されている。

＊3　初動段階の情報は，迅速性が求められるが，他方で不正確な情報や，誤報や虚言の情報も寄せられる。多様な情報を整合させることが鍵となる。

＊キキクル
気象庁の「キキクル」（危険度分布）や「逃げなきゃコール」（河川情報）の通知サービス（登録プッシュ型メールシステムによる高齢者避難支援サービス），ハザードマップポータルサイト（https://disaportal.gsi.go.jp/）などで「住民が自ら行動をとる際の判断に参考となる情報」の発信が行われている。

＊事業継続計画
「大規模災害発生時における地方公共団体の業務継続の手引き」では，優先されない通常業務の一部停止の記載があるが，職員参集可能職員数，参集見込み時間，業務担当の変更を想定し，さらなる業務の縮小の検討や代行措置の実施が必要であろう。

2　対策本部と連携体制

1　対策本部

危機事態の情報集約，対処方針の迅速な決定，総合的な判断などのため，対策本部が設置される。対策本部においては，被害者の搬送，人命救助措置，輸送に関する便宜供与，資機材の提供，警察活動への協力，住民への情報提供・広報，政府の諸措置への協力要請，議員の現地視察対応，国際機関に対する説明および協力要請などの多様な対処が行われる。

対策本部は，法的権限の有無にかかわらず，国の機関，支援する自治体，民間企業などが一体となって，迅速な事態対処の活動を行うための横断的組織でもある。

被災自治体は混乱し，関係機関との連絡が適切に行えないため，国の現地対策本部が設置される場合や，関係機関から災害対策情報連絡員（リエゾン）が派遣される場合がある。また，国の機関や都道府県においては，情報連絡室や危機管理センター等の部署が情報集約業務を分担している場合もある。対策本部では，その後の訓練や，危機事態への各種対処のマニュアル見直しにつなげていくため，危機事態への対処を記録することが重要である。

危機事態の情報は，関係機関からの通報連絡のほか，現地派遣職員からの**現地調査***の情報，マスコミからの情報，インターネット情報，一般の被害通報など多様な情報収集が行われるが，これらの情報は，信頼性，正確性がまちまちであり，その情報内容の相互の整合性を十分に検討し，活用していくことが鍵となる。

＊現地調査
被災者の特定や被災者台帳の作成の調査，宅地や建物の応急危険度判定の現地調査，罹災証明書交付のための調査のほか，学会等による被害状況調査が行われる。

2　危機情報の広報

収集した情報は危機への対処に役立てるほか，住民に現状を伝え，現在対処している内容，今後行う予定の対処内容や，今はできないためしばらく待ってもらう内容など，情報を整理し，的確な広報をタイムリーに行うことが重要である。

広報は，住民に安心感を与え，社会の混乱を最小化するためには大切なものといえる。不正確な情報や，むやみに期待を抱かせる情報を広報することは控えるべきである。

的確な広報のためには，幅広く情報収集し，情報入手先の信頼性・正確性を見極める必要がある。これには，平常時において，関係機関との初動体制や情報連絡体制の連携を強化し，情報連絡訓練を実施することなどが鍵となる。

3　関係機関との連携

(1)　国等の専門的な支援

国等からは，被災自治体に専門チームが派遣される。自衛隊災害派遣のほか，火山防災（内閣府），被災文教施設応急危険度判定（文科省），災害派遣医療・保健師等支援・災害派遣精神医療・災害時健康危機管理（厚労省），農業農村災害緊急派遣（農水省），緊急災害対策派遣・被災建築物応急危険度判定・被災宅地危険度判定（国交省），災害廃棄物処理支援（環境省）などの分野で派遣が行われる。それ以外でも，移動電源車・ICT ユニット・移動通信機器（総務省），排水ポンプ車（国交省）の貸与などが行われている。また，都道府県から，警察災害派遣隊，緊急消防援助隊，広域消防派遣体制の派遣などが行われる。

(2)　自治体連携の応援・受援

2016年に発生した熊本地震では被災者に対し緊急物資支援がタイムリーに届かなかったため，その教訓を踏まえ，関係機関からの物的支援は，要請を待たずに行うプッシュ型支援とするよう制度拡充がされた。

被災市町村の災害マネジメントとしては，被害状況の把握，応援職員に依頼する業務等の内容決定，受援体制の確保，災害対策本部運営，災害対応方針の決定，避難所運営，**被災者台帳作成***，罹災証明書交付など多様な業務が急激に発生する。

＊被災者台帳作成
2013年，市町村が保有する個人情報の目的外利用について，災害対策基本法第49条の14により避難行動要支援者の避難計画策定に，同法第90条の４により被災者台帳の作成に利用できる制度が設けられた。

都道府県または市町村は，災害対策基本法第29条に基づき，指定行政機関，指定地方行政機関または指定公共機関の職員の派遣を要請できるが，混乱した被災自治体において，これらの派遣要請の業務を円滑に行えるだろうか。

このため，急激に増加する業務への対処を自治体が連携支援する仕組みとして，2018年に「応急対策職員派遣制度に関する要綱」が制定された。この要綱では，国や都道府県で構成する応援職員確保現地調整会議や調整本部により支援団体を決定し，避難所運営や罹災証明書交付業務などを行う対口（たいこう）支援（しえん）に先立ち，災害マネジメントの支援として，総括支援チームの派遣を定めている。応援職員や災害対策情報連絡員

（リエゾン）の派遣にあたっては，被災市町村の負担とならないよう，携行品，食料，寝具などを持参し，自活・自立した行動が求められている。

2017年に制定された「地方公共団体のための災害時受援体制に関するガイドライン」では，応援を受けて実施する業務をあらかじめ特定し，具体的内容を整理し，依頼する範囲を明らかにしておき，受援の実効性を高めることが示されている。このような応援・受援の仕組みは，いかに有効・迅速に機能するかが大切であり，今後の実施状況を見守りたい。

⑶　民間企業の協力・支援

大規模な危機事態では国や自治体だけでは対処が困難であり，民間企業等の協力・支援が不可欠である。行政機関等は，発災後３日目まで救命救助活動や，消火活動等を中心に対応し，発災４日目以降に帰宅困難者等の帰宅支援の体制へ移行していくものとなる。民間企業等の協力・支援としては，指定された公共機関が行う医療，物資輸送などの災害対応業務のほか，2015年に制定された「大規模地震発生時の帰宅困難者対策のガイドライン」では，一般の協力企業等においては３日分以上の備蓄の推進，一時滞在施設の確保，家族等との安否確認手段の確保等の取組などが挙げられている。

また，東日本大震災の首都圏において公共交通機関が運行を停止しているなかで，大量の**帰宅困難者***が徒歩等により一斉帰宅を開始し，緊急車両の通行の妨げとなった教訓から，企業等では従業員等を施設内に待機させ「むやみに移動を開始しない」ことや，利用者の一時滞在施設となるなどの協力・支援が求められている。これは，個人行動の影響と結果について各自が意識し，自立した判断を前提とするものといえるだろう。

＊帰宅困難者
大地震等では，道路でも電柱や建物の倒壊による交通障害が発生するため，災害対策基本法第76条では一般車両の通行の禁止または制限する緊急交通路を指定し，緊急用車両による応急対策の円滑化を図っている。しかし，停電や，携帯電話などの通信障害の発生するなか，「家族の安否を気にする」あまり，各自が徒歩で帰宅を急ぐこととなる現象といえる。

4　組織的縦割りからの脱却

危機事態において行われる，対策本部の運営，各種機関との連携，自治体連携での応援職員の受け入れなどは，行政の縦割り組織を横断的に機能させることにつながっている。

また，自衛隊の災害派遣は，都道府県からの派遣要請を受けて行われるほか，自衛隊法第83条第２項では，天災地変その他の災害に際し，とくに緊急を要するときは，派遣要請を待たないで部隊等を派遣することができ，自然災害および重大事故以外でも行われている。例えば，新型コロナウイルス感染症の新型コロナのワクチン接種，養鶏場や畜産業の防疫措置，離島などでの救急患者輸送，医療機関や消防機関の補完業務，海上保安庁の要請による海難救助などが行われている。

このように危機事態の対処では，行政の組織的縦割りからの脱却を行い，一体的・横断的な実施や，各行政機関の業務を補完し，後方支援する対処へと変化しつつある。

3　危機管理の課題

危機管理の制度は順次改善され，情報連絡体制の充実，関係機関が一体となった対処，緊急物資のプッシュ型支援，応援・受援の体制，民間企業等の協力など，制度は進化し続けている。他方で，危機事態の発生は人知を超えて予想できず，その応急の対処は困難といえる。制度やマニュアルは，作成することが目的ではなく，有効に機能しなければ意味がない。危機事態の発生で混乱する被災自治体においても有効に機能するマニュアルとは何か。少しでも有効な運用や方策は何か。以下では，それらを考えてみよう。

本節では，制度運用の事前検討と，危機管理マニュアルの見直しの２点を例に課題として指摘したい。

1　制度運用の事前検討

危機事態の発生後，国や地方自治体においては，職員の兼務，職員の派遣・受入れなどにより，応急対処を行うが，これらは予算化されてはいない。議会の災害対応予算成立を待っていては応急対処が間に合わないため，未執行予算や執行残額の活用，予備費の支出などの各種の運用により行われる。また，組織や部署を越えた職員の応援・兼務などの手続や，契約行為の手続などについて，緊急時における決裁の代行など簡素な方法をあらかじめ定めておくことも，混乱なく迅速に対処する有効な手法の１つである。

災害対策基本法などでは，危機事態発生時の特例規定が設けられている。都道府県知事による避難指示の代行，土地工作物の公用，応急措置の代行実施や都道府県公安委員会による交通の制限，道路管理者による道路上車両の移動などの**各種の特例規定***がある。また，災害対策基本法第71条には，都道府県知事が自由を制限し，強制的に労役させるという，人権上の観点から極めて高度な判断となる従事命令，協力命令

＊各種の特例規定
市町村長による警戒区域への人の立入制限や，土地，建物その他の工作物の一時使用などのほか，派遣職員の身分の特例，通信設備の優先利用，臨時医療施設の開設，埋葬および火葬，廃棄物処理や，応急措置に必要な物資の保管又は収用など各種の特例規定がある。

▶▶ Column 21 危機管理の事務 ◀◀

市町村長は，災害対応の第一線の責任者として，地域防災計画の作成，災害対策本部等の設置，情報の収集および伝達等，居住者等への避難指示，都道府県知事や他の市町村長等への応援要求，自衛隊災害派遣を要請する都道府県知事への手続などの様々な事務を行うが，他方で，被災市町村のみで災害対応のすべてを行えるものでなく，国や都道府県と一体となって行う事務でもあるといえる。

市町村の災害対策の事務や，警察が行う危機管理の事務は自治事務であるが，災害応急対応に対する自治事務の代行（災害対策基本法第69条）という概念もある。また，被災者生活再建支援法や災害救助法の都道府県の主要な事務や，類似の危機管理制度である国民保護法や新型インフルエンザ等対策特別措置法による地方自治体の事務は法定受託事務とされる。さらに，国の財源により交付された新型インフルエンザ特別定額給付金は，全国一律の予算補助制度であるが，法定受託の根拠法をもたず，自治事務と区分せざるを得ない。

危機事態に迅速に対処するには，国や地方自治体が保有する人的物的資金的な資源を効果的に投入し，業務を緊急代行するなど，援助や支援が一体的・効果的になるよう実施し，住民に安心を与え，生活の安定を図ることが最優先されるものである。他方で，国と地方自治体の事務を区分し，適切な役割の分担の下，地方自治体の自主性および自立性が十分に発揮されるべき理念もあり，また，民主的手続が尊重されるべきものでもある。

危機管理の個別事務を俯瞰すれば，a）法的根拠をもたない国の予算補助の非法定事務，b）公平平等による全国統一事務，c）緊急性により国または自治体のいずれが実施してもよい代行補完事務，d）被災自治体が懲戒権をもたない応援職員でも行える定型簡素事務，e）国と自治体が緊密に連携して一体として行う一体事務，f）被災により自治体の自立性等が発揮できない蓋然性の高い非自立状態事務などを一般的な自治事務と類型分けせざる得ない場合がある。これらの事務のあり方は，地方自治体の自主性および自立性の発揮に向けた改革創生期における課題といえるだろう。

又は保管命令できる特例規定もある。

危機事態に関する特例規定がない法令も多いが，大規模災害発生時には，国や自治体においての危機対処の契約行為や，業務の一部停止時の措置，関係法規制などについて，特例的運用を行う場面に遭遇する。これらを想定し，あらかじめ，特例的運用の内容およびその可否について，**違法性の阻却***を検討しておくことも大切である。これには，行政行為の適法性推定の補強として，議会の承認を得て民意の後押しを得る手続も検討課題といえるだろう。

＊違法性の阻却
危機事態対処への緊急事態法制や，違法性の阻却による特例的な運用は，民主主義や法治国家の基本を崩しかねず，乱用する権力者に不当な口実を与える危険があり，人権侵害につながる諸刃の剣（両刃の剣）であることも忘れてはならない。

これらの検討結果等を危機管理マニュアルに盛り込むことで，対策本部や被災自治体の業務の判断の拠り所となり，少しでも最良・最善の選択につながることに期待したい。

2　危機管理マニュアルの見直し

危機事態は多種多様であり，その規模も様々である。個々の地方自治体における発生頻度は少ないため，実践の経験による危機事態への対処は困難といえる。

本章では，大規模自然災害といった多数の被災者が生じる危機事態を中心として記述したが，サイバーテロなど被害が限定的な事態や，個人情報の漏えい，不正事件の発生などの特定分野での事態への対処においても，基本的な考え方や手順については通じるところが大きい。また，事態によっては，組織内部での部署を越えた応援体制を強化することで一体的な対処ができる場合もあるだろう。

危機事態への対処は，過去の危機事態の記録や，新たな想定に基づき，危機管理マニュアルを策定し，訓練を重ねてその応用により，類似事態への対処能力を向上させることもできる。また，他の自治体，他の地域で発生した危機事態の事例情報を収集しておくことも対処には有用である。

被災により混乱したなかで，限られた職員や物資などの資源を効果的・効率的に役立てて，被災住民への安心感を届けることができるかは，危機管理マニュアルを如何に充実させることができるかにかかっている。

危機事態に関する各種制度は，過去の対処への反省と教訓から，順次充実してきているが，その実効性は今後発生する危機対処により評価するしかない。少しでも実効性を高めるには，想定力や想像力を発揮し，つねに制度改善に臨み，事業継続計画やマニュアルの改訂や見直しを進める姿勢こそが最も大切といえるだろう。

（押立貴志）

第21章
防災の現場

1995年には阪神淡路（地震）で，2011年には東日本（地震・津波・原発事故）で，2013年には東京都の大島（土砂崩れ）で，2014年には広島（土砂崩れ）で，さらには2016年には熊本（地震）で多くの命が理不尽にも奪われた。南海トラフや首都圏直下などの地震発生が危惧されているなかにあって**基礎自治体***の現場は様々な問題を突き付け続けられている。このようにして繰り返される**自然災害***は改めて基礎自治体が生身の人間と直面し，その人々の生涯とかかわる存在であることを鮮明にする。

1 惧れと迷いの内実にある構造的要素の一側面

1 惧　れ

責任を負わされることに惧れを感じ，周囲を見回し誰かの決心を待つ。日本人の社会では多くの場合，自分はこう判断しているのだと白黒をはっきりつけるような言い方を避ける傾向がある。そして，時にその場の空気に支配されて，思考停止状態になり，他の選択肢が考えられなくなる。

2019年10月，東日本大震災の津波で犠牲になった宮城県石巻市立大川小学校の児童23人の遺族が市と県に約23億円の損害賠償を求めた訴訟で最高裁は，市と県の上告を退ける決定をした。これにより震災前の学校の防災体制に不備があったとして，市と県に約14億3600万円の支払いを命じた２審・仙台高裁判決が確定した。

その日よりさかのぼることおよそ３年前の2016年10月，仙台地裁は県と市に対し約14億円の損害賠償を命じる判決を言い渡した。裁判所は市の広報車が同校近くへの津波接近を伝えていたことなどを指摘，到達は予見できたとし，また，避難先としていた学校の裏山に避難しなかったことなどから過失と認定した。これに対し県と市は，当該の地域に津波が来た記録が過去にさかのぼりなかったこと，当時のハザードマップでは大川小学校までは到達しないものと予測されていたことなどから学校職員が学校まで津波襲来を予見すること

＊基礎自治体
災害の度に基礎自治体の災害対応力が問題とされてきた。とくに規模の小さな自治体の場合には資源が限られており災害対策が十分ではない。防災・危機管理担当の職員が若干名の市町村もある。1999～2010年の平成の市町村合併では市町村数が減少し市町村領域（面積）は拡大したが，行財政改革により財源や職員数は減少した。➡第３章「中央地方関係」2 3

＊自然災害
日本は，その位置，地形，地質，気象などの自然的条件から，台風，豪雨，豪雪，洪水，土砂災害，地震，津波，火山噴火などによる災害が発生しやすい国土となっている。世界全体に占める日本の災害発生割合は，マグニチュード６以上の地震回数20.8%，活火

山数7.0%，死者数0.4%，災害被害額18.3%など，世界の0.25%の国土面積に比して，非常に高くなっている。

＊情報収集義務違反・回避義務違反
情報収集義務は，一定の状況や関係において，特定の団体や個人が情報を収集し，必要な情報を提供する義務を指し，これにおいて義務違反が生じる場合，関係者が災害に関する情報を適切に収集せず，必要な情報を提供しないことで，他の人々や関係する組織に損害をもたらす可能性が指摘されている。また，回避義務については，関連する法律や規制に基づいて，特定の団体や個人に災害対策や予防措置を講じる義務を指し，これにおいて義務違反が生じる場合，関係者が災害の発生や拡大に寄与し，他の人々や環境に対して損害をもたらす可能性が指摘されている。なお，震災発生当時，大川小学校では子どもたちを校庭で待機させ続け，川沿いの堤防に向かって移動を始めたのは，地震が起きてから50分近くも経ってからだった。

は不可能だったと主張，また，地震発生直後には学校職員が様々な形で情報収集を行い想定どおりに避難行動したために，**情報収集義務違反**＊，**回避義務違反**＊はなかったとして，翌月11月７日に控訴していた。

2011年３月11日，揺れの後，大川小学校では校庭に職員が集まり，万が一津波が来た場合よりも「万が一来なかった場合の話し合いが行われたのである。職員集団全体に余計なことをして失敗をしたりめんどうになることが責められる雰囲気があり，このような場面においてもそれを優先し，組織としての判断基準になってしまった」（池上 2014：27）のである。

組織は失敗を許さず周囲との調和を偏重する。提案や発言の正邪，当否の判断が，発言者が誰かということによって左右される。同じ行動をしなければならないと無意識に感じ，多くの場合，年功序列の組織のなかで行き詰まってしまい，リスクを避け，毎日決められた範囲の仕事を繰り返し行う。同質の者どうしの同調性が強いため自分だけが異端視されるのを極端に恐れ，時には何が正しいかよりも誰が正しいかを優先し，何が受け入れられやすいかという観点からスタートしてしまうのである。いかにしても，人間が，本質的に有する基本的な承認欲求や権力に従うという社会性に従うほかになく，このようにして誰も責任をとらない構造がますます修復不能なものになるのである。

２　迷　い

2011年９月，奈良県十津川村役場に人的被害発生の第一報が入った。災害対応の中心を担った職員は「土砂崩れ自体は普段からそれなりに起こるのですが，十津川では人的被害は長らくありませんでした。私が役所に入って初めての事態だったので，20年近くはなかったはずです。おそらく最後にあった自然災害での人的被害は，役場の下流で雨の日に谷が詰まって，走っていた車を直撃した事例です。それも私が入る10年くらい前のことでした。それが今回は土砂崩れでの被害が出ているのに，そこに向かうことすらできなかった」（稲泉 2014：16-17）と振り返る。

不確実なことに直面すると，誰しも不安を抱く。経験もなく知識も乏しく，どうしたらよいか決断がつかない。もとよりつねに最良な判断が下せるわけではない。しかも判断が正しかったか間違っていたかは大抵の場合後づけの結果論である。

不測の事態にあっては誰しも自身の判断に迷い，普段とはまったく違った状況認識や行動を強いられる。しかも判断すべき情報は多く曖昧である。通常の業務とはまったく異なる仕事に携わることを余儀なくされ，矢継ぎ早に起こる問題に追われ，１つの仕事を終える間もなく次の問題が発生する。ついには自分の置かれた状況が飲み込めず，誰に助けを求めてよいのかもわからなくなる。そして，ますます不安は募り，ついには今起きていることすら理解できなくなる。状況を能動的に理解しようもなく，経過のみえない災害のなかで空に向かって祈りたい気持ちになったとしても不思議ではない。

2　自然災害と日常における抗えない現実の再認識

1　戒めと警笛

年々，人間生活の場と自然現象が生じる場との接点が大きくなっている。都市部郊外のベッドタウンは拡大の傾向にある。低地や急斜面・山際に戸建て住宅を買い求める者も多く，都市部近郊でも農地や雑種地を宅地に転用する住宅開発が進行している。2014年８月，広島市を豪雨が襲った。この集中豪雨に伴う土石流や急傾斜地崩壊などにより，安佐南区および安佐北区において死者74人，負傷者69人の被害が発生した。宅地開発が山地に近いところまで拡大していたため土砂が直接住宅地に流れ込んだのである。なぜ被害が出るような危険な地域に至るまで拡大する開発を防げなかったのか。

2021年７月，静岡県熱海市で発生した土石流で，市は発生前，災害対策基本法（1961年，最新改正は2021年）第60条に基づく，住民全員に避難を促す**避難指示***を出していなかった。県と気象庁が前日，避難指示と同じ警戒レベルとされる土砂災害警戒情報を出していたが，市は避難指示を見送った。市の措置は適切だったのかと問う声が多くあるが，はたして問題は，その点のみにおいて議論すべきなのか。

寺田は「文明が進むに従って人間は次第に自然を征服しようとする野心を生じた。そうして重力に逆らい，風圧水圧に抗するようないろいろの造営物を作った。そうしてあっぱれ自然の暴威を封じ込めたつもりになっていると，どうした拍子に檻を破った猛獣の大群のように，自然があばれ出して高楼を倒壊せしめ堤防を崩壊させて人命を危うくし財産を滅ぼ

＊避難指示
令和元年台風第19号では，１都12県309市区町村に大雨特別警報が発表され，国および県管理河川において142か所が決壊する等，同時多発的かつ広範囲に甚大な被害が発生した。これら豪雨においても，避難をしなかった，避難が遅れたことによる被災や，豪雨・浸水時の屋外移動中の被災，また高齢者等の被災が多く，いまだ住民の「みずからの命はみずからが守る」意識が十分であるとはいえず，また，警戒レベルの運用により避難情報等はわかりやすくなったという意見がある一方で，避難勧告で避難しない人が多いなかで，警戒レベル４のなかに避難勧告と避難指示（緊急）の両方が位置づけられわかりにくいとの課題も顕在化した。このため，災害対策基本法を改正し，警戒レベル４の避難勧告と避難指示については「避難指示」に一本化し，これまでの避難勧告のタイミングで避難指示を発令することとするとともに，警戒レベル５を「緊急安全確保」とし，災害がすでに発生・切迫し指定緊急避難場所等への立退き避難がかえって危険であると考えられる場合に直ちに安全確保を促すことができることとするなど，避難情報が改善された。

す。その災禍を起こさせたもとの起こりは天然に反抗する人間の細工であると言っても不当ではないはずである，災害の運動エネルギーになるべき位置エネルギーを蓄積させ，いやが上にも災害を大きくするように努力しているものはたれあろう文明人そのものである」（寺田 2011：12）と戒める。また寺田は「文明が進むほど天災による損害の程度も累進する傾向があるという事実を充分に自覚して，そして平生からそれに対する防御策を講じなければならないはずであるのに，それがいっこうにできていないのはどういうことであるか。そのおもなる原因は，畢竟そういう天災がまれにしか起こらないで，ちょうど人間が前車の転覆を忘れたころにそろそろ後車を引き出すようになるからであろう。しかし，昔の人間は過去の経験を大切に保存し蓄積しその教えに頼ることがはなはだ忠実であった。過去の地震や風害に堪えたような場所にのみ集落を保存し，時の試練に堪えたような建築様式を墨守してきた。それだからそうした経験に従って造られたものは関東震災でも多くは助かっているのである」（同上：4；15）と警笛を鳴らしたのである。

2　抗えない現実

東日本大震災では抗えない自然の力を目のあたりにした。自衛隊法（1954年）第83条による災害派遣命令を受けて現地に入った自衛官は現地対策本部に踏み込んだ時に感じたことを「入った時に感じたものはですね，簡単に言うと，言葉では少し言い表し難いのですが，絶望感というか虚脱感というか，自然に対する人間の無力さというか，その時は何か話をしているというのはなく，ざわざわと，こう人がいて，各々誰か会話したりとか，あとは皆さん茫然とこう空を見上げたりとか，地面を見たりとか，そのような感じだったですね」と改めて自然に対する人間の無力さを語った（2015年9月4日，筆者とのインタビュー）。

自然災害。それはいつもの日常のなかで何の前兆もなく訪れ大切な家族や財産を一瞬のうちに奪い去る。推測や用心を許さないのが突然の自然災害である。自然に人間が翻弄されるという点においては，鴨長明が『方丈記』（1212年）を著した頃と何ら変わっていないようにも思える。多くの歴史的事実は，自然の力の前に翻弄される人類の姿をあたかも示しているかのようである。

岩手県宮古市田老地区において，1896年6月15日の明治三陸地震では約15mの津波が押し寄せ，1859人の死者・行方不明者が，1933年3月3日の昭和三陸地震では約10mの津波が押し寄せ911人の死者・行方不明者が発生した。かつてこの地を訪れた作家吉村昭はこの地を訪れた際の印象を「津波太郎（田老）という名称が町に冠せられたほどで，壊滅的打撃を受けた田老は，人の住むのに不適当な危険極まりない場所と言われたほどだった。しかし，住民は田老を去らなかった。風光も美しく，祖先の築いた土地をたとえどのような理由があろうとも，はなれることなどできようはずもなかったのである。私も田老町を訪れた時，海岸に高々とそびえる防潮堤に上ってみた。堤は厚く，弧をえがいて海岸を長々とふちどっている。町の家並は防潮堤の内部に保護されて，海面から完全に遮断されている，町民の努力の結果なのだろうが，それは壮大な景観であった」（吉村 2004：172-173）と語っている。

2011年3月11日，津波は，午後3時25分に田老地区に到達した。そして防潮堤を超えた。構造物の防災機能にのみ依存することの限界が露呈した瞬間であった。まさに自然は，人間の想像を越えた姿をみせたのである。

3 自然災害に係る住民と行政の関係

1 依存と批判

災害対策基本法*の現場主義の考え方から最前線に立つのは，住民に最も近いいわゆる身近な「お上」である基礎自治体の職員である。基礎自治体は同法によって防災対策の第一次的責務を負う。ゆえに住民の生命，身体，財産を保護する責務をもつ基礎自治体の長に与えられた責務，権限は広範囲に及んでいる。関係機関や住民などへの災害の通知に加えて，避難の勧告や指示を出す権限が与えられており，さらには，警戒区域からの立ち退きの勧告・指示のほかに，災害拡大のために設備や物件も取り壊すように要求することもできる。およそ災害時に必要と考えられうる権限が列挙されており，同法が想定する災害対処にあたっての基礎自治体への期待の大きさとともにその責任の重さがわかる。

内閣府のまとめ（**中央防災会議***「災害時の避難に関する専門調査会」第4回会合〔平成23年1月18日〕資料）によると，風水害の際に避難行動を開始するタイミングは，住民の2割が避難

＊災害対策基本法
防災計画の作成，災害時の応急対策，災害予防などの役割を明確にすることで，国民の命と財産を災害から保護する法律である。いつ起こるかわからない万が一の事態に備えて，計画的に国民の命を守るため1961年に制定された。1959年の伊勢湾台風を契機としている。

＊中央防災会議
内閣の重要政策に関する会議の1つとして，内閣総理大臣をはじめとする全閣僚，指定公共機関の代表者および学識経験者により構成されている。防災基本計画の作成や，防災に関する重要事項の審議等を行っている。

勧告等の発令にかかわらず，自分で判断するとし，残りの約８割の住民は避難勧告等が発令されたときに避難するとしている。この結果から，自分自身の判断で適切な避難行動を取ろうとする住民は少なく，避難行動の判断を「お上」に依存している住民が多いことがわかる。長い歴史のなかで培われてきた封建制度の依存体質が易々と変わるとは考えられない。自然災害に対峙しているのはあくまで「お上」であり，住民はその庇護の下にいるという意識にほかならない。古来より，自然災害による被害を最小限に抑えること，統治下にある人々を救済することは，為政者の重大な使命である。「ゆえに住民は，災害対応の責任の多くが行政にあると考え期待もしている。期待しているからこそ，期待が裏切られた被災に際しての行政批判も強くなる」（片田・児玉・金井 2007：4）のである。ましてや，人的な被害が出そうものなら，避難勧告の遅れや情報伝達の失敗などを取り上げて「お上」の対応の不備を責め立てる。そして，その多くは，避難が遅れた原因を「お上」の責任に帰そうとする内容である。現場で住民に向き合った職員の実際の対応と，これに対する被災者の反応を調査しないままに，表層的な行政批判に終始する傾向がある。責任を負わせる誰かは誰でもよく，そのようにして終止符を打つ。ゆえにこと何かあれば，誰しもスケープゴートに使われる惧れに思いをめぐらせることになる。

はたして自然災害にあって真に責任を負うのは誰か。表層的な行政批判に終始することは，行政のあるべき姿の議論において意味があるとは思えない。本来深めなければならない議論は自然災害をめぐる行政と住民の関係の見直しである。

2　混　乱

2016年の熊本地震において，熊本県下益城郡美里町では余震時２名であった避難者が２日後の本震後には483名に急増した。準備が整わないままに避難所は人であふれた。係長以下３名の職員は，みずからも被災者でありながら休む間も取れない対応に追われたのである。職員は「住民からの問い合わせの電話は，その時点では入ってきてはいないですね。16日の本震の時はありましたが，余震の時は無かったですね。16日の本震の時は私泊まっておりまして，それからすぐ警戒態勢になりました。皆にはすぐ出てきてもらいました。私はそのままここに居た訳ですが，あの時は防災待機班が４名泊っていたんですね，加えて私が１人担当で泊っていて，あの時は電話がじゃんじゃんと鳴りましたね。要は救急車が繋がらない，119番が繋がらないということで，こっちに電話がありましたね。夜中だったので，市街の状況はまだ外に出て云々じゃなかったけんですね。被害の状況というよりも，そういった怪我の電話が殺到したということですね。まあ怪我の情報というか。あとは，ただ事じゃないということで」と当時の混乱を語った（2016年６月20日，筆者とのインタビュー）。

職員は，間を空けない電話対応に追われる。それが甚大な被害を受けた基礎自治体の現場の実際である。あらゆる場面において状況に応じた迅速な対応をとることが重要であるというのはやさしいが，刻々と変化する事態の進展のなかで災害情報の提供や避難誘導といった対応は困難を極める。職員数は平時が基準である。職員も被災し，人手が足りない。人手が足りないなかにあって支援物資の取り扱いや避難所の開設や運営，さらには建物の危険度の緊急判定，仮設住宅の建設などのほか，様々な非日常の業務を遂行しなければならない。

4　継承という断絶と忘却のロジックを抱え込む矛盾

1　継　承

何らかの達成すべき目標をもった組織にとって組織の活動に携わる人材の育成は普遍的な課題である。研修を受けることで何らかの効果があるというのは，おおむね合意形成されているところであるが，日々深刻さを増している財政環境や人手不足のなかにあって出したくとも研修に出せないと最初から諦めている人材育成担当者は少なくない。業務効率の追求など目前の業務への対応に追われ，おのずと喫緊の課題とならない人材育成は後回しとなり，結果として課題の山のなかに埋もれ，先送りになる。ましてや防災にかかわる教育投資は，他の職種に比較し，人材像のイメージを具体化しづらいことから，どんな人材を育てなければならないかがみえにくい，成果を測定する尺度をみつけにくいなどの理由から必要性の説明が難しい分野の１つである。

職員には，地方公務員法（1950年）により，みずからの役割分担に必要な特定の領域に関する高度な知識と経験技術を

▶▶ Column 22　被災地基礎自治体職員が抱えること ◀◀

自然災害は，被災者のみならず救援活動を行う者にも大きな心理的影響を与える。被災直後の災害対応体制は混乱を極める。不眠不休で復旧業務にあたり疲労困憊するなかで，悲惨な状況を目のあたりにする。懸命に対応しているにもかかわらず，被災住民からつらい言葉を投げつけられる。自分自身や家族が被災者でありながら，公務を優先しなければならない状況に置かれることも少なくない。役割を果たせないという思いから，基礎自治体の職員は追い詰められていく。自身の判断の誤りによって犠牲者を出したことに対する責任が問われるとすれば，強いストレス状態をもたらすことは容易に想像がつく。

膨れ上がる事業量と少ない人員。超過勤務が常態化する。過労死ラインを超え，体調不良でも休めない。疲弊は限界に達するが，疲弊に気づく余裕もないほど仕事に忙殺されていく。被災者からの，復興の加速をとの重圧が押し寄せる。一般被災者とともに，苦悩している自治体職員には途方もないストレスがかかっていることはあまり知られていない。高台移転や区画整理事業の計画が決まり，用地交渉や土地の再配置の設計など本格化する復興まちづくりに向けて「役に立てず申し訳ない」とみずから命を絶った派遣の職員がいる。疲弊する自治体職員を守ることは急務である。

より効果的な防災の実現に向けて住民は，彼ら基礎自治体の職員の生身の思いや，彼らがどうみずからに課せられた役割に向き合っているのかを知る必要がある。

身につけ，それを行使し，組織全体としての職業活動全体に支障が出ないように運用する責任が課せられている。組織としての役割分担による内部におけるみずからの職業活動そのものに責任をもつことが求められる以上，一定の専門性は保証されなければならないのであるが，現実には，２年から３年の周期で担当者が変わっていくなかにあって，専門性の担保が非常に厳しい状況におかれ，かようにして防災は，担当者の属人的な防災意識に左右されながら，かろうじて継承されていく。

2　忘　却

時に人は心の安寧を得るために，個人あるいは集合的に過去の事実を忘れたり記憶をつくり直したりすることがある。記憶は適切な時間だけ保持され忘れられることも必要なのであろう。ともあれ自然災害は，そのインパクトに比して忘却しやすい性質をもっているように思えてならない。話題に取り上げられることも次第に少なくなり，多くの者は忘却に抗うことはない。東日本大震災では直後から大勢のボランティアが被災地域に参集して活動したが２年も経過しないうちに風化した。熊本地震ですら，すでに関心の喪失は進んでいる。

かようにして未曾有の被災でさえも風化から逃れ難いのが現実である。人々の心に刻まれた被災体験や教訓は時の経過とともに弱まり，次の災害への想起や具体的な備えに結びつかないまま次の災害に遭遇し，結果としてそれは，忘れたころに遭遇したというように表現されることになる。

（安達卓俊）

参考文献一覧

■基本書

今井照（2017）『地方自治講義』筑摩書房
石橋章市朗・佐野亘・土山希美枝・南島和久（2018）『公共政策学』ミネルヴァ書房
今川晃・牛山久仁彦編著（2021）『自治・分権と地域行政』芦書房
今村都南雄・武藤博己・沼田良・佐藤克廣・南島和久（2015）『ホーンブック基礎行政学・第３版』北樹出版
磯崎初仁・金井利之・伊藤正次（2020）『ホーンブック地方自治・新版』北樹出版
入江容子・京俊介編（2020）『地方自治入門』ミネルヴァ書房
大森彌・大杉覚（2021）『これからの地方自治の教科書・改訂版』第一法規
岡田彰・池田泰久（2009）『資料から読む地方自治』法政大学出版局
北村亘・青木栄一・平野淳一（2017）『地方自治論：２つの自律性のはざまで』有斐閣
北山俊哉・稲継裕昭編著（2021）『テキストブック地方自治・第３版』東洋経済新報社
西尾勝（1999）『未完の分権改革：霞が関官僚と格闘した1300日』岩波書店
西尾勝（2000）『行政の活動』有斐閣
西尾勝（2001）『行政学・新版』有斐閣
西尾勝（2013）『自治・分権再考：地方自治を志す人たちへ』ぎょうせい
西尾勝（2018）『国会の立法権と地方自治：憲法・地方自治法・自治基本条例』公人の友社
馬場健・南島和久編著（2023）『地方自治入門』法律文化社
松下圭一（1971）『シビル・ミニマムの思想』東京大学出版会
松下圭一（1991）『政策型思考と政治』東京大学出版会
松下圭一（2004）『自治体再構築の市民戦略』公人の友社

■講座・叢書・シリーズ等

小早川光郎・天川晃・磯部力・森田朗・斎藤誠編（1999）『史料　日本の地方自治・全３巻』学陽書房
地方自治総合研究所監修（2000-2005）『逐条研究地方自治・法Ⅰ～Ⅴ』敬文堂
西尾勝編（2001）『シリーズ分権型社会を創る・全12巻』ぎょうせい
西尾勝・神野直彦編（2004）『自治体改革・全10巻』ぎょうせい
松下圭一・西尾勝・新藤宗幸編著（2002）『岩波講座　自治体の構想・全５巻』岩波書店
森田朗・大西隆・上田和弘・森田朗・大沢真理・神野直彦編（2003-2004）『講座　新しい自治体の設計・全６巻』有斐閣

■その他参考文献

青木栄一編著（2019）『教育制度を支える教育行政』ミネルヴァ書房
青山佾（2012）『都市のガバナンス』三省堂
阿藤誠（2000）『現代人口学：少子高齢化社会の基礎知識』日本評論社

新井直樹（2007）「地域産業政策の変遷と産業集積における地方自治体の役割に関する一考察：三重県の『クリスタルバレー構想』と液晶産業集積を事例として」（『地域政策研究』9（2・3））
五十嵐敬喜・池上修一・野口和雄（1996）『美の条例』学芸出版
池上正樹・加藤順子（2014）『石巻市立大川小学校「事故検証委員会」を検証する』ポプラ社
伊藤守・小泉秀樹・三本松政之・似田貝香門・橋本和孝・長谷部弘・日高昭夫・吉原直樹編著（2017）『コミュニティ事典』春風社
稲泉連（2014）『ドキュメント豪雨災害：その時人は何を見るか』岩波書店
田舎館村（2018）『広報いなかだて』（753）
稲継裕昭（2013）『自治体ガバナンス』財団法人放送大学教育振興会
今井照・地方自治総合研究所編（2021）『原発事故自治体からの証言』筑摩書房
今井照（2022）「分権改革の高次化に向けて：国法による自治体への計画策定要請から考える」（『都市問題』5月号）
岩田正美・岡部卓・清水浩一（2003）『貧困問題とソーシャルワーク』有斐閣
宇佐美淳（2023）『コミュニティ・ガバナンスにおける自治体職員の役割：“地域密着型公務員”としての「地域担当職員制度」』公人の友社
宇都宮深志・田中充（2008）『自治体環境行政の最前線』ぎょうせい
宇野二朗・長野基・山崎幹根（2022）『テキストブック地方自治の論点』ミネルヴァ書房
宇山勝儀・船水浩行（2016）『福祉事務所運営論』ミネルヴァ書房
江橋崇編（1993）『外国人は住民です：自治体の外国人施策ガイド』学陽書房
大石嘉一郎（1975）「農地改革の歴史的意義」（東京大学社会科学研究所編『戦後改革6・農地改革』東京大学出版会所収）
大内力（1975）「農地改革後の農業の発展」（同上所収）
大杉覚（2021）『コミュニティ自治の未来図：共創に向けた地域人財づくり』ぎょうせい
太田秀也（2018）「自治体における最近の住宅施策の展開に関する研究」（『日本大学経済科学研究所紀要』48）
奥真美（1994）「環境行政における地方自治体と事業者の連携・協力体制」（東京市政調査会研究部編『都市自治体の環境行政』東京市政調査会所収）
大伴茫人編（2007）『徒然草・方丈記』筑摩書房
小田切徳美（2014）『農山村は消滅しない』岩波書店
片田敏孝・児玉真・金井昌信（2007）「求められる災害をめぐる住民と行政の関係改善」（『災害情報』（5））
片山善博（2010）「『総合計画』に頼らない『計画性』」（『ガバナンス』4月号）
金川幸司・後房雄・森裕亮・洪性旭編著（2021）『協働と参加：コミュニティづくりのしくみと実践』晃洋書房
河藤佳彦（2014）「地域産業政策の現代的意義に関する考察」（『地域政策研究』16（2））
神原勝・大矢野修編著（2015）『総合計画の理論と実務』公人の友社
神原勝（2019）『議会が変われば自治体が変わる：神原勝・議会改革論集』公人の友社
北村喜宣（2006）『自治体環境行政法・第4版』第一法規

北村喜宣（2021）『自治体環境行政法・第９版』第一法規
小泉祐一郎（2016）『国と自治体の分担・相互関係』敬文堂
小泉祐一郎（2000）「都市計画制度の改革とその意義」（小早川光郎編『分権改革と地域空間管理』ぎょうせい所収）
小泉祐一郎（2010）『土地利用・開発許可制度の解説』ぎょうせい
小泉祐一郎（2021）「行政事件訴訟の検証による制度改革：都市計画道路伊東大仁線訴訟を事例として」（『静岡産業大学情報学部研究紀要』（23））
小泉祐一郎（2022）「熱海土砂災害の法制的研究：土砂の移動に関する規制の変遷と展望」（『静岡産業大学情報学部研究紀要』（24））
幸田雅治（2018）『地方自治論』法律文化社
河野稠果（2007）『人口学への招待：少子・高齢化はどこまで解明されたか』中公新書
国土交通省都市・地域整備局まちづくり推進課監修（国際都市政策研究会訳）（2001）『再生！日本都市：OECD 対日都市政策勧告』ぎょうせい
国民生活審議会総合企画部会（2005）『報告 コミュニティ再興と市民活動の展開』
国民生活審議会調査部会コミュニティ問題小委員会（1969）『コミュニティ：生活の場における人間性の回復』
小玉徹他（1999）『欧米の住宅政策』ミネルヴァ書房
後藤・安田記念東京都市研究所（2021）『「都市問題」公開講座ブックレット37 「分権」から「自治」へ：地方分権改革から20年』
坂本勝（2006）『公務員制度の研究：日米英幹部職の代表性と政策役割』法律文化社
佐藤保（2021）『針広混交林を目指す市町村森林経営管理の施業』全国林業改良普及協会
佐藤竺（2007）『日本の自治と行政：私の研究遍歴・上下』（敬文堂）
佐藤学（2023）『議会と首長』（馬場健・南島和久編『地方自治入門』法律文化社所収）
佐藤龍三郎・金子隆一（2015）「ポスト人口転換期の日本：その概要と指標」（『人口問題研究』71（２））
佐藤龍三郎・金子隆一（2016）『ポスト人口転換期の日本』原書房
塩谷勉（1984）『林政学・改訂』地球社
社会福祉士養成講座編集委員会編（2017）『新・社会福祉士養成講座 <10>：福祉行財政と福祉計画（第５版）』中央法規出版
生源寺眞一（2006）『現代日本の農政改革』東京大学出版会
鄭智允（2013）「廃棄物行政のあり方に関する考察：廃棄物関連一部事務組合を中心に」（『自治総研』（415））
鄭智允（2014）「『自区内処理の原則』と広域処理」：小金井市のごみ処理施設設立問題の現況から（上・中・下）」（『自治総研』（427 -429））
鄭智允（2019）「指定廃棄物処理における自治のテリトリー」（『自治総研』７月号）
白井信雄（2020）『持続可能な社会のための環境論・環境政策論』大学教育出版
新藤宗幸（1989）『自治体の政府間関係』学陽書房
鈴木満（2022）『新版　公共入札・契約手続の実務：しくみの基本から談合防止策まで』学陽書房
砂本文彦（2002）「1930年代国際観光政策の立案過程について」（『観光研究』14（１））

炭谷茂（2007）『私の人権行政論：ソーシャルインクルージョンの確立に向けて』解放出版社
関谷俊作（1981）『日本の農地制度』農業振興地域調査会（新版は2002年に農政調査会より刊行）
全国特殊林産振興会（1976）『特用林産物ハンドブック』地球社
田中角栄（1972＝2023）『日本列島改造論』日刊工業新聞社
田畑琢己（2021a）「竹林と人との共生に関する研究：政策史からの分析」（『共生社会システム研究』15（1））
田畑琢己（2021b）「分収林の実態を通して考える森林・林業の今後について」（『自治体学』(35)）
辻山幸宣（1994）『地方分権と自治体連合』敬文堂
土山希美枝・村田和代・深尾昌峰編（2012）『対話と議論で〈つなぎ・ひきだす〉ファシリテート能力育成ハンドブック』公人の友社
土山希美枝（2017）『「質問力」でつくる政策議会』公人の友社
筒井清輝（2022）『人権と国家：理念の力と国際政治の現実』岩波書店
寺田寅彦（2011）『天災と国防』講談社
東京市政調査会編（2009）『地方自治史を掘る：当事者たちの証言』東京市政調査会
東京大学社会科学研究所編（1975）『戦後改革〈6〉農地改革』東京大学出版会
東京都清掃局総務部総務課（2000）『東京都清掃事業百年史』
東京都政調査会（1960）『大都市における地域政治の構造：杉並区における政治・行政・住民』
東京都都民生活局編（1977）『都民参加の都政システム』東京都都民生活局企画部
徳田剛・二階堂裕子・魁生由美子（2019）『地方発 外国人住民との地域づくり：多文化共生の現場から』晃洋書房
中西信介（2014）「中心市街地活性化政策の経緯と今後の課題：中心市街地の活性化に関する法律の一部を改正する法律案」（『立法と調査』(351)）
南島和久（2021）「議会・議員への批判と展望」（土山希美枝編『「質問力」からはじめる自治体議会改革』公人の友社所収）
南島和久（2021）「政策過程と実施過程」（山谷清志編『政策と行政』ミネルヴァ書房所収）
南島和久（2023）「政策の評価」（馬場健・南島和久編『地方自治入門』法律文化社所収）
名古屋市環境局（2022）『名古屋ごみレポート '21年版』
名和田是彦編著（2009）『コミューニティの自治：自治体内分権と協働の国際比較』日本評論社
名和田是彦著・コミュニティ政策学会監修（2021）『まちづくりブックレット〈1〉自治会・町内会と都市内分権を考える』東信堂
西尾勝・松下圭一（1987）「対談　公務研修から自治の研究へ：『研修』神話の解体と再編」（『地方自治通信』1月号）
西尾勝（2019）「『シビル・ミニマム』の原初の発想とその後の変貌」（『都市とガバナンス』(31)）
日経グローカル編集部（2023）「SDGs 先進度調査」（『日経グローカル』(451；452)）

日本証券業協会（2022）『SDGsに貢献する金融商品に関するガイドブック』
日本都市センター（2019）『自治体による「ごみ屋敷」対策：福祉と法務からのアプローチ』
日本ソーシャルワーク教育学校連盟編（2021）『最新社会福祉士養成講座　精神保健福祉士養成講座4：社会福祉の原理と政策』中央法規出版
原田純孝（2008）「農地制度はどこに向かうのか：『所有から利用へ』の意味を問う」（『農業と経済』（1・2））
日高昭夫（2018）『基礎的自治体と町内会自治会：「行政協力制度」の歴史・現状・行方』春風社
廣瀬克哉（2010）『「議員力」のススメ』ぎょうせい
福嶋路（2020）「平成の中小企業政策：産業集積政策を振り返って」（『商工金融』8月号）
星貴子（2016）「地域産業振興策の現状と課題：推進組織からみた地域産業振興の在り方」（『JRIレビュー』7（37））
細谷祐二（2009）「産業立地政策，地域産業政策の歴史的展開：浜松にみるテクノポリスとクラスターの近接性について」（『産業立地』1月号）
本間義人（1992）『自治体住宅政策の検討』日本経済評論社
増田寛也・人口減少問題研究会（2013）「戦慄のシミュレーション：2040年，地方消滅。『極点社会』が到来する」（『中央公論』12月号）
増田寛也・日本創成会議人口減少問題検討分科会（2014）「緊急特集　消滅する市町村523：壊死する地方都市」（『中央公論』6月号）
増田寛也（2014）『地方消滅：東京一極集中が招く人口急減』中央公論新社
松下圭一（1959）「日本の政治的底流」（『中央公論』6月号）
松下圭一（1975）『市民自治の憲法理論』岩波書店
松下圭一（1999）『自治体は変わるか』岩波書店
松下圭一（2012）『成熟と洗練：日本再構築ノート』公人の友社
松下圭一編（1988）『自治体の国際政策』学陽書房
圓生和之（2016）『一番やさしい　地方公務員制度の本』学陽書房
三浦哲司（2021）『自治体内分権と協議会：革新自治体・平成の大合併・コミュニティガバナンス』東信堂
南方建明（2011）「地域商業振興政策の変遷と政策の効果」（『大阪商業大学論集』7（1））
南方建明（2012）「地域商業振興政策変遷の歴史：社会的有効性とまちづくりを中心として」（『大阪商業大学論集』7（3））
南野奈津子（2022）『女性移住者の生活困難と多文化ソーシャルワーク：母国と日本を往還するライフストーリーをたどる』明石書店
箕輪富男（2020）「森林経営管理制度への取り組み：市町村における課題とその解決に向けて」（全国林業改良普及協会編『市町村と森林経営管理制度』所収）
宮島喬（2021）『多文化共生の社会への条件：日本とヨーロッパ，移民政策を問いなおす』東京大学出版会
武藤博己（2003）『入札改革：談合社会を変える』岩波書店
武藤博己（2006）『自治体の入札改革：価格基準から社会的価値基準へ』イマジン出版
武藤博己（2017）「『シビル・ミニマム』概念の形成と今日的課題」（『法学志林』114（3））

武藤博己監修・鈴木良祐（2021）『適正価格：公平・公正な契約の実現に向けて』太郎丸出版
武藤博己監修・鈴木良祐（2021）『予定価格論：政府調達における予定価格算定業務の発展的向上に関する研究』太郎丸出版
村上芽（2019）『少子化する世界』日本経済新聞出版社
村上祐介・橋野晶寛（2020）『教育政策・行政の考え方』有斐閣
毛受敏浩（2016）『自治体がひらく日本の移民政策：人口減少時代の多文化共生への挑戦』明石書店
望月優大（2019）『ふたつの日本「移民国家」の建前と現実』講談社
文部省（1937）「国体の本義」
吉田克己（1975）「農地改革法の立法過程：農業経営規模問題を中心として」（東京大学社会科学研究所編『戦後改革 6 ・農地改革』東京大学出版会所収）
吉野作造（2016）『憲政の本義：吉野作造デモクラシー論集』中央公論新社
吉村昭（2014）『三陸海岸大津波』文藝春秋
寄本勝美（1982）『現代のごみ問題　行政編』中央法規出版
渡邉有希乃（2022）『競争入札は合理的か：公共事業をめぐる行政運営の検証』勁草書房
渡辺洋三（1975）「農地改革と戦後農地法」（東京大学社会科学研究所編『戦後改革 6 ・農地改革』東京大学出版会所収）

■翻訳書等

テンニエス，フェルディアント著（杉之原寿一訳）（1957）『ゲマインシャフトとゲゼルシャフト：純粋社会学の基本概念（上）』岩波文庫
バウマン，ジグムント著（奥井智之訳）（2017）『コミュニティ：安全と自由の戦場』ちくま学芸文庫
ブシャール，ジェラール著（丹羽卓ほか訳）（2017）『間文化主義（インターカルチュラリズム）：多文化共生の新しい可能性』彩流社
マッキーヴァー，ロバート著（中久郎・松本通晴監訳）（2009）『コミュニティー社会学的研究：社会生活の性質と基本法則に関する一試論』ミネルヴァ書房
オルデンバーグ，レイ著，マイク・モラスキー解説（忠平美幸訳）（2013）『サード・プレイス：コミュニティの核になる「とびきり居心地よい場所」』みすず書房
ベビア，マーク著（野田牧人訳）（2013）『ガバナンスとは何か』NTT 出版
World Economic Forum（2023）Global Gender Gap Report: Insight Report, July, 2023.（https://www.weforum.org/reports/global-gender-gap-report-2023/）

■その他政府資料・白書・統計等

新しいコミュニティのあり方に関する研究会『新しいコミュニティのあり方に関する研究会報告書』（https://www.soumu.go.jp/main_content/000037075.pdf）
SDGs 推進本部「SDGs 実施指針改訂版」（https://www.kantei.go.jp/jp/singi/sdgs/pdf/jisshi_shishin_r011220.pdf）
The World Bank., World Bank Open Data（https://data.worldbank.org/）（Fertility

rate,total (births per woman))
環境省「日本の廃棄物処理」(https://www.env.go.jp/recycle/waste_tech/ippan/stats.html)
環境省『環境白書・循環型社会白書・生物多様性白書』(https://www.env.go.jp/policy/hakusyo/)
厚生労働省「生活保護の被保護者調査」(令和3年1月分概数)(https://www.mhlw.go.jp/toukei/list/74-16.html)
厚生労働省「市町村地域福祉計画策定状況等の調査結果概要(令和4年4月1日現在)」(https://www.mhlw.go.jp/content/houkokusho1.pdf)
厚生労働省「人口動態調査」(https://www.mhlw.go.jp/toukei/list/81-1.html)
厚生労働省「被保護者調査」(https://www.mhlw.go.jp/toukei/list/74-16.html)
国土交通省『総合保養地域の整備:リゾート法の今日的考察』(平成13年度〜平成14年度プログラム評価書)(https://www.mlit.go.jp/hyouka/pdf/resort/zuhyou.pdf)
国立社会保障・人口問題研究所「日本の将来推計人口 令和5年推計」(https://www.ipss.go.jp/pp-zenkoku/j/zenkoku2023/pp_zenkoku2023.asp)
国土交通省「地方公共団体の住生活基本計画」(https://www.mlit.go.jp/jutakukentiku/house/jyuuseikatukihonnkeikaku_todoufukennkeikaku_sityousonnkeikaku.html)
コミュニティ研究会「コミュニティ研究会中間とりまとめ」(https://www.soumu.go.jp/main_sosiki/kenkyu/new_community/pdf/080724_1_si3.pdf)
今後の都市部におけるコミュニティのあり方に関する研究会『今後の都市部におけるコミュニティのあり方に関する研究会報告書』(https://www.soumu.go.jp/main_content/000283717.pdf)
財務省関東財務局経済調査課「コロナ禍における管内の人口移動」(https://lfb.mof.go.jp/kantou/keichou/20210520_keichou.pdf)
自治体戦略2040構想研究会『自治体戦略2040構想研究会 第一次報告 :人口減少下において満足度の高い人生と人間を尊重する社会をどう構築するか』(https://www.soumu.go.jp/main_content/000548066.pdf)
全国市議会議長会「市議会の活動に関する実態調査結果」(https://www.si-gichokai.jp/research/jittai/index.html)
全国市長会『都市と廃棄物管理に関する調査研究報告』(https://www.mayors.or.jp/p_opinion/documents/old/teigen/haikibutu/h10haikubutu/h10haikijo.pdf)
総務省「住民基本台帳人口に基づく人口,人口動態及び世帯数」(https://www.soumu.go.jp/main_sosiki/jichi_gyousei/daityo/jinkou_jinkoudoutai-setaisuu.html)
総務省『多文化共生の推進に関する研究会報告書:地域における多文化共生の推進に向けて』(https://www.soumu.go.jp/kokusai/pdf/sonota_b5.pdf)
総務省「地方公共団体間の事務の共同処理の状況調」(https://www.soumu.go.jp/menu_news/s-news/01gyosei03_02000072.html)
総務省自治行政局公務員部給与能率推進室「令和2年地方公共団体定員管理調査結果の概要」(https://www.soumu.go.jp/main_content/000722878.pdf)
総務省『地方議会・議員のあり方に関する研究会報告書』(https://www.soumu.go.jp/main_content/000708970.pdf)

総務省自治行政局公務員部『地方公務員における女性活躍・働き方改革のためのガイドブック改訂版』(https://www.soumu.go.jp/main_content/000612472.pdf)
総務省自治行政局公務員部公務員課女性活躍・人材活用推進室「地方公共団体における女性職員の活躍・働き方改革の推進」(https://www.gender.go.jp/kaigi/kento/koumu/siryo/pdf/2-7-1.pdf)
総務省自治財政局税務調査課「令和2年度地方公共団体普通会計決算の概要」(https://www.soumu.go.jp/menu_news/s-news/01zaisei07_02000316.html)
総務省地域コミュニティに関する研究会『地域コミュニティに関する研究会　報告書』(https://www.soumu.go.jp/main_content/000819371.pdf)
総務省地域力創造グループ・地域自立応援課『令和4年度 地域おこし協力隊の隊員数等について』(https://www.soumu.go.jp/main_content/000873869.pdf)
総務省統計局「住宅・土地統計調査」(https://www.stat.go.jp/data/jyutaku/index.html)
総務省都市部におけるコミュニティの発展方策に関する研究会『都市部におけるコミュニティの発展方策に関する研究会　報告書』(https://www.soumu.go.jp/main_content/000356167.pdf)
第32次地方制度調査会『2040年頃から逆算し顕在化する諸課題に対応するために必要な地方行政体制のあり方等に関する答申』(https://www.soumu.go.jp/main_content/000693733.pdf)
第33次地方制度調査会『ポストコロナの経済社会に対応する地方制度のあり方に関する答申(案)』(https://www.soumu.go.jp/main_content/000917644.pdf)
地方分権推進委員会『地方分権推進委員会中間報告：分権型社会の創造』(https://www.cao.go.jp/bunken-suishin/archive/archive-index.html)
地方分権推進委員会『中間報告』(同上)
地方分権推進委員会『最終報告』(同上)
地方分権推進委員会『地方分権推進委員会最終報告：分権型社会の創造・その道筋』(同上)
内閣府「中心市街地再生方策検討会(R1.9-R2.2)」(https://www.chisou.go.jp/tiiki/chukatu/hosaku_kentokai/index.html)
内閣官房孤独・孤立対策担当室「人々のつながりに関する基礎調査(令和3年)　調査結果の概要」(https://www.cas.go.jp/jp/seisaku/kodoku_koritsu_taisaku/zittai_tyosa/r3_zenkoku_tyosa/tyosakekka_gaiyo.pdf)
内閣官房・内閣府「SDGsに関する全国アンケート調査」(https://www.chisou.go.jp/tiiki/kankyo/kaigi/sdgs_enquete_chousa.html)
内閣府地方分権改革推進室『地方分権改革・提案募集方式ハンドブック(令和3年版)』
内閣府(防災担当)『大規模災害発生時における地方公共団体の業務継続の手引き』(https://www.bousai.go.jp/taisaku/chihogyoumukeizoku/pdf/R5tebiki.pdf)
内閣府(防災担当)『地方公共団体のための災害時受援体制に関するガイドライン』(https://www.bousai.go.jp/kaigirep/tiho_juen/pdf/jyuen_guidelines.pdf)
内閣府(防災担当)『避難勧告等に関するガイドライン①(避難行動・情報伝達編)』(https://www.bousai.go.jp/oukyu/hinankankoku/pdf/hinan_guideline_01.pdf)
内閣府(防災担当)『避難勧告等に関するガイドライン②(発令基準・防災体制編)』

（https://www.bousai.go.jp/oukyu/hinankankoku/pdf/hinan_guideline_02.pdf）
内閣府男女共同参画局『市町村男女共同参画計画の策定の手引：女性も男性も住民の力を地域づくりに』（https://www.gender.go.jp/about_danjo/basic_plans/s-keikaku/keikaku-tebiki.html#tebiki）
内閣府男女共同参画局「地方公共団体における男女共同参画社会の形成又は女性に関する施策の進捗状況（令和３年度）」（https://www.gender.go.jp/research/kenkyu/suishinjokyo/suishin-index.html）
文部科学省「公立小学校の予算規模（試算）」『教育バウチャーに関する研究会（第８回）配付資料』（https://www.mext.go.jp/b_menu/shingi/chousa/shougai/010/shiryo/07061323/002.pdf）
文部科学省「公立小・中学校等の教員定数の標準に占める正規教員の割合（令和３年度）」（中央教育審議会「令和の日本型学校教育」を担う教師の在り方特別部会（第７回）・基本問題小委員会（第７回）・初等中等教育分科会教員養成部会（第130回）合同会議資料，参考資料４）（https://www.mext.go.jp/kaigisiryo/content/000181554.pdf）
林野庁『令和４年度版森林・林業白書』（https://www.rinya.maff.go.jp/j/kikaku/hakusyo/r4hakusyo/zenbun.html）

■その他ウェブサイト情報

JNTO「沿革」（https://www.jnto.go.jp/about-us/organization/history.html）
NHK ウェブサイト「新築マンション全国平均価格　初の5000万円超 バブル超も」（NHK 政治マガジン）（https://www.nhk.or.jp/politics/articles/lastweek/）
OECD「平均賃金（Average wage）」（https://www.oecd.org/tokyo/statistics/average-wages-japanese-version.htm）
外務省「SDGsとは？」（Japan SDGs Action Platform）（https://www.mofa.go.jp/mofaj/gaiko/oda/sdgs/about/index.html#about_sdgs）
鎌倉市観光協会ウェブサイト「NHK 大河ドラマ『鎌倉殿の13人』の放送による神奈川県内への経済波及効果について」（https://www.trip-kamakura.com/uploaded/life/14575_89454_misc.pdf）
環境省「持続可能な開発のための2030アジェンダ/SDGs」（https://www.env.go.jp/earth/sdgs/index.html）
環境省「生物多様性とはなにか」（https://www.biodic.go.jp/biodiversity/about/about.html）
札幌市「札幌市未来へつなぐ町内会ささえあい条例」（https://www.city.sapporo.jp/shimin/jichi/jourei/sasaeai-johrei.html）
静岡県「熱海市伊豆山地区土砂災害関連情報について」（https://www.pref.shizuoka.jp/bosaikinkyu/saigai/atamidosha/1035911.html）
ジャパン・フィルムコミッション「フィルムコミッションの活動について」（スポーツ庁「地域スポーツ信仰組織の在り方検討会（第２回）配付資料」における関根留理子委員（NPO 法人ジャパン・フィルムコミッション事務局長）提出資料（資料４））
総務省「森林環境税及び森林環境譲与税について」（https://www.soumu.go.jp/main_sosiki/jichi_zeisei/czaisei/czais.html）

大和アセットマネジメント「マーケットレター」(https://www.daiwa-am.co.jp/specialreport/market_letter/2019.html)
日本銀行横浜支店「大河ドラマ『鎌倉殿の13人』の放映等に伴う経済波及効果の試算」(https://www3.boj.or.jp/yokohama/shiryou/topics/topics20211110.pdf)
日本生態系協会「ビオトープ管理士」(https://www.ecosys.or.jp/certification/exams/index.html#biokan)
日本創成会議人口減少問題検討分科会「成長を続ける21世紀のために『ストップ少子化・地方元気戦略』」(https://www5.cao.go.jp/keizai-shimon/kaigi/special/future/wg3/0729/shiryou_05-1.pdf)
日本不動産研究所『国際不動産価格賃料指数』(https://www.reinet.or.jp/wp-content/uploads/2021/11/19th_2210.pdf) 林野庁 (2017)『森林総合監理士(フォレスター) 基本テキスト』
農林水産省「最新の食品ロス量は523万トン, 事業系では279万トンに」(https://www.maff.go.jp/j/press/shokuhin/recycle/230609.html)
林野庁「森林経営管理制度(森林経営管理法)について」(https://www.rinya.maff.go.jp/j/keikaku/keieikanri/sinrinkeieikanriseido.html)
早稲田大学マニフェスト研究所議会改革調査部会 LM 地議連 (2018)「統一選 政策ビラ解禁に向けた議会イメージ・政策型選挙調査」(https://www.maniken.jp/pdf/180822seisaku_cihougikai_research.pdf)

あとがき

本書は馬場健・南島和久編著『地方自治入門』（法律文化社，2023年）とともに企画したものである。読者にはぜひ本書とともに『地方自治入門』を手に取っていただければ幸いである。

本書と『地方自治入門』の最大の違いは本書が個別政策を取り扱っている点にある。逆に『地方自治入門』からは個別政策の議論を大胆に切り離した。これらはいずれも大学生が履修する２単位科目を念頭においているが，初学者にとっては，『地方自治入門』の方が学びやすいかもしれない。両者の役割分担を明確にしているので，読者にとっては本書と『地方自治入門』は相互補完関係になるはずである。

とくに本書は，大学のゼミナールで使えるテキストとなることを意識した。個別の政策分野を取り上げているので，ゼミナールでの発表や討論，あるいはこれを基礎とした卒業研究での活用を想定している。

本書のタイトルは『自治体政策学』としている。序章にもあるように自治体政策学という学問分野はひろく社会的な認知を受けているものではない。それでもあえて『自治体政策学』というタイトルにこだわったのは，何よりも本書が社会的に活躍している実務家の参加を得ていることにある。実務家の目線で個別政策を議論するというスタイルを本書は重視している。こうしたアプローチの源流は実務家が集う自治体学会にある。本書では自治体学会からの潮流を重くみている。

自治体学会の設立総会が開かれたのは1986年５月のことであった。自治体学会の対象は主に自治体の職員であり，在籍する職場に関係なく個人として参加できる，研究者・市民・自治体職員の研鑽の場として誕生した。「理論が先にあるのではなく実務の実践が先にある」「理論と実践の統合を目指す生きた学問を作り出す」。そうした関係者の思いが自治体学会の出発点にはあった。

それから10年の歳月を経て，地方分権改革が政治日程に上ることとなった。同時期の1998年に本書の執筆陣にゆかりのある法政大学大学院社会科学研究科政治学専攻の政策研究プログラムが発足した。政策研究プログラムは現在では政策創造研究科や公共政策研究科に発展的に解消されているが，当時は社会人が学べる政治学系の大学院として注目を集める存在であった。

2000年前後の法政大学大学院の政策研究プログラムは，本書の監修をつとめた武藤博己先生とともに，松下圭一先生，廣瀬克哉先生，五十嵐敬喜先生が参加していたが，このほかに外部講師として西尾勝先生，大森彌先生，森田朗先生，西尾隆先生といった当時の行政学・自治体学の第一線の講師陣が名を連ねていた。また，受講生も自治体学会で活躍している多くのメンバーが参加していた。当時の政策研究プログラムは，さながらもう１つの自治体学会であるかのような様相を呈していた。

こうした場に集った人々の関心は，当時進行中であった2000年分権改革にあった。地方分権改革では，475本もの法改正が実現したが，この議論と向き合うためには，個別政策の蓄積が不可欠であった。だが，個別政策の蓄積は個別の学問分野に分散している状況にあった。さらにいえば，それらは必ずしも日本の自治・分権の確立に向けて編制されているものではなかった。それは自治体学会や政策研究プログラムが直面していた課題でもあった。

地方分権改革はどうなっていったのか。1995年から2001までつづいた地方分権推進委員会の提案を受け，政府は機関委任事務を全廃し，自治体の事務を法定受託事務と自治事務に再編した。2001年以降は地方分権改革推進会議となり，いわゆる三位一体の改革や平成の大合併が進行した。2007年には地方分権改革推進委員会が発足し，さらなる権限移譲が求められたり道州制論議が巻き起こったりした。そして，道州制論議のさなかに政権交代が起きることとなった。

2009年には民主党等連立政権が誕生し，地域主権改革が謳われ，そのなかで総務省に地方行財政検討会議が設置された。地域主権は道州制の導入を強く念頭に置くものであり，その議論のなかで，地方自治法にかわる地方政府基本法（案）も検討された。2012年以降は再度の政権交代が起き，舞台は再び地方制度調査会に戻った。ここでは大都市制度の問題，地方議会の問題，2040年を見据えた地方自治のあり方などが議論された。同時に地方創生のかけ声のもと，人口減少社会への対応にも関心が集まっていった。

こうした時代の中心には「自治体の政策をどうするのか」という問いがあった。「国から地方へ」のうねりのなか，先人が築き上げてきた市民文化をどのように継承し，またいかに発展させていくのか。自治体の現場の責任は国の関与が縮減され，自治体の自由度が拡大されたことにともない，かつてよりもさらに重いものとなっている。

本書の執筆陣はこうした時代に長年身を置いてきた武藤博己先生を中心とした関係者で構成されている。武藤先生は地方分権推進委員会では参与を務められ，その後，第32次地方制度調査会では委員として活躍された。また，地方自治総合研究所の所長も務められた。本書の執筆陣はそのゆかりのメンバーで構成されている。本書を通読していただければ，こうした時代の空気感にも触れていただくことができるのではないかと期待している。

最後に，本書の刊行を松下圭一先生にご報告したい。法政大学の政策研究プログラムでは，繰り返し「現場の理論化」を目指すように仰っておられた。松下先生の理想には遠く及ばないかもしれないが，先生が目指された日本の自治・分権の片隅に，本書を献じたい。

謝辞　法律文化社および編集をご担当いただいた梶谷修氏に感謝を申し上げる。編集過程では丁寧に原稿を読んでいただき，適切な多くのご指導とご示唆をいただいた。多くのご迷惑をおかけしたことをお詫びしつつ，記して謝意を表したい。

2024年１月

編者を代表して　南島和久

索　引

●あ　行

●か　行

●さ　行

●た　行

●な　行

●は　行

●ま　行

●や　行

●ら　行

●アルファベット

執筆者紹介

（＊は編者，担当順）

＊武藤博己　法政大学名誉教授（序　章）

＊南島和久　龍谷大学法学部教授（第1章）

土山希美枝　法政大学法学部教授（第2章）

＊堀内　匠　北海学園大学法学部准教授（第3章）

中嶌いづみ　公益財団法人後藤・安田記念東京都市研究所総務課長（第4章）

小泉祐一郎　静岡産業大学経営学部教授（第5章）

谷本有美子　法政大学社会学部准教授（第6章）

白　智立　北京大学政府管理学院教授（第7章）

元田宏樹　聖学院大学心理福祉学部准教授（第8章）

荒木進太郎　東京都教育庁地域教育支援部生涯学習課長（第9章）

前田智子　法政大学大学院公共政策研究科公共政策学専攻博士後期課程（第10章）

鄭　智允　愛知大学地域政策学部教授（第11章）

渡邉　修　株式会社東京建物アメニティサポートマネージャー（第12章）

渡部朋宏　福島県会津美里町健康ふくし課課長補佐，法政大学大学院公共政策研究科兼任講師（第13章）

青木　隆　淑徳大学コミュニティ政策学部教授（第14章）

鈴木勇紀　文教大学経営学部非常勤講師（第15章）

齋藤正己　一般社団法人虹の架け橋代表理事（第16章）

田畑琢己　元埼玉県職員，元法政大学法学部兼任講師（第17章）

宇佐美　淳　昭和女子大学現代ビジネス研究所研究員（第18章）

鈴木良祐　法政大学大学院公共政策研究科兼任講師（第19章）

押立貴志　東京交通短期大学運輸科非常勤講師（第20章）

安達卓俊　行政書士事務所「Academic Support」代表，元防衛省海上自衛隊幹部学校防衛教官（第21章）

〈監修者紹介〉

武藤博己（むとう・ひろみ）

国際基督教大学行政学研究科博士後期課程修了。学術博士（行政学）

現　在：法政大学名誉教授

専門分野：行政学，地方自治，政策研究

主　著：『イギリス道路行政史』東京大学出版会，1995年

『入札改革―談合社会を変える―』岩波新書，2003年

『道路行政』東京大学出版会，2008年

『ホーンブック基礎行政学〔第３版〕』（共著）北樹出版，2015年

〈編著者紹介〉

南島和久（なじま・かずひさ）

法政大学大学院社会科学研究科政治学専攻博士後期課程修了。博士（政治学）

現　在：龍谷大学政策学部教授

専門分野：政策学，行政学，政策評価論

主　著：『ホーンブック基礎行政学〔第３版〕』（共著）北樹出版，2015年

『公共政策学』（共著）ミネルヴァ書房，2018年

『政策評価の行政学―制度運用の理論と分析―』晃洋書房，2020年

『地方自治入門』（編著）法律文化社，2023年

堀内　匠（ほりうち・たくみ）

法政大学大学院公共政策研究科博士後期課程修了。博士（公共政策学）

現　在：北海学園大学法学部准教授

専門分野：地方自治，公共政策，地域政治

主　著：『公共サービス改革の本質』（共著）敬文堂，2014年

『東京の制度地層』（共著）公人社，2015年

『“地域の民意”と議会』（共著）公人社，2016年

Basic Study Books

自治体政策学

2024年 3 月20日　初版第 1 刷発行

監修者　武藤博己

編著者　南島和久・堀内　匠

発行者　畑　　光

発行所　株式会社 法律文化社

〒603-8053
京都市北区上賀茂岩ヶ垣内町71
電話 075(791)7131　FAX 075(721)8400
https://www.hou-bun.com/

印刷：中村印刷㈱／製本：㈱吉田三誠堂製本所
装幀：白沢　正

ISBN 978-4-589-04292-7